组织中的跨边界学习研究

吴价宝 著

教育部人文社会科学研究一般项目“组织中的跨边界学习：行为、机理与路径研究”（12YJA630145）资助

科学出版社
北京

内 容 简 介

本书以组织中的跨边界学习为研究对象，研究在一个组织中，团队与团队之间如何有效地进行知识传递、扩散与转化，从而消除组织学习中存在的“知识壁垒”，提高组织学习的效率与效果。本书的主要内容有：研究文献综述；组织中跨边界学习内涵与学习模式；组织中跨边界学习的过程机理；组织中跨边界学习的影响因素；组织中跨边界学习模式对学习绩效的影响；组织中跨边界学习的路径；组织中跨边界学习的案例；提升组织跨边界学习能力的管理对策。

本书提出组织中的跨边界学习概念并对这一学习行为规律进行了系统的研究，在研究中坚持理论研究与应用研究相结合，使得本书内容兼具学术价值与实践应用价值。本书可供从事组织学习与学习型组织研究的学者研究参考，也可为企业管理者开展学习型组织建设、提升组织学习能力提供有益的思路与借鉴。

图书在版编目（CIP）数据

组织中的跨边界学习研究 / 吴价宝著. —北京：科学出版社，2019.12

ISBN 978-7-03-057472-5

Ⅰ. ①组… Ⅱ. ①吴… Ⅲ. ①组织管理学 Ⅳ. ①C936

中国版本图书馆 CIP 数据核字（2018）第 103700 号

责任编辑：陈会迎 / 责任校对：王丹妮
责任印制：张 伟 / 封面设计：无极书装

科学出版社出版
北京东黄城根北街 16 号
邮政编码：100717
http://www.sciencep.com
北京建宏印刷有限公司 印刷
科学出版社发行 各地新华书店经销

*

2019 年 12 月第 一 版 开本：720×1000 B5
2020 年 10 月第二次印刷 印张：14 3/4
字数：290 000

定价：118.00 元

（如有印装质量问题，我社负责调换）

作者简介

吴价宝（1965.7—），安徽桐城人，江苏海洋大学商学院教授、硕士生导师，东南大学管理学博士，南京大学工商管理博士后。兼任中国统筹法与经济数学研究会常务理事、中国管理科学与工程学会理事、江苏省现场统计研究会副理事长。同时也是江苏省“333 高层次人才培养工程”中青年科技带头人、江苏省“六大人才高峰”培养对象、连云港市“521 人才工程”第一层次培养对象、连云港市首届十大社科名家、江苏海洋大学首届教学名师，享受市政府特殊津贴。承担各类科研项目 50 余项；在《中国管理科学》《中国软科学》《科研管理》等期刊公开发表论文 100 余篇；出版《组织中的跨边界学习研究》《企业核心能力形成机理及应用研究》《企业家学》《高等工程教育改革探析》学术专著 4 部，主编《管理学原理》等教材 3 部；科研成果获市厅级以上奖项 20 余项，其中省部级奖 2 项；教学成果获江苏省高等教育教学成果一等奖 1 项、二等奖 2 项；国家教学成果一等奖 1 项。

前　言

进入 21 世纪以来，知识已经逐渐发展成为组织重要的战略性资源与核心竞争力，对提升组织自身地位的作用日益显著，越来越多的组织通过知识管理提升自身的竞争优势。因此，组织要想有效利用现有知识去创造新知识，主要途径就是开展组织学习。从长远来看，组织唯一可持续的竞争优势，就是比对手拥有更好的学习能力。然而在现实中，组织学习常常出现学习效率不高的问题。学习型组织理论之父——彼得·圣吉博士在《第五项修炼——学习型组织的艺术与实践》中曾指出：在一个组织中，大家都认真参与，每个成员的智商都在 120 以上，而组织集体的智商却只有 62，这是为什么呢？彼得·圣吉博士认为其主要原因是团队缺乏“深度会谈”，导致团队没有建立起真正共同思考的能力。进一步地，我们又会发现，在很多情况下，组织中某些团队（注：本书不严格区分团队与部门、单位之间的差别，将实际工作组织内部的部门、单位都简化处理，统称为团队，这样便于建立起个人学习、团队学习以及组织学习三者之间的对应关系，将组织学习问题的研究统一到主流规范的学术语境）的个人智商与团体智商都比较高，其团队学习能力与创新能力比较强，但组织中的其他团队却无法借鉴与分享，因而造成组织内部学习水平参差不齐，少数团队是学习的“高峰”或“高原”，而多数团队则是学习的“平原”乃至“低谷”。这种组织学习的状况普遍存在，我们认为，其原因是组织中的跨边界学习出现了问题，即单个团队的知识、经验与创新能力没有在其他团队之间有效实现传递与共享。如果跨边界学习问题不能有效地得以解决，即使团队学习问题解决了，其组织学习水平也不会得到整体提升。因此，在很大程度上可以认为，组织中的跨边界学习障碍是影响组织学习能力整体提升的关键性障碍。基于这一现实问题，我们组建了“跨边界学习”课题组，聚焦组织中的跨边界学习问题研究，试图从行为、机理、模式与路径等方面来研究和探讨跨边界学习的过程与规律，研究成果以期为理论界进一步深化组织学习与学习型组织的研究提供思考，同时为企业组织或其他组织开展组织学习、建立学习型组织提供思路与方法借鉴。

本书主要探索组织中跨边界学习的过程机理、学习模式与学习路径，从理论与实践案例两个视角来开展一般研究与实证研究，其中的过程机理又包括横向过程机理与纵向过程机理。本书是课题研究团队合作研究的成果，其中课题组组长吴价宝教授主持申报了教育部人文社会科学研究一般项目并获得资助（项目名称：“组织中的跨边界学习：行为、机理与路径研究”。项目编号：12YJA630145），在研究中负责课题总体设计与研究生指导、重要概念内涵的界定、研究观点的提炼、研究过程的组织与研讨交流、研究方法的审定、课题研究质量的把控，以及对书稿的总纂、修改与完善。研究生张帅兵协助开展组织学习的一般模式分析，探讨合作型学习模式和竞争型学习模式这两种基本模式；实证分析组织中跨边界学习的学习路径，提出组织中提升跨边界学习效率的相关策略建议。研究生蒋娇协助开展组织学习过程机理和影响因素的研究，探讨组织中跨边界学习的横向过程机理，即知识如何从团队到团队有效传递与共享的过程机理，实证研究组织中跨边界学习的影响因素。研究生卢珂协助探讨组织承诺视角下知识员工的隐性知识共享意愿，进一步挖掘组织中知识流动与知识共享的内在机理，揭示组织中从个人学习到团队学习再到组织学习的纵向过程机理。潘培培、贺永正两位研究生协助开展个人学习、团队学习、组织学习之间跨层次转化机制的研究，提出个人学习、团队学习、组织学习三者中任意两者间可相互转化，且三者中任意两者之间具有显著的相关关系，给出了三者之间相互转化的结构模型，并对三者的转化模型给予了量化证明。

在本书的调研与写作过程中，课题研究团队得到了清华大学经济管理学院博士生导师、国家杰出青年科学基金项目获得者、教育部长江学者特聘教授陈国权先生的悉心指导。研究成果的主要观点于 2016 年 12 月 17 日在清华大学经济管理学院举办的首届中国组织学习与学习型组织论坛上进行了主题报告，得到了陈国权教授等与会专家的充分肯定，陈教授还对课题的深化研究提出了很好的建议。课题研究还得到了南京大学商学院名誉院长赵曙明教授的鼓励与指导，得到了南京大学商学院党委书记刘洪教授的支持与指导。江苏海洋大学计算机工程学院院长李存华教授从数据挖掘、决策支持系统的研究视角给了本书的研究很多启发，商学院的徐永其、肖侠、孙会、张宏远等多位老师也对本书的研究提供了有益的意见与建议。江苏太阳雨太阳能股份有限公司董事长徐新建、总经理万旭昶，江苏康缘药业股份有限公司董事长萧伟等对书中的案例研究提供了很好的素材与配合。这里，要特别感谢大连理工大学管理与经济学部李明斐博士为本书提供了沈阳万科公司跨边界学习的一则案例，该案例有力地支撑了组织中跨边界学习的相关观点和主张。本书在写作中还参考了诸多国内外相关研究资料，引用了一些专家学者的观点，在此一并表示感谢！

由于课题研究团队的水平有限，本书的研究成果还未达到理想的水平，其研究观点与研究方法或许存在诸多有待商榷之处，恳请专家、同行与读者给予批评指正。

目　录

第1章 绪　　论

1.1 研究背景与意义

1.1.1 研究背景

在当前发展阶段，世界经济已经形成了全球一体化的趋势，各个国家在国际贸易、金融服务等多方面的经济活动中联系越来越密切。并且随着计算机科学技术和信息技术等在近几十年的飞速发展，信息科学技术在实际生产活动和经济活动中的应用更加频繁，国家与国家之间、公司与公司之间、组织与组织之间的联系更加趋向于网络化结构，人类已经逐渐进入了互联网时代。在全球经济一体化和互联网时代的背景下，企业要寻求其发展的绝对竞争优势已经变得越来越困难。众所周知，知识尤其是核心知识的拥有已经成为企业获取竞争优势的最主要资源之一，企业之间的竞争将更多地表现为对知识资源的竞争。美国著名管理学者，被称为“管理大师”的彼得·德鲁克（Peter Drucker）指出：在21世纪，企业最有价值的资产将由生产设备转化为组织内的知识工作者和他们的生产力。而组织内的知识工作者则通过其个人所拥有的知识资源而实现他们的生产力，并且服务于企业组织。德鲁克在其1990年发表的《新型组织的出现》一文中曾预言了未来新型组织的发展趋势及特征，强调了知识在未来组织中的重要性，而知识则是组织学习的重要内容。组织要想利用现有知识去创造新的知识，主要途径是开展组织学习，以此来提高组织学习和利用知识的程度。也就是说，组织要想获得其需要的但又不能自己生产的知识，就必须与其他组织、团队或个人进行不同形式的合作学习。因此，组织学习与知识转移成为组织获取竞争优势的基础，成为管理领域的一个热点，也是当今战略管理理论研究的中心命题。

自 Argyris 和 Schon（1978）首次提出组织学习（organization learning）的概念之后，组织学习成为企业获取知识的重要手段已成为共识。团队作为组织学习的基本单位，没有团队学习（team learning），组织是不能进行学习的，即团队学习是组织学习过程中的一个重要层面。然而，既有的研究侧重于组织学习与团队学习两个层面，对组织中团队之间的学习行为及其有效管理的研究尤显不足，这在很大程度上影响了组织学习的效果，影响了学习型组织的有效构建。因此，有必要从组织学习的视角探讨组织中团队与团队之间的知识流动、传递及知识利用，即需要对组织中的跨边界学习（cross-border learning）问题进行研究。同时，也要在组织的纵向层级上更深入地开展研究，研究如何有效地使知识从个人层面向团队层面再向组织层面扩散与转化，这实际上是组织中的纵向跨边界学习问题。

随着企业理论的发展，企业理论依次经历了四个发展阶段：企业竞争优势理论、企业资源基础观点、企业能力基础观点和企业知识基础观点（赵林捷，2007）。早期企业竞争优势理论认为企业竞争优势来自企业外部的某些因素（如市场结构、市场机会等），即企业竞争优势外生论。随着研究的深入，学者们发现即使在相似的外部条件下，不同企业的竞争优势也表现出了不同程度的差异。鲁梅尔特（2012）从实证角度指出相对于产业间长期利润率分散程度，产业内的分散程度要大很多，也就是说企业竞争优势并非来自企业外部，而是来自企业自身，即企业竞争优势内生论。企业竞争优势内生论是从企业内部探寻其竞争优势而非从企业外部。研究者们在从企业内部寻找竞争优势的过程中，首先把企业所有拥有的资源尤其是一些独特的资源作为企业竞争优势来源，即企业资源基础观点。1984 年，沃纳菲尔特（Wernerfelt）在《企业资源基础论》一文中正式提出了企业资源基础观点。Barney（1991）认为该理论的核心观点是，企业是由一系列资源束组成的集合，并且资源难以复制的特性使得企业获得了相应的竞争优势。同时，赞同企业资源基础观点理论的学者们认为企业竞争优势会受到企业所在的市场结构和市场机会的影响，但它们并不能决定企业的竞争优势。企业资源基础观点理论不是彻底的“内生论”：其认为企业内部资源和外部的竞争格局共同决定了企业竞争优势的根源，并且并非所有的资源都能成为企业的竞争优势。学者们在资源基础观点的基础上又做了进一步的研究，如Nelson和Winter（1982）通过演化经济理论研究企业竞争优势，Foss（1997）等也对企业持久竞争优势的来源进行了进一步探讨，最终学者们认为企业竞争优势的更深层次来源是企业具有的在资源协调和开发保护等方面的能力，即企业能力基础观点。但是这一理论不能回答关于企业竞争优势来源的根源问题，即究竟又是什么决定了企业配置、开发与保护资源的能力。而知识基础观点理论能够很好地回答上述问题：企业所掌握的知识决定了企业配置、开发与保护资源的能力。德鲁克（2009）在《后资本主义社会》中指出知识将取代资本、自然资源和劳动力而成为社会中最基本的经济资源。

赵林捷（2007）认为企业知识基础观点是在企业资源基础观点和企业能力基础观点的基础上产生和发展的，其发展了企业竞争优势内生理论，并且指出了企业所拥有的知识才是企业竞争优势的最终来源，为企业获取竞争优势指明了方向。也是说企业今后如何获取、应用知识资源是企业持续竞争优势保持的关键，更是企业发展所关注的一个重要问题。

组织学习的概念（Argyris and Schon，1978）和学习型组织理论（圣吉，2009）的提出，为企业知识的获取和应用提供了一种最佳途径，即通过组织学习来获取企业必要的知识资源。Kogut 和 Zander（1992）在其知识增长模型中讲到组织的学习总是和它们的“现有实践”紧密相连，新的学习最终是实现对知识的新运用。Miller（1983）曾指出学习、知识和行动之间存在密切的联系。

Argyris 和 Schon（1978）认为组织学习是一种发现和改正错误的程序，并把组织学习描述为三种状态：单循环学习、双循环学习和再学习。Goh 和 Richards（1997）认为组织学习是在一定的模式和氛围下，企业通过知识管理和运作方式的完善及有效方法的使用来提升组织适应能力和竞争能力的过程。另外，Prahalad 和 Hamel（1990）的核心能力、Cohen 和 Levinthal（1990）的吸收能力等都强调了组织学习、知识管理在企业知识和能力获取中的重要性。陈国权（2004）认为组织学习是组织有意识地、系统地和持续地通过知识资源的积累和应用，提升自身环境适应能力的过程，是组织的革新过程。孙卫忠等（2005）将组织学习定义为：组织通过各种途径和方式不断获取组织内外知识与信息，通过成员间的交流与合作达到知识的共享，最终实现组织知识总量提升和绩效的改善。学者们对组织学习的研究都表明组织学习对组织知识的产生、传递及应用有着重要作用。

Senge（1990）首次提出了团队学习的概念，并且指出团队学习是组织学习的基本单位，其在《第五项修炼——学习型组织的艺术与实践》中指出团队学习是基础。Dale 和 Lick（2006）提出创建团队学习是组织学习的中心任务。张兆芹（2006）认为组织中有许多团队学习，团队学习整合就构成了组织学习。李栓久和陈维政（2007）分析了团队学习与组织学习之间的关系，提出团队学习的关键是发挥群体效应，组织学习的关键是发挥整合效应。陈国权和赵慧群（2009）对中国企业管理者个人、团队和组织三个层面学习能力之间的关系进行实证研究后发现：团队学习与组织学习之间存在显著的正相关关系。根据学者们对团队学习的研究可知，团队学习对组织学习有着重要的作用，是组织知识增加的重要手段。

综上所述，我们可以得出：企业知识基础观是企业理论的最新观点；在企业知识基础观点下，知识是企业获取持续竞争优势的主要资源；企业通过组织学习和团队学习可以获取其必要的知识资源，而且团队是组织学习的基本单位，其对组织知识存量的增加起着至关重要的作用。那么在团队学习过程中，由于团队领导者、团队成员、团队所面临的环境等不同，不同的学习团队之间必然会存在知识的差异。那么这些知识在组织中的团队之间是如何共享的？团队之间的知识如何才能更有效地共享？如何更有效地促进个人知识向团队知识再向组织整体层面上转化？对这些问题的研究与探讨将有利于组织中团队之间开展有效的学习，进而提高团队及组织整体的学习能力和学习绩效。

1.1.2　研究意义

知识是企业获取并保持持续竞争力的主要来源，而组织学习和团队学习作为企业获取知识的重要手段，目前仍然是管理学学术研究以及企业所关注的焦点，并且在未来相当长的时期内仍会有更多学者和企业人员从不同的角度，运用不同的方法来对组织学习与团队学习问题进行研究。

本书以组织中的跨边界学习问题为研究对象，具体研究其学习模式、学习过程机理、影响因素、学习路径及管理策略等几个主要问题。对该问题的研究具有重要的理论意义和实践意义。

（1）理论意义。本书在理论上阐述了组织中跨边界学习的内涵以及其与组织间学习的异同点，并根据现有关于组织学习模式的研究及合作竞争关系提出组织中跨边界学习的模式，提出了组织中跨边界学习模式对组织中团队间学习绩效影响的理论模型；对组织中跨边界学习过程机理（横向过程机理与纵向过程机理）、影响因素、学习路径等问题进行了研究，基本上初步构建了比较完整的组织中跨边界学习的理论体系。本书的理论意义在于能够进一步丰富组织学习理论，推进组织学习与学习型组织理论的发展，对团队学习理论研究的深化发展亦有重要的指导意义。

（2）实践意义。本书的实践意义在于：为组织尤其是企业提高团队间的学习水平提供重要的理论指导。知识活动贯穿组织发展的全过程，组织的生存过程实际上是组织学习、知识共享的过程。组织学习、团队学习与企业持续竞争优势有着密切的联系，打造高绩效团队、建设学习型组织已成为全球先锋企业的共识。然而，学习效率不高的问题几乎困扰着所有企业。主要原因在于组织中的跨边界学习出现了问题，这造成团队之间不能及时有效地共享知识，团队学习能力也不能有效转化为组织学习能力。因此，本书的研究成果有助于企业通过提高组织中跨边界学习水平来提高企业核心竞争力。尤其是我国企业在建设学习型组织的过程中，通过关注跨边界学习，有效融合跨边界学习，从而大幅度提升组织学习的效率与效果，进而大幅度提高学习型组织的建设水平。

1.2 研究内容及技术路线

1.2.1 研究内容

本书的主要研究内容如下。

（1）绪论。介绍了研究背景及意义，构建了研究的技术路线图，并阐述了研究所使用的方法和可能的创新点。

（2）国内外相关研究文献综述。通过对组织学习、团队学习以及组织间学习的相关文献的回顾，了解了国内外组织学习理论的研究现状，得出了现有研究中存在的问题以及值得进一步研究分析的地方，为本书的研究提供了理论基础和研究方向。

（3）组织中跨边界学习的内涵与模式。首先界定了组织中跨边界学习的内涵，比较了组织中跨边界学习与组织学习及组织间学习的异同点，然后在概述组织学习一般模式的基础上提出了关于组织中跨边界学习的两种学习模式，并对这两种学习模式进行了比较分析。

（4）组织中跨边界学习的过程机理。概述了知识转化的过程机理；组织学习的过程机理；组织中跨边界学习的过程机理，包括横向学习的过程机理与纵向学习的过程机理。跨边界学习的过程机理属于组织学习与团队学习机理的交叉融合，是对组织学习与团队学习机理的补充与深化。揭示组织中的跨边界学习机理，更有利于为提升组织学习的效果精准施策。

（5）组织中跨边界学习影响因素的实证分析。首先根据文献研究提出了本书的研究假设，并根据研究假设构建了研究的理论模型，然后开发了理论模型中相关变量的测量量表，并进行了数据收集与结论分析。具体包括：组织中跨边界学习影响因素的理论模型与研究假设；数据收集与分析；结构方程模型（structural equation modeling，SEM）的设定、识别及估计；结构方程模型评价、修正及确定等。

（6）跨边界学习模式对学习绩效的影响研究。首先对组织中跨边界学习的两种学习模式对个人学习绩效和团队学习绩效的影响提出假设并构建理论模型，然后构建理论模型中相关变量的测量量表，最后对两种跨边界学习模式对学习绩效的影响进行实证分析，揭示两种学习模式对学习绩效产生的影响效果。

（7）组织中跨边界学习的路径研究。根据学者关于组织中知识共享模式的研究，本书提出组织中跨边界学习的两条学习路径——正式路径和非正式路径，然后对二者的内容进行了阐述，并且探讨了二者之间的相关关系。最后以某药物研究院为案例，佐证了本书提出的有关组织中跨边界学习路径的研究结论。

（8）组织中跨边界学习的案例研究。通过对太阳雨公司与沈阳万科公司的跨边界学习的案例调查与剖析，揭示了太阳雨公司和沈阳万科公司的跨边界学习过程与实践机制，进一步佐证了本书的理论观点，也给其他组织有效开展跨边界学习提供了案例启示。

（9）组织中跨边界学习的管理策略。主要对促进组织中团队间学习策略进行分析，提出了领导重视提升、组织文化营造、激励机制制定、学习平台建设及员工组织内部流动等五个方面的促进策略。

（10）结论与展望。总结了本书的主要研究结论并对未来的研究方向进行了展望与探讨。

1.2.2　研究技术路线

本书的研究技术路线如图 1-1 所示。

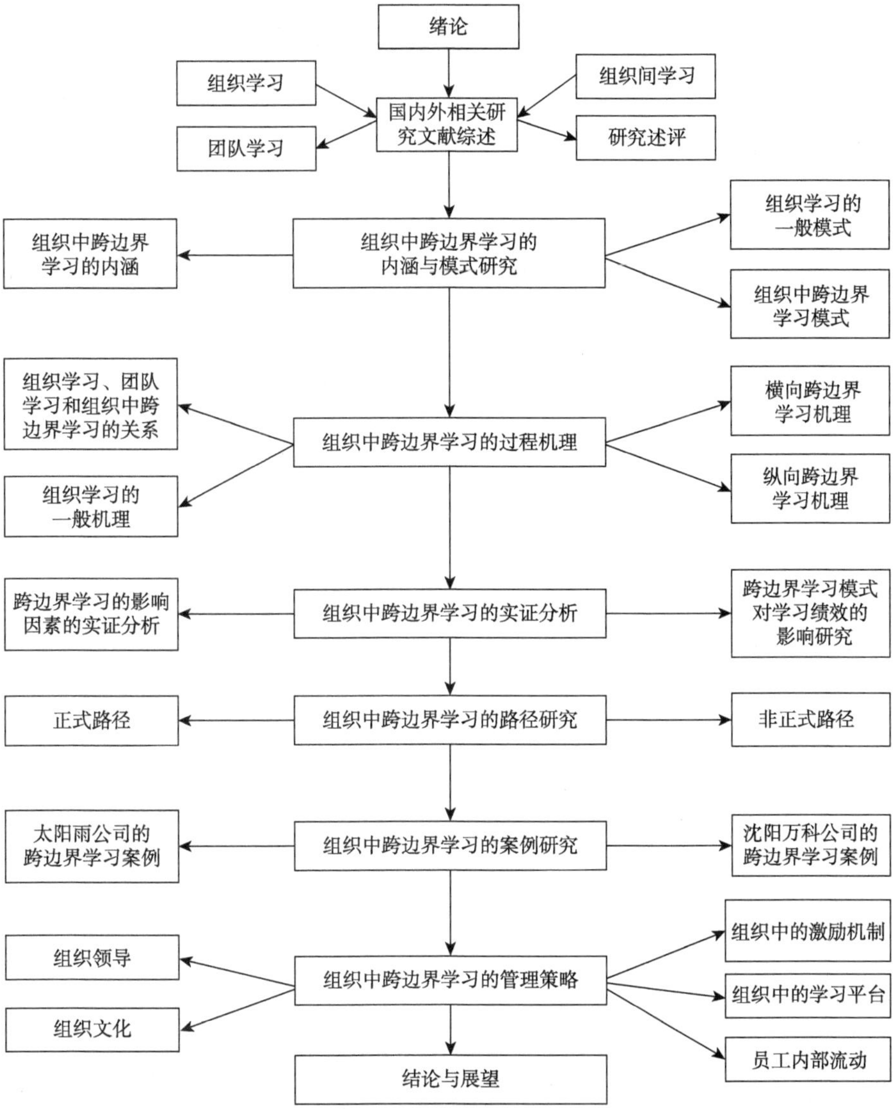

图1-1　研究技术路线图

1.3 研究方法与可能的创新

1.3.1 研究方法

本书结合了定性与定量、规范与实证的研究方法，具体如下。

（1）文献综述方法。运用该方法对国内外学者关于组织学习、团队学习以及组织间学习的研究文献进行回顾，以掌握前沿动态以及最新的理论观点与方法工具。

（2）问卷调查法与统计分析方法。通过设计调查问卷，对组织中跨边界学习的模式和学习绩效、组织中跨边界学习行为的影响因素等进行问卷调查，通过建立相应的结构方程模型，对组织中跨边界学习模式与学习绩效之间的关系、跨边界学习行为的影响因素等进行定量分析。

（3）案例研究方法。运用该方法对组织中跨边界学习的路径进行研究。主要对太阳雨公司和沈阳万科公司的跨边界学习的两个案例进行调查与剖析，试图通过案例研究来验证本书提出的理论观点与基本主张。

（4）逻辑推演方法。该方法用于组织中跨边界学习模式探讨、组织学习一般机理的研究、组织中跨边界学习过程机理的研究、跨边界学习路径的研究以及企业提升跨边界学习能力的对策研究。基于文献调查、理论观点与方法借鉴、实证研究、案例研究等工作，进行相关知识的逻辑加工，进而科学提出组织中跨边界学习的模式、过程机理、学习路径，并合乎逻辑地提出企业提升跨边界学习能力的对策建议。

1.3.2 可能的创新

截至目前，对组织中的跨边界学习问题进行研究，在组织学习研究领域总体上还属于新视角、新课题，本书可能的创新点主要有如下几点。

（1）界定了组织中跨边界学习的内涵。组织中跨边界学习是超越组织内部边界的一种学习方式，其在当前的研究中还较少被涉及，本书结合组织边界和组织学习、团队学习的内涵，对组织中跨边界学习的内涵进行了界定，即在一个组织中，不同团队之间通过采取有效的学习方式，打破知识壁垒，促进知识在团队间跨边界流动，有效实现团队间知识共享的学习行为，其目的在于有效提高各团队的学习能力与创新能力，进而提高组织整体的学习能力、创新能力与应变能力。

（2）提出了组织中跨边界学习的模式。当前组织中跨边界学习理论缺乏相应的研究，因此其学习模式还没有被学者们探讨过。本书在概述组织学习一般模式的基础上，结合合作竞争理论提出了关于组织中跨边界学习的两种学习模式：合作型学习模式和竞争型学习模式，并对这两种学习模式的内涵进行了阐述和比较分析。

（3）揭示了组织中跨边界学习机理。分别从团队与团队之间横向跨边界的视角以及从个人、团队到组织纵向学习跃迁的纵向跨边界视角来剖析组织中的跨边界学习机理，尽管其中的基本元素借鉴了其他学者既有的研究成果，但聚焦揭示组织中的跨边界学习机理在学术界还未见公开文献。

（4）通过实证研究揭示了影响组织中跨边界学习的主要因素以及跨边界学习模式对学习绩效的影响，专门聚焦这两个方面的实证研究还未见学者深度探讨。

（5）阐述了组织中跨边界学习的路径并通过案例研究对学习路径进行了佐证。组织中跨边界学习的路径是组织中团队间相互学习的途径。本书提出了正式学习路径与非正式学习路径，并探讨了各自具体的学习渠道。对团队间学习路径的研究能够促进团队间的学习，为团队间学习的开展提供良好的学习渠道。同时，本书还结合组织中跨边界学习的两个案例进一步佐证了团队间学习路径的研究观点。

1.4 本章小结

本章的主要内容可以总结为如下几点。

（1）介绍了本书的研究背景、目的及意义。本书的研究背景是从企业理论的四个发展阶段出发得出当前企业理论以企业知识基础观点为重心，企业的生存和发展依赖于企业的知识尤其是核心知识，即知识是企业的重要资源；组织学习和团队学习理论的产生，为企业获取知识提供了一个良好的途径：组织和团队通过学习可以使得自身知识增加，然而在进行组织学习和团队学习的过程中，不同团队之间由于知识的差异也会产生学习行为。通过对研究目的和研究意义的阐述，表明了组织中的跨边界学习模式、机理、路径及策略研究的必要性。

（2）简要介绍了本书的主要研究内容和技术路线。课题研究成果形成了本书的主要内容，包括 10 章：绪论、国内外相关研究文献综述、组织中跨边界学习的内涵与模式、组织中跨边界学习的过程机理、组织中跨边界学习影响因素的实证分析、跨边界学习模式对学习绩效的影响研究、组织中跨边界学习的路径研究、组织中跨边界学习的案例研究、组织中跨边界学习的管理策略以及结论与展望。技术路线图主要是以图示的形式反映了本书的研究框架。

（3）介绍了本书的研究方法和创新点。详细阐述了本书主要使用的四种研究方法和四个可能的创新点。四种研究方法分别是：文献综述方法、问卷调查法与统计分析方法、案例研究方法、逻辑推演方法。五个可能的创新点是：界定了组织中跨边界学习的内涵、提出了组织中跨边界学习的两种基本模式、揭示了组织中跨边界学习的纵横向过程机理、揭示了影响组织中跨边界学习的主要因素、阐述了组织中跨边界学习的基本路径。

第 2 章　国内外相关研究文献综述

2.1　组织学习的相关研究

2.1.1　组织学习的内涵研究

国外学者 March 和 Simon（1958）最先提出组织学习的概念并把组织学习界定为对外部环境的适应。随后 Cyert 和 March（1963）在政府部门的改革中提出对组织学习的研究，并在其著作中提出了作为组织决策模型一部分的通用组织学习理论，认为组织能够学习而且不完全依靠组织中的个体学习，强调规则、程序、常规等在应对变化中的作用，并根据组织是否能产生正面影响来决定是否采用这些规则、程序和常规。Argyris 和 Schon（1978）在 *Organizational Learning：A Theory of Action Perspective* 一书中正式提出组织学习的概念，这标志着国内外学者对组织学习系统化研究的开始。

关于组织学习内涵的界定，目前尚未形成一致的观点。

Argyris 和 Schon 将组织学习认定为寻找并更正错误的过程，即组织内部成员检查组织存在的问题并通过重新构建组织的行为理论以及把探寻结果渗透到组织图示和组织想象中进而进行纠正，包括修正组织的规范、政策和目标。

Weick（1979）基于组织使用自己的参考系来理解内部和外部环境的基本假设，认为组织学习的内涵包含由与个人密切相关的关联行动形成的一个群体的心智模式。

Fiol 和 Lyles（1985）认为组织学习是在更好的知识与理解能力的基础

上来改善组织行为的过程。

Dodgson（1993）认为组织学习是指企业在特定的行为和文化下，建立和完善组织的知识和运作方式，通过不断应用相关的方法和工具来增强企业适应性和竞争力的方式。

Levitt 和 March（1988）认为组织学习是对过去的组织行为进行反思进而形成新的指导行为的组织规范。

Stata（1989）认为组织学习的发生是建立在过去的知识与经验，也就是组织记忆的基础之上的共享的实现、知识与心理模型等。

Argyris（1990）认为组织学习是组织对于内部或外部环境的刺激，以累积的、互动的、有目的的方式予以观察、评估和采取行动的能力。

Huber（1991）认为组织学习是知识获取、信息传播、信息解释及组织记忆等的过程。

Kim（1993）把组织学习视为一个连续的、整体的过程，认为组织学习是环境、个人与组织间相互作用和影响的实现过程，并且认为个体学习向组织学习的转化机制是组织学习的核心。

Argyris 和 Schon（1998）不断对组织学习的内涵进行修正，认为组织学习是减少组织的习惯性防御机制。

Levitt 和 March（1988）更进一步指出，当个人和群体的学习成果以组织学习的层级呈现出来时称为组织学习。

Goh（1998）和 Crossan（1999）把组织学习定义为组织和个人改变思想和行为的过程。

Edmondson（1999）认为，组织学习是系统内个人、团队或组织自行处理信息或调整组织行为的过程。

我国对组织学习的研究起步较晚，直到 20 世纪 90 年代，组织学习才引起国内学者的普遍关注。

张钢（2000）指出组织学习的本质是一系列个人学习协同的社会过程，组织学习的目标是建立一种可以从自己和别人的经验中学习的机制，并能产生、储存和搜索知识以达到组织行动的理想效果，并认为组织学习是一个带有控制反馈机制的不断改正错误的过程，包括简单组织学习过程和复杂组织学习过程。简单组织学习过程主要集中于避免组织犯错误或者避免组织脱离既定的目标和规范，复杂组织学习过程虽在一定程度上依靠反馈机制，但其强调的是组织要达到一个怎样的组织视野并通过视野调节来引导组织学习。

陈国权和马萌（2000）指出 Dodgson（1993）所给出的组织学习定义的假设条件是：虽然学习的内容可能是负面的，但学习对以后的影响是积极的，并进而强调组织学习是组织不断获取、创造和运用知识、努力改善自身或重新设计自身以适应不断变化的环境，从而保持可持续健康和谐发展的过程。

陈建国（2003）从信息能循环的角度进行了分析，认为组织学习是"社会系统利用外部环境的物质和能量进化的过程，同时也是学习主体认识世界、改造世界的信息能循环运动的过程"。

肖力维（2003）认为国内外学术界对于"组织学习"概念的理解可以归结为以下几种观点：组织学习是一种活动、组织学习是一种过程、组织学习是一种系统、组织学习是一种能力、组织学习是一种结果，在此基础上其给出了组织学习的定义：组织学习是指组织为了形成其核心竞争力而围绕信息和知识所采取的各种学习行动，是组织不断努力改变或重新设计自身以适应持续变化的环境的过程，是一个创新的过程。

于海波等（2004）给出的组织学习的定义是组织为了实现自己的愿景或适应环境的变化，在个体、团队、组织层和组织间进行的，不断产生和获得新的知识和行为，并对其进行解释、整合和制度化的循环上升的社会互动过程。

杨智等（2004）在对国外已有的组织学习理论文献进行全面系统回顾的基础上提出了组织学习的含义。他认为组织学习是个人学习的延伸，个人学习是组织学习的代理人，组织学习是一种通过个体的学习来影响组织的心智模式、规范、价值观和行为的组织程序，组织学习是过去经验的积累，组织全体共享组织学习的成果，并将其整合进组织程序当中以促使组织结构及工作流程创新。

孙卫忠等（2005）将组织学习定义为组织通过运用各种途径和方式不断获取组织内外知识与信息，通过成员间的交流与合作达到知识的共享，最终实现组织知识总量提升和绩效的改善。

赵风中（2006）认为组织学习是以系统思考和萌生于组织文化的共同愿景为工具，以组织结构为依托，以技术为保障，形成旨在提高组织核心能力的知识循环。

孙晓强（2007）从知识管理和组织学习存在互相促进关系的角度出

发，通过基于学习方式的组织学习过程和基于知识转化的组织学习过程两种有代表性的组织学习过程模型，分析组织学习在知识管理中所扮演的角色，并提出组织学习的概念，认为组织学习是指组织透过持续性且有效的个人学习、团队学习与整体组织的学习，进而有效解决组织所面临的问题，并提升组织创新与应变的能力，以促进组织成员与整体组织的发展。

刘彦芬和刘明（2012）将组织学习定义为组织不断完善自身的行为，主要在新的知识和见解指导下获取、传递和创造新知识。

杨文升和史金婵（2013）在对国内外学者关于组织学习定义的相关理论进行归纳研究基础上，提出组织学习定义可分为“过程视角”和“结果视角”两大类，虽定义角度不同，但两者定义的核心都是“组织发生了某些改变”（包括组织学习效果的改变和组织学习效率的改变），进而给出组织学习的定义：组织学习是基于组织的经验、知识而使组织学习效果或效率发生改变的过程。

综合以上观点可以看出，国内外学者从心理学、管理科学、社会学、知识管理、系统动力学及战略管理等不同视角出发对组织学习的内涵进行了界定，归纳如表 2-1 所示。此外，对于组织学习的定义还有“认知行为综合观”“进化观”“文化观”等多种观点，这些从新的角度对组织学习概念进行的探索，为组织学习主体概念提供了有益的补充。

表 2-1　组织学习内涵研究

研究视角	代表人物	主要思想
心理学	Argyris、Schon、Weick、Stata、Goh、Crossan	组织学习是人们自我发展的过程，强调人或组织已有的认知和信仰对其解释环境变化以及产生相应行为的作用和影响
管理科学	Huber	组织学习是信息获取、加工、整合的过程，强调组织对信息的处理过程
社会学	Levitt、March、于海波	组织学习是组织结构变迁的过程，强调学习者是在特定的社会文化和现实环境中通过人际互动学习认知的社会人
知识管理	陈国权、孙晓强、赵风中、吴价宝等	组织学习是新知识的获取、共享和移动的过程，强调组织学习过程中知识的获取、交换和传播等活动
系统动力学	Edmondson、Kim	组织学习是在个体心智或组织系统结构中产生，强调组织与环境间的适应关系及其相互作用和影响的过程
战略管理	Dodgson、杨文升	组织学习是提高生产效率的过程

2.1.2　组织学习的过程研究

任何一个组织进行学习，都必须为自己设计学习的步骤与程序，使组织能够系统地收集、分析、储存、传播和使用与组织绩效及组织成员有关的信息，国内外学者基于对组织学习内涵的不同理解，相应地对组织学习过程进行了不同的划分。

国外学者 Argyris 和 Schon（1978）提出了基于学习方式的组织学习四阶段模型，即发现（discovery）、发明（invention）、执行（production）、推广（generalization）。这是最早也是最具有代表性的组织学习过程模型（图 2-1），其中各阶段承担不同的任务，“发现”阶段指发现组织内部潜在的问题或外界环境中的机遇，“发明” 阶段是公司着手寻找解决问题方法的过程，“执行”阶段指公司致力于实施解决问题的方法，产生新的或修正过的操作程序、组织结构及报酬系统等，“推广”阶段的宗旨是学习的传播，把学习传播到组织内所有相关区域，贯穿于组织各部门和各边界。

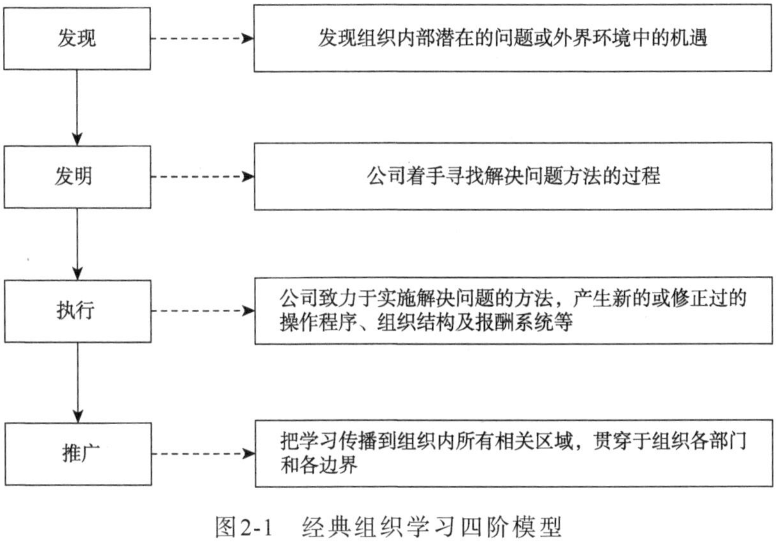

图2-1　经典组织学习四阶模型

Daft 和 Weick（1984）从学习过程的角度出发将组织学习过程看作一个具有扫描、解释和学习功能的解释系统，进而把组织学习过程表达为扫描、解释、学习三个阶段的集成。

Slater 和 Narver（1995）认为组织学习过程经历了信息获得、信息扩散、信息共同解释三个阶段，最终将共同的解释通过组织记忆的方式进行储存，而被储存的信息在需要的时候又会被重新提取进行再加工。

Huber（1991）具体从“知识”的角度把组织学习流程划分成四个阶段：知识获取阶段、知识分配阶段、知识理解阶段和组织记忆阶段。

Nonaka和Takeuchi（1998）在显性知识和隐性知识两种知识划分形式的基础上提出了组织学习过程的 SECI 模型（知识转化的四阶段模型）：Socialization（社会化）、Externalization（外在化）、Combination（合并）、Internalization（内在化）。其中，外在化是组织内部隐性知识在团队内共享后经整理被转化为显性知识的过程，合并是团队成员共同将各种显性知识系统地整理为新的知识或概念的过程，内在化是指组织成员通过学习组织的新知识和新概念并将其转化成自身的隐性知识，从而完成知识在组织内扩散的过程，社会化是指拥有不同隐性知识的组织内成员相互影响的过程。

Dixon（1994）将划分的视角从“知识”放大为“信息”，进而提出组织学习圈模型，认为组织学习过程是信息获取、信息整合、信息解析和授权行动四个阶段形成的闭合圈。

Nevis 等（1995）对 Huber 组织学习过程的划分进行了修正，把组织学习流程划分成知识的获取、知识的分享以及知识的使用三个阶段，并基于知识管理理论提出了获取、共享和应用的组织学习模型。

Slater 和 Narver（1995）把“组织记忆”作为组织学习的反馈阶段纳入组织学习流程中，使得组织学习形成了一个封闭的回路。

Dixon（1995）认为组织学习过程就是彼此之间进行意义结构共享的过程，其中可共享意义结构并非是一个整体，而是由组织内部成员不同的可共享意义结构汇集而成的相互独立的一个集合，组织学习的过程只能发生在可共享意义结构这部分。这一过程经历了创造、整合、诠释、行动四个阶段并且最终又从行动回到创造，形成一个循环。

Boisot（1998）从信息空间的角度出发，认为组织学习过程可以分为六个阶段：扫描（从一般可以获得且通常是模糊不清的数据中识别威胁和机会）、解决问题（对扫描阶段产生的见解进行编码的过程）、抽象（把新近编码的见解推广到更广阔的范围中去）、扩散（与目标总体共同分享新创造出来的见解）、吸收（使用各种方式将对新编码的见解应用于不同的情形中）、形成影响（将抽象的知识嵌入技术准则、组织规则以及行为模式中）。

Tsang（1999）提出一个国际化角度经验学习过程的模型，认为组织学习由学习潜力的评估、经验知识的获得和分享、知识搜索三个阶段组成。

Crossan（1999）认为组织学习是直觉感知、解释说明、归纳整合、制度化四个子过程的整合。其中直觉感知是组织凭借组织中个人经验及其内在的潜力对外界环境变化的认识过程，是组织学习最根本的学习过程；解释说明是通过语言或行为来解释直觉感知所得的学习过程；归纳整合是在个人间通过相互的沟通而达成的共识、采取一致行动的过程；制度化是组织学习的最高形式，是区别于个人学习和团队学习的制度化过程。

Collison 和 Parcell（2001）给出了一个涵盖所有管理活动的组织学习模型。

组织学习模型是对组织学习过程和本质的系统化描述和分析，是指导组织学习理论分析和应用实践的必要工具，因此也一直是组织学习研究领域的热点议题。相应地，我国学者也给予了组织学习模型极大的关注。

陈国权和马萌（2000）指出 Argyris 和 Schon 的四阶段模型存在的不足，并在此基础上提出加入反馈过程和知识库的改进模型（图 2-2）。模型中各个学习阶段和知识库之间的双向箭头连接表明，每一阶段既可以产生新的知识并存入知识库，也可以运用知识库中的知识辅导该阶段的判断和学习。

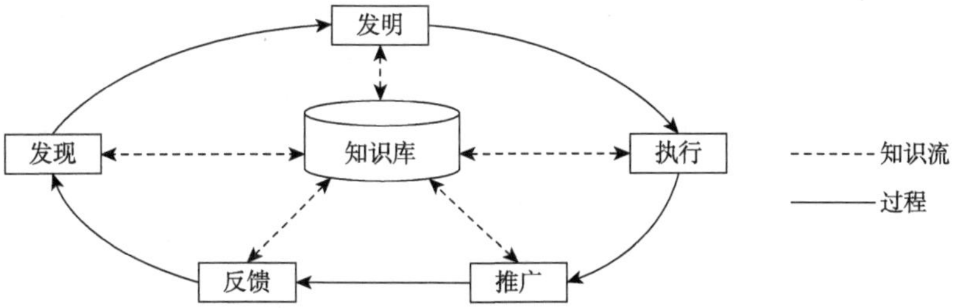

图2-2 改进的组织学习过程模型

陈国权（2002）通过对相关文献和企业案例的深入分析研究后，对原先提出的组织学习过程模型进行了修正，即在“发明”“执行”之间加入“选择”，提出由“发现”“发明”“选择”“执行”“推广”“反馈”这六个阶段（6P：6Processes）及一个知识库（1B：1Knowledge Base）组成的较为完整的组织学习过程模型，简称“6P-1B”模型，如图 2-3 所示。

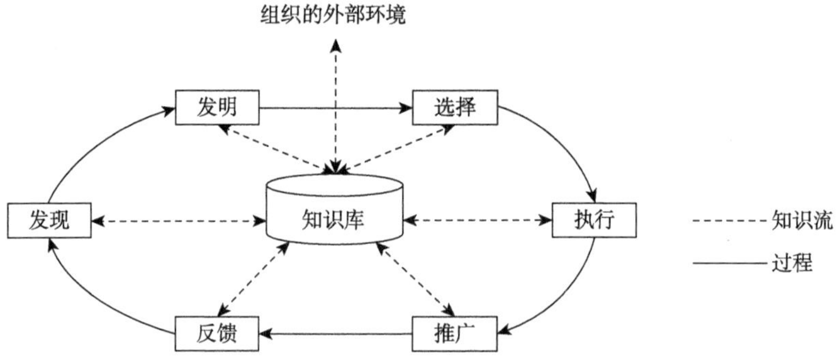

图2-3　组织学习“6P-1B”模型

于小涵（2005）借鉴彼得·圣吉所提出的“深层变革的成长过程”观点，从现实的企业组织学习实际出发，提出一个基于个体学习的多环过程模型，作为对原有的组织学习过程模型的拓展。

戴万稳等（2006）基于复杂系统视角对组织学习的动态过程进行研究并得出结论：个人、团队和组织三个层次是组织学习发生的载体，单环学习、双环学习和三环学习三种模式是组织学习发生的主要模式，直接感知、解释说明、归纳整合和制度化是组织学习发生的四个子过程。

陈国权（2009）对其提出的组织学习过程模型进行了修正，又提出加入“获取知识”和“输出知识”等方面的内容来进一步完善组织学习过程。

孟炎和田也壮（2014）提出了基于全球网络的组织学习过程模型，强调组织学习的个体、团队、组织和组织间四个发生层次，揭示组织学习内部与外部的发生机理，重点研究网络下的组织间学习过程，通过个体、团队与组织的相互学习，持续而有效地解决组织所面临的各种问题，提升组织应变能力。

张艳红（2015）对改进的组织学习过程模型进行研究后提出把“反

馈”和“发现”两个阶段简单地放在组织学习过程中是不恰当的，因为其贯穿于整个组织学习的各个阶段，在此基础上，其提出了基于学习方式的组织学习过程模型，将组织内外部环境因素考虑在内，对组织学习过程中的选择和反馈过程进行完善。因而该模型更能够接近企业实际的组织学习。

林春培和张振刚（2017）研究表明，不同的组织学习过程产生不同的组织创新行为，基于吸收能力的探索式和利用式学习正向影响企业的渐进性创新和突破性创新，而转换式学习只能通过与其他两种组织学习的互补效应才能发挥积极促进作用。

综合上述学者的观点，本书对具有代表性的组织学习过程的划分及界定进行归纳，如表 2-2 所示。

表 2-2 组织学习过程模型研究

研究者	过程模型
Argyris、Schon	发现、发明、执行、推广
Daft、Weick	扫描、解释、学习
Huber	知识获取、知识分配、知识理解、组织记忆
Crossan	直觉感知、解释说明、归纳整合、制度化
Boisot	扫描、解决问题、抽象、扩散、吸收、形成影响
Tsang	学习潜力的评估、经验知识的获得和分享、知识搜索
陈国权	“6P-1B”模型：发现、发明、选择、执行、推广、反馈、知识库

2.1.3 组织学习的障碍研究

Senge（1990）提出了一个极具启发性的问题：为什么在许多组织中，每个成员的智商都在 120 以上，而组织集体的智商却只有 62 呢？众多学者经过研究发现，这是因为组织的智障妨碍了组织的学习和成长，从而使组织被一种看不见的巨大力量侵蚀。由于受到多种因素的影响，不是所有的组织学习都能够达到预期的效果，组织学习的实施与开展会遇到不同类型的障碍。

学者们对组织学习障碍的探讨一般是根据其对组织学习定义和所构

建的组织学习模型而提出的，其实质是揭示学习发生过程各环节中导致学习不能正常进行或者不能达到预期效果的影响因素及现象。对于组织学习中遇到的困难，Senge（1990）称之为“学习无能”，McGill 等（1992）称之为“学习阻碍”，Snyder 和 Cummings（1998）称之为“学习偏差”。尽管称谓不同，但其本意是指对“组织学习”过程的阻碍，从而使组织不能进行真正的学习。只有克服了障碍，组织才能进行真正的学习，因此，研究组织学习障碍及其克服就具有很重要的理论和实践意义。

在众多学者对组织学习过程进行研究的基础上，March 和 Olsen（1975）分析了组织学习过程中四种中断的类型以及由此带来的组织学习障碍：角色限定式学习（role-constrained learning）、听众式学习（audience learning）、迷信式学习（superstitious learning）、模糊式学习（learning under ambiguity）。

Senge（1990）从认识论的角度把阻碍组织学习的因素分为七种组织学习智障：局限思考、归罪于外、缺乏整体思考的主动积极、专注于个别事件、煮青蛙的故事、从经验学习的错觉、管理团体的迷思。

Kim（1993）则结合个体认知模式和组织认知模式对其进行了三项补充：情景式学习（situational learning）、片段式学习（fragmental learning）、投机式学习（opportunistic learning），并在 Argyris 和 Nonaka 组织学习模型的基础上提出七项组织学习障碍：限制学习、听众学习、迷信学习、模糊学习、情景学习、片段学习和机会学习。

Bilello 等（1996）以 Argyris（1990）对“组织学习”的划分为依据，并结合 Kim 提出的“组织学习”模型，研究了“组织学习障碍”，把“组织学习障碍”分为以下几种主要形式：封闭性学习、限制性学习、迷信学习、模糊学习、表面学习、片断学习、投机学习。

我国学者陆昌勤等（1999）认为“组织学习障碍”可以分为单环学习障碍和双环学习障碍。单环学习障碍包括封闭性学习、限制性学习、迷信学习和模糊学习；双环学习障碍包括表面学习、片段学习和投机学习。并且，他认为要克服组织学习障碍首先必须解除组织的习惯性防御机制。

陈国权和马萌（2000）较为全面地总结了组织学习过程的六个阶段中的 17 种障碍：发现阶段智障（包括能力陷阱、缺乏系统思考、盲目、组织机制缺陷、辅助设施不足）、发明阶段智障（舍本逐末、成规、报酬与决策系统缺陷）、执行阶段智障（组织瘫痪、活动过度、相异的手、缺乏合作）、推广阶段智障（传播失效）、反馈阶段智障（机制缺陷、反馈失误）、知识库建立及知识转化中的智障（包括组织记忆丧失、知识转化困难）。

朱方伟等（2004）从组织学习的过程中断、组织学习的文化障碍、组织结构和领导有关的障碍三个不同的视角对组织学习的障碍进行了系统的探讨，认为组织学习过程中断障碍表现为封闭性学习、限制性学习、迷信学习、模糊学习、表面学习、片段学习、机会学习七种形式，组织学习的文化障碍表现为对错误的不宽容、不能根据问题的实质对问题进行判断、组织学习中的地位不平等、对学习的不重视造成心理和行为的影响，不适合的组织结构和领导的缺乏同样是组织学习的一大障碍。

李丹和刘怡（2006）从实证研究的角度结合国内中小企业自身的特点，从组织的规模、文化、结构与领导关系三个不同的视角出发全面探讨了组织学习的障碍。

赵风中（2006）通过构建组织学习模型及模拟学习过程情景，对可能阻碍组织学习或者使组织学习倒退的因素进行了系统分析，认为组织学习的阻碍因素有组织文化的瑕疵、系统思考的缺位、共同愿景的缺陷、组织结构的变革风险、先进技术应用的滞后、领导者的迷思等。

戴万稳等（2006）基于复杂系统视角对组织学习的动态过程进行了研究，进而对复杂系统环境下构建学习型组织可能遇到的障碍进行了一系列的分析，认为复杂系统环境下的 3C［自满（complacency）、保守（conservatism）、自大（conceit）］模式是组织学习过程中的思维误区，永恒记忆是组织学习过程的陷阱，沟通失衡是组织学习过程的障碍。

王彦祥（2012）把组织学习的障碍划分为领导者的障碍、组织成员的障碍、组织结构的障碍、组织文化的障碍四种，其中领导者的障碍表现为独揽权力的领导者、被成功迷惑的领导者、不学习的领导者，组织成员的障碍表现为成员缺乏自信心、缺乏创造力以及对自我职位的狭隘认知，组织结构的障碍表现为组织层次过多、组织条块分割、组织系统阻塞、组织反应迟钝，组织文化的障碍表现为对错误的不宽容、组织学习中的地位不平等、不能根据问题的实质对问题进行判断。

戴万稳等（2014）将组织学习过程障碍的分析层次从组织内的员工个体、团队、组织层次拓展到了组织外的社会环境层次，提出了组织学习动态过程障碍系统分析模型。研究结果理清了直觉感知、解释说明、归纳整合和制度化等组织学习子过程的障碍要素，以及各种障碍要素彼此间的关联及其对组织学习能力的影响和作用机理。

沈崴（2016）认为组织文化是影响组织学习的重要因素，组织文化对于组织学习具有双重作用。一方面，开放、学习型的文化可以在组织内部培育良好的学习氛围，促进组织成员主动进行学习；另一方面，保守、封闭型的文化对组织成员学习具有障碍作用，阻碍组织学习的发生。基于组织的不同层面，该学者对影响组织学习的文化障碍（常规防卫行为、亚文化障碍、知觉障碍、文化变革障碍等）进行了分析，并提出了克服组织学习文化障碍的建议。

2.1.4 组织学习的影响因素研究

组织学习多学科的交叉性和复杂性使研究者对其分析时的切入点和侧重点不同，因而对于组织学习影响因素的研究存在着很大的分歧。

Pedler 等（1991）从战略、内部审查、结构、外部审查和学习机会等五个层面对组织学习的影响因素进行了探讨。

Hamel（1991）认为企业的接受度、学习动机、学习伙伴的透明度会影响组织的学习效果。

Goh 和 Richards（1997）运用规范化的方法对蕴涵在组织主体和组织管理中对组织学习产生影响的五个组织学习的维度进行了探索，认为清晰的目的和使命、领导承诺和授权、实验和奖励、知识转移、团队协作和问题解决是组织学习的五方面影响因素。

Goh（1998）从组织内部研究视角出发，指出组织中的管理实践活动和条件对组织学习具有积极的推动作用。

Inkpen（1998）与 Kale 等（2000）认为，信任是合作伙伴间开展有效学习的最重要因素。要想通过经验和知识的共享与转移达到合作双方的提高及个体最大利益的目的，必须彼此高度信任、开诚布公，这样才能使信息资源顺畅流通。他们还指出知识特性对组织学习效果会产生影响。

Dierkes 等（2001）在综合归纳先前学者对组织学习的研究的基础上，将促进组织学习的影响因素归结为组织学习外部因素、组织学习内部因素和条件及组织学习推动者三个方面。其中，影响组织学习外部因素有社会经济价值的变迁、社会运动、社会和经济制度转型、市场信号及技术远景想象和技术发展；组织学习内部因素有组织的社会构成、组织从过去成功和失败中学习、时间因素、情感因素；组织学习推动者因素包括个体、领导者、董事会、工会和顾问，如经济变动、市场变化、技术发展和组织结构、情感因素等。

国内学者吴价宝（2003）认为目标和任务的明确性、领导的承诺与授权、实验与奖励、知识转移、员工教育与培训、团队工作、组织文化七个维度对组织学习能力产生重要影响。

孙卫忠等（2005）指出影响组织学习和知识传递的因素有组织结构、组织文化、知识主体自身的因素、技术环境等。

魏明等（2005）简要分析了组织学习的构成与影响因素中的信息技术性质，指出信息技术在促进信息流通、提高组织和个人工作效率、提高信息共享程度、提高组织整体沟通程度以及增强组织记忆、增强组织学习能力、改善组织学习状况等方面具有的特殊功能，同时指出了认识信息技术对组织学习作用的实际意义。

谢洪明和吴隆增（2006）认为 Redding、Dierkes 等对于组织学习影响因素的研究存在一定的局限性，因为研究忽略了个体、团队和组织三个层次的特性因素及各层次之间复杂的互动关系对组织学习的影响。

张成考等（2006）实证论证了信任程度、学习意愿、知识属性对知识流动和组织间学习的影响。

胡伊苹（2007）在张成考观点的基础上构建了全球制造网络中组织学习的影响因素，并通过实证分析验证了知识本身属性、组织间关系、组织学习能力和组织学习态度对组织学习效用的显著影响作用。

蒋莹（2007）立足于 Anthony Giddens 的结构化理论，认为组织学习的相关影响因素可以归纳为解释类、规范类和工具类三种。其中解释类因素描述了组织成员学习过程中对相关事件的意义解释，主要体现在认识方式、情感特征、人格品质、组织文化四个方面；规范类因素指对组织成员学习行为的制约，可以决定组织成员的组织角色、地位以及组织成员之间的关系等，主要体现在组织结构和组织制度两个方面；工具类因素体现了对组织学习活动物质性的支配作用，体现为信息技术应用水平和信息技术应用方式。

于海波等（2007a）认为持续发展、组织支持、开放合作、尊重个性等四个因素会对组织从外部获得新知识、在组织内部进行有效的知识传播、群体学习等方面产生影响。

于海波等（2008）又提出不同变革型领导行为会对组织层学习、组织间学习等产生影响。

谢慧娟和王国顺（2012）认为影响组织学习的主要因素包括外部环境、内部因素、人力资源管理、组织文化和信息技术、社会资本等。

张玉华（2014）认为领导、员工、机制、文化的学习化程度及整个系统的协同效果是影响组织学习的因素。

杨建君和徐国军（2016）运用 174 家制造业和高新技术企业的调研数据并进行模型验证，结果表明：战略共识对组织学习具有正向影响，知识共享在战略共识与组织学习之间发挥中介作用，高管团队与员工间的信息不对称削弱了战略共识对知识共享的正向影响。

陈国权和刘薇（2017）根据来自中国企业 130 个样本数据的统计分析，研究提出：环境动态性和竞争性对探索式学习、利用式学习及这两种组织学习方式的平衡有显著影响，并且存在不同的作用效果。

梁阜等（2017）基于刺激–认同–反应理论，收集了 407 家中国科技创新企业多源调研数据进行实证分析，结果表明：组织承诺在组织学习与组织创新绩效之间起完全中介作用；组织情绪能力在组织学习与组织承诺之间起正向调节作用；环境竞争性正向调节组织情绪能力在组织学习与组织承诺之间的调节效应。

2.1.5　组织学习能力研究

组织学习能力对于组织学习的巨大作用使国内外学者对组织学习能力的研究不断加深，相应对于组织学习能力的评价也逐渐完善，但是对于组织学习能力的内涵、组织学习能力的构成要素及其评价指标等问题，学术界尚无统一的认识标准。组织学习具有很强的实践性，要使组织学习在企业中得到有效实施，首先要对组织学习能力的相关知识进行研究。

Argyris 和 Schon（1978）基于单环学习和双环学习的组织学习分类提出四阶段组织学习能力理论。“发明”阶段能力是指组织善于发现内部潜在的问题以及审视外部环境的机遇和挑战的能力，“发明”阶段能力是指寻找解决问题方法的能力，“执行”阶段能力是指实施解决方案的能力，“推广”阶段能力是指组织对新的规范或程序推广使用的能力。

Huber（1991）探讨了组织学习对组织经营绩效的关系，并且认为组织学习会对组织经营绩效产生重要的影响。Ulrich 等（1993）给出了组织学习能力的内涵：“所谓组织学习能力是指组织内部管理人员产生具有影响力的思想并使之得到传播扩散的能力”，进而提出组织学习能力的三个内涵理论并构建学习能力的管理战略和措施。他们所给的组织学习能力定义包含三层含义：一是管理人员必须能够产生具有影响力的思想，二是管理人员必须能够传播扩散这些思想，三是产生和传播的思想唯有影响力才能构成学习能力，而影响力是指为公司股东带来长期增值。

Nevis 等（1996）借鉴 Huber 对于组织学习内涵的理解，提出一个由七种定位和十项促进性因素构成的组织学习能力理论模型。其中，七种定位包括：知识源、生产过程、文件模式、传播模式、学习焦点、价值链重点、技能开发，十项促进性因素包括环境审视、业绩差距、关注度量、实验思维、氛围开放、持续教育、运作多变、多重支持、领导参与和系统视角。

Nevis 等（1996）将他们提出的组织学习能力模型分成知识的获得、传播和利用三个阶段，然后对提高组织学习能力的策略进行了研究，认为改进学习定位、改进学习促进性因素、变革学习定位和学习促进性因素是三种有效的途径。

Edmondson 等（1997）提出组织学习能力应立足于整个组织以及组织所处环境在内的全局层面，是整个组织对各种信息的敏锐度、悟性、认知的全面与统一程度和应变协调能力。

Gob 和 Richards（1997）认为组织学习是一个包含个人学习、团队学习和组织学习的多层级现象，而组织学习能力是为了适应环境的变化，在个体、团队和组织中进行的获取新的知识和行为的不同层次内部的学习，并通过社会化、外化、组合化和内化过程相互联系。

Kim（1998）指出组织学习能力是组织吸收、消化知识的能力。Cope（1998）提出一个基于4个核心要素和10个子要素的组织学习能力二维模型。其中4个核心要素分别为个体、关联性、传递机制、意图，10个子要素分别为独立行为人、超级领导者、意识系统、创造奇迹、隐蔽性、自我型组织、社会化、组织知识结构、组织知识共享、战略。

Boisot（1998）提出信息空间的概念（为使知识的产生和利用持续进行而对其进行编码、抽象和扩散的完整的表示方法），认为新知识的创造和扩散活动能够激活信息空间的所有维度并使其以特定的顺序进行，这个顺序称为“学习循环”，组织学习能力就蕴藏在这样的学习循环过程之中并通过学习绩效表现出来。

国内学者严志庆和王振江（2000）认为组织学习能力是组织内部的各成员通过对信息及时认知、全面把握、迅速转移、达成共识，并做出正确、快速的调整，以利于组织更好的发展的能力，是一个组织在知识经济时代拥有的比竞争对手学习得更快的自创未来的能力。同时他们对组织学习能力的构成要素进行了研究，认为预警能力、认识能力、传递能力以及调节能力是组织学习能力的四要素。

马力和韩静轩（2001）认为组织学习能力是指组织处理无先例可循的问题的能力，也是组织运用获得的知识和经验的能力。

吴价宝（2003）在Goh和Richards（1997）提出的组织学习力五维理论的基础上增加员工教育与培训、组织文化2个指标，构建了包含7个评价维度和35个具体指标的组织学习力测度体系。

许学国（2005）在明确组织学习能力的基础上提出提高组织学习力的模式途径：系统学习模式（通过个人学习、团队学习以及组织学习不同层次之间的全面性的学习提高组织学习能力）、系统功能提升模式（从组织学习力的构成要素着手来提升系统的整体功能，最终促进组织学习力的提升）、克服学习智障的模式（结合组织学习的各种阻碍进一步探索提升组织学习能力的方法途径）。

陈国权和郑红平（2005）认为组织学习能力是组织成员作为一个整体不断地获取知识、改善自身行为和优化组织的体系，以在不断变化的内外环境中使组织保持可持续生存和健康和谐发展的能力，在给出的组织学习能力基础上提出“6P-1B”模型中的能力要素构成：发现能力、发明能力、选择能力、执行能力、推广能力、反馈能力、知识管理能力。其中，组织学习的发现能力是指组织具有敏锐的触觉，善于发现内外环境的变化及这些变化给企业带来的机会和挑战，发明能力是指组织能够提出应对内外环境变化的方案的能力，选择能力是指组织对于各种创新观点和方案能够做出正确的决策，执行能力是指组织对新方案付诸行动的能力，推广能力是指组织将好的经验或方法进行大范围传播和共享的能力，反馈能力是指组织对于学习过程中的各种信息进行收集、分析、反思和总结，以做出调整和改进的能力，知识管理能力是指组织对于知识的积累、共享、保护和转化的能力。

谢洪明等（2006）从个人层面、团队层面、组织层面分析了组织学习能力。牛继舜（2005）根据组织学习能力的定义和知识转化理论，提出个人学习能力、知识吸收能力、知识传播能力和合作学习能力是组织学习能力的构成要素。其中，个人学习能力是组织学习能力得以存在和提升的前提条件，包括记忆能力、思维能力、观察能力和想象能力；知识吸收能力是组织从外部和内部获取知识并加以存储的能力，包括知识库和学习强度；知识传播能力是学习和共享知识的基础，主要取决于组织所建立的传播网络和传播渠道；合作学习能力是以小组为主体进行的一种学习活动，旨在提高全体成员的学习能力和学习效果。

云绍辉（2007）针对组织学习的影响因素，提出一个系统的组织学习能力模型，认为组织学习能力是环境洞察力（包括熟悉周边环境、关注环境变化、借鉴他人经验）、领导支持参与（包括领导支持力度、领导参与程度）、沟通环境（包括信息准确可靠、沟通渠道通畅、成员伙伴关系）、解决问题方式（包括系统思考能力、关注整体绩效）、组织学习风格（包括知识来源、知识传播高效、组织记忆有效、认知风格适宜）等一系列的集合。

黄依等（2012）在前人研究的基础上，将组织学习能力划分成个人学习能力、团队学习能力和组织学习能力，并探究了知识螺旋网络与这三种能力之间的内部联系以及如何以知识螺旋网络提升组织学习能力。

杜晓静（2014）在对国内外五个动态能力模型评析的基础上，建立了一个由环境扫描、组织学习、知识管理、动态能力和组织结果构成的动态能力的驱动——产出概念模型。

晏梦灵等（2016）在战略-业务学习框架下试图解释信息系统对双元能力的影响机制。通过分析华为公司研发信息系统（IPD）的实施案例，发现新兴的信息系统触发了组织的战略性和业务性学习，而正是这两类学习辅助了新兴技术在企业中发生作用。两类学习活动相互配合使企业通过研发信息系统实现了投资、流程和绩效上的双元能力的构建。

从目前已有的文献来看，国内外组织学习能力理论的研究可以归纳为知识传播、管理创新以及适应环境三种视角，对其进行归纳整合，如表 2-3 所示。此外，也有学者从主体能力观、过程能力观及主体-过程综合能力观的视角对组织学习能力进行研究。

表 2-3　组织学习能力研究

研究视角	代表人物	主要观点
知识传播的视角	Nevis、Kim、Dibella、马力、韩静轩	组织学习能力是对组织内外部环境中知识消化、吸收及再开发的能力，强调知识是学习的对象，是研究组织学习能力必不可少的关键要素
管理创新的视角	Ulrich、Jick	组织学习能力是产生具有影响力的思想并使用有效的方法途径传播这种思想的能力，强调组织创造新思想、新观点的能力
适应环境的视角	Goh、王育民 王振江、陈国权	组织学习能力是通过对信息的及时认知、全面把握、迅速传递促使组织不断适应变化着的外部环境的能力，强调组织对各种内外信息的认识和反应

2.2　团队学习的相关研究

2.2.1　团队学习的内涵研究

团队是组织学习的基本单位，几乎所有的重要决策都由团队完成。由此可知，团队学习对整个组织的学习和学习型组织的建设具有重要的影响。正因为如此，学者们也对团队学习理论进行了大量的研究。

Senge（1990）给出团队学习的内涵：“团队学习是建立在共同愿景和自我超越的基础上，为实现共同发展目标，团队成员整体搭配能力的过程。”

Hinsz 等（1997）认为团队学习是明确加工目标、加工处理（包括注意、编码、保存和抽取）、反应和反馈的信息加工过程。

Elizabeth 等（1997）认为团队学习是群体为其成员、为群体系统自身以及群体外的其他人而创造知识的过程，是集体思考和行动发挥核心作用的相互作用的过程集。

Edmonson（1999）认为团队学习是一种基于反思（reflection）和行动（action）交叠的过程，其特征是提出问题（asking questions）、寻求反馈（seeking feedback）、实验（experimenting）、讨论（discussing）行动所产生的错误和非预期结果。

Argote 等（2001）提出团队学习是团队成员间获取知识、分享知识、整合知识的活动，团队成员在知识和绩效上发生相对持久的改变是团队学习发生的标志。

Edmonson（2002）不断对团队学习的理论进行研究，提出团队学习是采取行动（take action）、获得反馈（obtain feedback）、对反馈进行反思（reflect on feedback）并做出调整（make change）以适应或改进个体与团队行为的过程。

Gibson 和 Vermeulen（2003）在对 Argyris 和 Schon 提出的诸多理论进行研究的基础上提出团队学习是一个包含多个相互关联、相互依赖的过程：经过试验（experimentation）而探索（exploring）知识，通过反思性沟通（reflective communication）而集成观点，通过编码（codification）而将所学到的加以说明和具体化。

Gruenfeld 等（2003）认为团队学习是群体知识的获取（acquision）、延续（persistence）和折旧（depreciation）的过程。

Ellis 等（2003）强调指出团队学习是团队成员通过分享各自的经验从而导致在集体水平的知识和技能发生相对持久的变化，并且认为团队学习应该包括个体从直接经验中的学习和个体从其他成员的经验中的学习两个部分。

West 和 Sacramento（2004）给出团队学习的概念："团队学习是团队成员、团队和组织在团队层面上循环变化或改进的编译过程，所谓编译是指包括不同类型过程（分享、协作构建、建设性冲突）的变换结合，循环变化是指团队学习将来自多层次的一系列复杂的影响因素动态地转变为多层次的团队学习输出结果，这些输出结果又会反过来影响团队学习。"

London 等（2005）认为团队学习是团队内部成员寻求机会开发新技能、创造新知识、迎接挑战性任务、勇于提出新观点、敢于承担对技能和知识要求的相关工作的过程。

Wilson 等（2007）提出团队学习就是团队成员对知识进行储备（storage）、共享（sharing）和查漏补缺（retriveal）的过程。Croon 和 van Veldhoven（2007）将团队学习理解为知识获取、信息加工、信息存储与检索等相互关联、相互依赖的活动。

国内学者余长国（1998）认为团队学习就是发展团队成员的整体搭配与实施共同目标能力的过程。

纪军（2003）认为团队学习就是开发团队的集体智力，发展团队成员的合作精神和相互配合能力，将个人才智导向共同愿景的过程。

牛继舜（2004）提出团队学习是一种合作型的集体学习过程，是个人学习和组织学习过渡的桥梁，通过多学科、多领域知识和经验的交融和共享，通过知识的交叉和融合，组织常常会产生突破性思维。

陈雅玲（2005）指出团队学习就是发展团队成员互相配合、整体搭配与实现共同目标能力的学习活动及其过程。

陈国权（2007）认为团队学习是团队成员为提升团队自身生存力和创新能力，不断积累和创造知识的过程。陈国权等（2008）在前人的研究基础上，将团队学习的内涵概括为团队成员在不断变化的环境中持续地吸收知识、改善行为、优化团队体系，以在不断变化的环境中保持团队良好生存和健康和谐发展的过程。

王新法等（2009）在新时代背景下对网络环境中的团队学习进行了研究，认为网络环境下的团队学习是借助计算机网络、现代通信技术、多媒体计算机等相关技术，以培养高绩效学习化团队为目的的一种基于程序的教育策略，可以有效地提高学生的各种能力，如自主学习能力、协作能力、交际能力等。

刘晓琳和张立国（2011）认为团队学习是团队成员、团队和组织在团队层面上不断变化和改进的过程。

毛良斌（2012）提出团队学习是团队成员在面对各种内部和外部压力时表现出来的适应过程。该学者通过对不同学习模型关于团队学习发生机制的研究，认为团队学习包含显性学习和隐性学习两个部分。其中显性学习又包含团队的适应学习（强调团队迫于外部压力需要适应环境改变进行的学习）和有效学习（强调团队成员为自我实现需要进而使团队得到整体提升而进行的学习），隐性学习是团队成员内部知识生成和创新的内在过程。

陈静和刘宁（2014）认为团队学习是一个单位的集体性学习，是学习型组织进行学习的基本组成单位，是连接个人学习与组织学习的中间量，是发展团体成员整体搭配与实现共同目标能力的过程，便于单位成员之间的互相学习、互相交流、互相启发、共同进步。团队目标一致性和知识共享是团队学习的两个显著特征。

纵观以上归纳的不同学者对于团队学习的理论描述，可以明显看出各学者研究视角的差异，但国内外学者一致认为团队学习是一种基于知识和个体经验共享、为提升团队的知识存量和工作效率进行的团队成员间互动，团队和个人均能从该互动中获益。团队学习内涵的理论描述可划分为三种不同的视角：行为过程的视角、信息加工的视角和结果取向的视角，归纳如表 2-4 所示。

表 2-4　团队学习内涵归纳

研究视角	代表人物	主要思想
行为过程的视角	Edmondson、陈国权、Kasf Marsick、Gibson、Vermeulen	强调团队学习过程中团队成员的具体行为，并认为这些行为会对团队绩效产生重要的影响。其特征是提出问题、寻求反馈、实验、反思结果、讨论行动所产生的错误和非预期的结果
信息加工的视角	Senge、London、Wilsonetsl、Hinsz、刘晓琳	强调团队学习是在团队水平上进行的信息加工过程，建立在发展共同愿景和自我超越的基础上
结果取向的视角	Ellis、Gruenfeld 等、Argote、毛良斌	强调团队学习是发生在团队成员之间的知识转移，如团队成员知识的增加、技能的发展

2.2.2　团队学习的过程研究

对于团队学习的研究，多数研究者赞同过程取向的视角，认为团队学习是一种过程而非结果。

Cangelosi 和 Dill（1965）认为团队学习就是一个初始、搜寻、理解和巩固的过程，并认为团队学习有初始、搜寻、理解和巩固四个阶段。

Kolb（1985）对学习周期进行独特的分析，提出学习过程是由四个适应性学习阶段构成的环形结构，包括具体经验、反复性观察、抽象概念化和主动实践。其中，具体经验是让学习者完全投入的一种新的体验，反复性观察是学习者对过去经历的体验加以思考，抽象概念化是理解观察内容的程度并且吸收使之成为合乎逻辑的概念，主动实践是要求学习者将理论概念应用到制定策略以及解决问题中去。

Huber（1991）认为团队学习过程包括信息获取、信息分配、信息解释、信息存储和检索等几个阶段。

Dechant 等（1993）把团队学习过程划分成四个阶段：片段学习阶段、联合学习阶段、协同学习阶段、持续学习阶段。片段学习阶段中，仅是个人进行片段性学习，个人的心智模型不被团队整体共享，团队并没有作为一个整体而学习。联合学习阶段中，个体对相关信息进行分享，团队以小组的形式开始部分学习但团队并不作为一个整体学习。协同学习阶段中，团队知识被整合到个人意义图式中，团队中的个人作为一个整体共同创造知识和分享不同视角的心智模型。持续学习阶段能够实现团队的有效学习并促使协同学习成为团队学习的常态学习方式。

Brooks（1994）提出团队学习过程包含两个阶段，即反思（包括形成问题、共享知识、整合新知识）和行动（包括收集数据、发布信息）。

Tompkins（1994）认为团队学习包含四个阶段（形成合作气氛、达到共同理解、建立共同能力、持续不断改进）和六项影响因素（管理层的支持、结构需求、成员特点、拥护者、团队过程细节和对团队成员贡献的认可方式）。

McGrath 和 Hollingshead（1994）等则提出团队学习包括开启项目、解决技术问题、处理冲突和取得成果四个阶段。

Elizabeth 等（1997）则将团队学习的过程归纳为设计（framing）、重新设计（reframing）、实验（experimenting）、跨越界限（crossing boundaries）和整合视角（integrating perspectives）。其中，设计是团队基于过去的理解和现有的投入对一个问题、情况、人物或者是对一事物的初步感知。重新设计是初步的感知转变成一个新的认识和框架的过程。实验是为了验证假设或者行动，或是为了新发明和评价影响而进行的团队行动。跨越界限阶段中成员跨越边界与其他成员或是其他组织的互动来寻求或给予信息、看法和主张，这里的边界可以是生理上的、心理上的或组织上的。整合视角阶段中小组成员通过思辨的方法而非妥协或少数服从多数的原则来整合他们的主张和解决冲突。

Nonaka 和 Takeuchi（1998）的研究表明，团队学习过程也是隐性知识和显性知识相互转化的过程，团队学习过程可划分成 SECI 四个阶段：社会化（socialization），即从隐性知识到隐性知识的过程；外在化（externalization），即从隐性知识到显性知识的过程；组合（combination），即从显性知识到显性知识的过程；内在化（internalization），即从显性知识又到隐性知识的过程。

Edmondson（1999）认为团队学习过程包括加入、准备、试验和反思四个阶段。

Klein 和 Kozlowsky（2000）对团队学习过程中的关键认知过程进行了总结，包括注意控制团队的信息管理方式、共享情境知觉、共享心智模式、注意对策略和启发的运用、元认知。

Offenbeek 和 Marjolein（2001）基于 Huber 对团队学习过程的研究，提出从认识视角将团队学习划分成四个过程：信息获取、分配、汇聚式洞察和分散式洞察、存储和检索。

Argote 等（2001）从信息加工角度分析了团队学习过程，并提出团队学习的四阶段模型 CORE，这一模型将团队学习在理论上分成四个阶段，及构建阶段、操作阶段、再构建阶段和外部环境联系阶段。

Gibson 和 Vermeulen（2003）提出团队学习的学习循环模式，认为团队学习过程包括三个不同的行动：实验、反思性沟通和知识编码。

Akgun 等（2006）将团队学习过程划分为信息获取、信息使用、信息分享、主动忘却、逻辑思考、即兴发挥、深入洞察和形成记忆八个过程。

Johnson（2010）构建了一个包含“输入”“过程”“输出”三个要素的团队学习过程模式，该团队学习模式关注了共享心智模型在团队学习中的应用，但忽略了团队学习的动态性、外显性。

Engestrom 和 Sannino（2009）认为团队学习是一个循环的动态过程，指出以往学者所构建的团队学习过程模型忽视了共享心智模式在团队学习中的作用，同时强调团队学习模式的构建应关注团队学习的动态性和团队学习的外显行为，进而提出团队学习的扩展学习模式。

国内学者王润良等（2004）认为团队学习过程是团队中的隐性知识和显性知识相互转化的过程，团队学习过程的产生需要一定的条件和氛围，其中物理空间、虚拟空间和心智空间是团队学习过程产生的三个条件，团队自治、绩效评估与激励系统、团队持续性三个方面是团队学习过程产生的氛围。

熊燕（2006）认为团队学习过程包含三个阶段：①团队成员共同解决

问题、平等对话；②团队成员从过去成功或失败中不断反思和改进；③团队成员分享知识和经验、寻求反馈、要求帮助。

张平（2006）在对国外高层管理团队的研究中提出团队过程应包括权力结构、团队冲突、团队目标和团队整合等因素。

李栓久和陈维政（2007）对个人学习、团队学习和组织学习之间的机理进行了研究，提出了团队学习的过程模型，如图 2-4 所示。

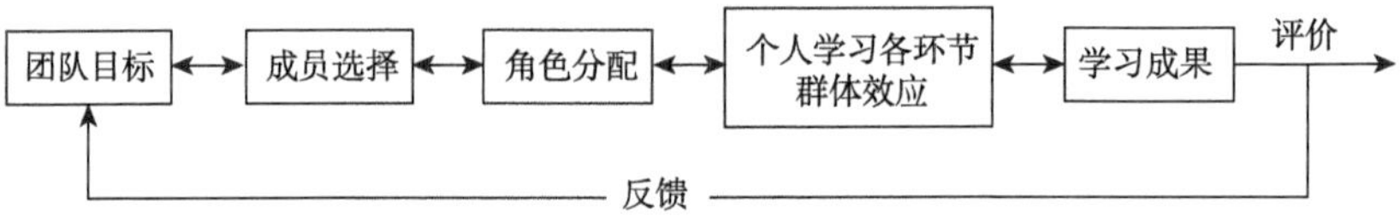

图2-4　团队学习的过程模型

王海霞（2008）提出团队过程包括信任、冲突、沟通、凝聚力、团队学习和团队互动等维度。林绚晖等（2008）提出团队学习过程包括沟通、协调、冲突、凝聚力和团队信念等五大变量。

彭杜宏和刘电芝（2009）提出认知互动是团队学习的核心过程，任何团队学习都必须经由成员间认知互动而产生。张立国和刘晓琳（2010）构建了一个系统的、循环的、整合的团队学习模型，进而给出团队学习的基本过程：协作构建、建设性冲突、存储、恢复、团队活动、团队自反性以及边界跨越。

曹仰锋（2011）用凝聚力、信任、认同感、目标承诺、合作和创新等变量来描述团队过程。彭灿和李金蹊（2011）基于社会网络的视角对团队学习过程进行了研究，通过坐标图清晰地反映了社会网络和团队学习过程的关系，得出结论：团队外部社会资本与团队学习能力之间存在显著联系。

刘晓琳和张立国（2011）不断对团队学习过程模型进行修正，将团队学习的动态循环性纳入考虑的范畴，重视团队学习的外显行为和内隐认知活动的密切相关性，以共享心智模式的形成和发展为核心构建了团队学习的过程模型，该团队学习过程模型由输入、团队学习过程、输出三个阶段构成。

宋晔（2013）将共享心智模型概念引入网络虚拟学习团队中，将共享心智模型看作影响虚拟学习团队学习的过程变量，并结合影响虚拟学习团队共享心智模型的种种因素，构建出基于共享心智模型的虚拟学习团队学习过程模型，并提出相应的实施建议。

2.2.3　团队学习的障碍研究

团队学习是团队内成员采取行动、给出反馈及改进行为的动态过程。团队成员在这个动态过程中不断进行行动和反思，而团队整体正是在团队内部成员不断的行动和反思中提高自身能力。但实际上很多企业和组织缺乏反思和行动，团队学习的效果不明显、团队学习能力较低、团队绩效低迷等现象较为常见。这主要是因为团队学习过程中遇到了各种各样的学习障碍。

Argyris 和 Schon（1996）提出团队学习的心理防卫机制是阻碍团队学习的主要因素。心理防卫机制是指保护自己和其他人免受揭露真实想法所带来的威胁，同时阻碍想法被检验的过程，因而在团队学习过程中，团队成员心智模式无法被打开和与他人共享，最终造成团队的学习障碍。

Edmondson（2002）指出四个团队学习障碍：缺乏反思、无效的团队决策、缺乏行动和授权不足。

Kayes 等（2005）指出 collective information sharing bias（团队信息共享偏见）是导致团队学习障碍的原因，并指出所谓团队信息共享偏见是指团队成员会倾向于讨论共享信息，但是在团队相互作用的过程中不会交流独特的信息。

国内学者夏晓华（2006）从团队学习的概念入手，对学习层次的团队学习智障进行了分析并提出相应的智障消除方法。其中，个体学习层面中影响团队学习的智障因素有动机缺乏、能力不足、目标缺陷，相应的智障的消除方法有对个体学习的奖励、帮助建立个人学习愿景、为员工制定培训和发展计划、积极引导和帮助。团队学习层面上影响团队学习的因素有团队结构、团队沟通，消除相应智障的方法有优化成员组成、灵活组建团队、倾听和积极对话、促进知识与能力共享的机制。组织层次上影响团队学习的因素有组织范式和组织假设，消除相应智障的方法有发展组织与个人愿景、改善决策过程、充分授权、支持性的文化建设和系统思考。

周元成（2007）认为习惯性防卫是制约团队学习的最重要的智障，因为习惯性防卫使人们失去检讨自己想法背后的思维是否正确的机会，阻碍了本来可以贡献于共同愿景的团体能量，损耗了人们的心神和大量精力。

龚晶晶和文先明（2008）基于比较优势原理对团队学习进行了分析研究，但同时也认为这一新兴的、不够成熟的观点可能也存在一些问题：团队学习制度的混乱、习惯性防卫的出现导致团队学习成本增加、团队资源不足、激励的不确定性致使学习热情下降等。

闫瑞（2011）对团队学习的参与困难进行了分析研究，认为习惯性防卫、智慧协同悖论、团队知识整合障碍（包括无脑对抗反应、认识妥协、思维冲突、集体意念的压力退缩、多米诺骨牌效应、权利优势）、团队情感障碍（包括认同感的矛盾、依赖性的矛盾、团队中的个体智慧）是影响团队学习参与的障碍因素。

王洋（2012）把团队学习障碍的研究具体到大学生中，从大学生团队学习的现状着手对团队学习的障碍进行归纳分析，认为大学生团队学习障碍主要表现在以下几个方面：团队成员的目标或是从团队任务完成所获得的收益期望存在差异、情感因素、大学生学习团队的特殊性、团队学习的实践太少、对学习材料等兴趣的缺乏。

卜金超等（2012）对学习型组织建设中的团队学习进行了研究，通过实地调研发现当前团队学习中存在的不足：团队建设滞后严重影响了团队学习的整体成效（包括团队结构不合理、团队意识有所欠缺、团队活力不足三个方面）；目标模糊导致团队学习的动力不足，形式主义造成团队学习有名无实（包括团队成员认识不到位、敷衍了事、不求实效、运动化倾向和政绩化倾向）；团队学习机制不健全（包括管理制度和保障体系不完善、缺乏有效的学习交流机制、学习评价机制不完善、学习考核机制不完善）。

栾琨（2016）基于社会身份视角认为，团队共享认同能够激励成员内化团队目标，鼓励成员为了团队目标的实现而付出努力；同时，共享认同还可以提高成员对其他成员的评价和信任水平，提高成员对其他同事观点的认同度。

2.2.4　团队学习的影响因素研究

House（1971）主张团队领导通过鼓励与关怀成员，建立信任关系，明确任务愿景，最大限度地激发成员参与热情，最终提升团队学习效能。

Tompkins（1994）认为团队学习会受到领导、成员、团队结构和学习氛围的影响。Argote（1995）等认为人事调动有利于个体知识在不同的团队间进行有效传递和使用。Slavin（1996）认为影响团队学习的因素包括群体目标与个体责任以及相互作用。

Edmondson（1999）对团队成员的心理要素对团队学习的影响进行了研究，发现团队成员的心理安全感对团队成员从经验中学习的效果具有重要影响，人们只有在感到心理安全的情况下才会对失误和问题进行公开讨论，然后更好地从经验中学习和改进。

Edmondson（2002）不断对团队学习进行深入研究，发现高水平的团队授权促使团队成员所感知的拥有权力越大，对团队学习越具有积极的激发作用。

Ellis 等（2003）的研究表明，团队成员的认知能力水平与团队学习间存在显著正相关关系，而团队成员的个性特点中的乐观性和开放性等个性因素与团队学习也存在显著正相关关系。

Gibson 和 Vermeulen（2003）的研究表明，团队学习和团队所处的环境有关，良好的组织学习环境和知识管理系统可以帮助团队沟通、记录、保存团队成员的认知想法，从而可以使成员积极地去寻找解决问题的最优方案，最终促进团队的学习。

Yazici（2005）研究了学习风格偏好对团队学习的影响，他把学习风格分成六个维度：竞争性和合作性、逃避性和参与性、依赖性和独立性，最终得出结论：合作性和参与性高的学习风格对团队学习具有积极的促进作用。

国内学者牛继舜（2004）论述了团队学习的若干影响因素，认为自我防卫、心智偏爱、等级森严、表面和谐等是团队学习的影响因素，同时提出团队学习过程还会出现其他一些问题，如信奉旧有价值观、反对创新、缺乏管理层支持、急于求成等，这些都是团队学习的影响因素。

姚静（2004）认为团队的领导行为对团队学习有着一定的影响。毛良斌和郑全全（2007）提出团队学习的影响因素包括三类，即组织水平变量、团队水平变量和个体水平变量。其中，组织水平变量主要包括组织中的人员轮岗和培训、组织的知识管理和绩效管理等，团队水平变量主要包括团队信念、团队凝聚力、团队领导风格、团队授权及团队构成，个体水平变量主要包括团队成员的认知能力、个性特征及团队成员间的个体差异。

唐宁玉和王重鸣（2007）等认为社会认知因素中的效能感和目标取向对虚拟团队学习效能（技术改善、工作目标和团队健康水平）产生作用。

骆均其（2008）通过对民营企业的团队氛围、团队学习与团队绩效的关系进行研究，指出团队学习的促进因素有学习准备、健康的团队学习氛围、沟通技巧、实践和演练。

赵慧群等（2008）从不同理论基础出发，对影响团队学习的因素进行研究并得出结论，对团队学习产生影响的因素可以归纳为团队成员个体特征因素（如认知水平、宜人性、经验开放性）、群体特征因素（如人口统计学特征）、情境因素（如团队的结构、工作量的分配、群体凝聚力、团队安全感、团队效能感、任务冲突和关系冲突等）。

李明斐等（2010）突破以往学者只关注团队学习的内部影响因素的局限，从团队外部寻找影响团队学习的因素并进行实证研究，得出结论：倾向于“灵活性”和“关注外部”的组织文化对团队学习具有积极的促进作用，倾向于“稳定性”和“关注内部”的组织文化对团队学习具有消极的抑制作用。

彭灿和臧静静（2012）的实证研究表明团队的领导风格会对团队学习能力产生影响。欧阳帅和黄培伦（2012）分析了官僚型、支持型和创新型三种企业文化对不同类型的团队学习方式的影响，最终得出除官僚型企业文化之外，支持型和创新型企业文化都有利于团队的学习。

常联伟和金乐（2014）认为团队学习的影响因素包括四个方面：个体因素（认知能力、个体特征、个体差异）、组织因素（组织环境、组织结构、组织文化）、社会因素（社会资本、社会文化、文化多元性）及团队因素（团队凝聚力、关系品质、团队安全感、领导方式）。

张守红（2013）认为文化差异对于团队学习有一定的影响并从以下四个角度进行了研究：文化差异对团队学习目标的影响、文化差异对团队学习行为的影响、文化差异对团队学习过程的影响及文化差异对团队学习中人际关系的影响。

孙福兵（2013）引入团队内任务冲突和关系冲突，对个性化多样性和团队学习之间的关系进行了研究，实证分析研究结果表明，个性多样化通过关系冲突对团队学习起显著消极作用，而通过任务冲突对团队学习不起显著作用。

郭静静和林钰阳（2014）提出文化差异作为宏观的、外部的因素，虽没有团队目标、团队结构、组织环境等组织内部因素对团队学习产生直接有力的影响，但会对团队的学习行为产生影响，文化差异的这些特征，如低权利距离文化、弱回避不确定性文化、集体导向性文化、柔性倾向的文化以及长期导向性文化）对团队学习具有正向的促进影响。

周小兰和张体勤（2015）对基于知识分流模型的团队学习三维结构测量与影响因素进行了研究，认为团队成员的知识通过分流和转移会形成不同层面的学习模式，个人知识库与团队知识库在整个过程中起关键作用，建议通过寻求和降低知识共享壁垒来提高个体知识共享意愿从而最大限度地提升团队学习水平。

周小兰（2017）基于团队数据的汇聚分析与层级回归分析结果表明：团队的掌握目标导向与成绩趋近目标导向对团队学习具有显著正向影响，知识共享意愿在两个主效应中均起到部分中介作用，而团队的成绩回避目标导向对团队学习与知识共享意愿具有负向影响但均未达到显著。

综合上述学者对团队学习影响因素的研究，本书把团队学习影响因素的研究归纳为两个部分：团队内部影响因素和团队外部影响因素，如表 2-5 所示。

表 2-5　团队学习影响因素归纳

团队学习影响因素分类	代表人物	主要思想
团队内部影响因素	Edmondson、Ellis、赵慧群、陈国权	包括团队的授权水平、团队的规模、团队的结构、团队内部的冲突、团队外部的凝聚力、团队学习策略、沟通质量、团队信任
团队外部影响因素	Gibson、Vermeulen、Argote、姚静	包括组织的学习环境、组织的文化氛围、组织软文化等

2.2.5　团队学习能力研究

团队学习能力是创造力和发展力之根，是竞争力和生命力的源泉，对团队和组织的发展有着重要的战略意义，因此，对团队学习能力进行研究具有一定的理论和实践意义。但是目前对于团队学习能力的研究主要集中于团队学习的中介作用，其他相关领域的研究比较欠缺。

Edmondson（2002）认为团队反思、由反思活动引发的讨论和行动是提升团队学习能力的重要因素。

Sarin 和 McDermott（2003）通过实证案例分析对团队领导风格对团队学习能力的影响进行了研究，认为民主的领导风格和团队领导在组织中的较高地位有利于团队学习能力的提高和知识的应用。

Gibson 和 Vermeulen（2003）认为影响团队学习能力的因素有反思性沟通和试验探索。Wong（2004）认为群体凝聚力以及群体之间频繁的信息沟通、反思和交流是影响团队学习能力的重要因素。

Ellis 等（2003）认为具有高自省性的团队可以更好地通过反思和分享团队成员之间的经验、知识和技能来提升团队学习能力。

Tjosvold 和 Fang（2004）提出高自省性的团队存在这样的一个倾向：对团队目标、程序、环节、策略等进行全面和多元化的探索，剔除与团队战略和内外部变化环境不适宜和不匹配的方案和措施，通过类似于双环或三环的学习方式提出新的有创意的方案，产生和储备策略集和生产行为域，最终提升团队学习能力。

国内学者陈满林和曹卫秋（2003）认为学习力从构成要素上来看包括学习的动力、毅力、能力、效率和转化力，并对提升学习力的路径进行了研究，主要包括以下几条：重塑学习主体、变革学习理念，创新政府职能、提供学习保障，创新管理模式、注入学习活力。

牛继舜（2004）对提升团队学习能力的方法进行了研究，认为对话法、讨论法、名义群体法、头脑风暴法、换位思考法、电子会议法和“传帮带”法是提升团队学习能力的几种有效途径。

周元成（2007）认为团队学习能力是一个动态的概念，所谓团队学习能力是指团队作为整体从外界熟练地摄取和传播知识信息、内部重组知识结构、创造知识、不断更新自我、修正自身行为，以适应新的知识和新的见解的良性循环发展的能力。学习态度、学习动机、学习毅力、学习能力、学习效率、学习创新力、学习转化力、知识管理能力等是团队学习能力的构成要素，可用公式形象化地表示：团队学习能力=创造财富能力+综合素质提高速度+学习能力。

彭希林等（2007）认为学习力的积累和提高是一个长期的过程，需要意志和毅力，且应该遵循实践性原则、主体性原则、理论指导原则和层次性原则，相应地提出提高学习力的方法：坚持主动学习、坚持终身学习、重视对人文科学的学习、坚持以改造主观直接为主、善于运用动态的多元的学习手段、重视团队学习、重视运用、注重学习的“绩效”。

陈国权（2007）通过对团队学习和团队学习过程的实证研究指出，所谓团队学习能力是指团队成员不断获取知识、改善行为、优化团队体系，以在不断变化的环境中使团队保持良好生存和健康和谐发展的能力。同时提出一个团队要在复杂环境下保持可持续生存和健康和谐的发展，必须具有九种很强的相互影响的学习能力：发现能力、发明能力、选择能力、执行能力、推广能力、反思能力、获取知识能力、输出知识能力、建立知识库能力，并提出了团队学习能力模型（图 2-5）。陈国权（2009）又从心理安全角度对团队学习的九种能力进行分析，指出团队学习能力对团队心理安全与团队绩效间的关系起到很大的中介作用，而在领导个人、团队和组织三层面学习能力间的关系中，领导者职位越低，中介作用越高。

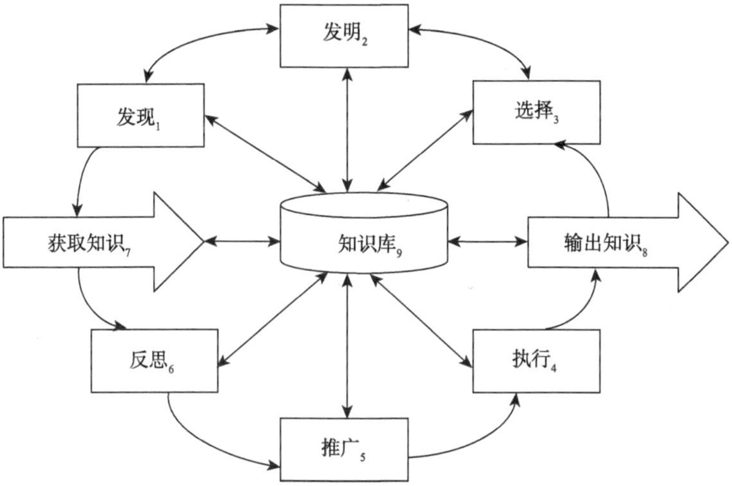

图2-5　团队学习能力模型

彭灿和李金蹊（2011）在陈国权对团队学习能力划分的基础上，将团队学习能力细分为团队外部学习能力和团队内部学习能力。其中，团队外部学习能力包含发现能力、选择能力、获取知识能力、输出知识能力，团队内部学习能力包含发明能力、执行能力、推广能力、反思能力、建立知识库能力。同时对社会外部资本对团队学习能力的影响机制进行了深入理论和实证研究后提出，团队外部社会资本首先对团队外部学习能力产生直接影响，从而间接作用于团队内部学习能力，并提出团队外部社会资本、团队外部学习能力和团队内部学习能力三者之间的假设模型，如图 2-6 所示。

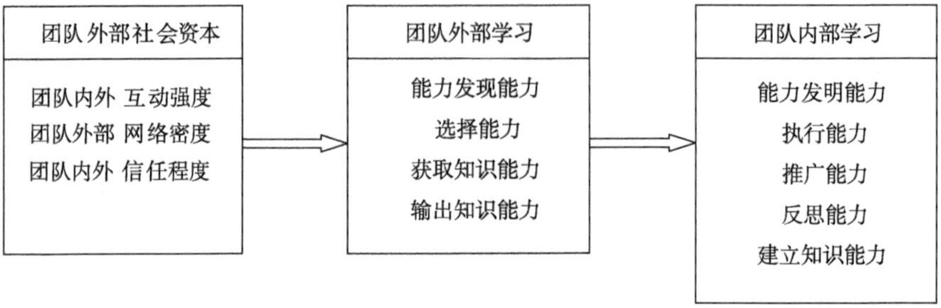

图2-6　团队外部社会资本与团队学习能力的关系模型

史丽萍等（2013）以团队自省性为切入点，以交互记忆系统为中介变量、内部控制机制为调节变量对团队学习能力进行了实证研究，最终得出两点结论：第一，团队自省性对团队学习能力的正向促进作用在一定程度上通过交互记忆系统实现；第二，行为控制对团队自省性与团队学习能力间的关系发挥正向调节作用，结果控制发挥负向调节作用。

2.3　组织间学习的相关研究

当前已有的文献中，关于组织间学习的研究相对较少。本书将有关组织间学习的文献划分为三类：组织间学习的“本身”研究、组织间学习的“前因”研究和组织间学习的“后果”研究。

2.3.1　组织间学习的“本身”研究

组织间学习（Inter-organizational Learning）是单个学习型组织向网络组织进化的结果。Dyer 和 Nobeoka（2000）将组织间的学习描述为组织通过特定的网络环境发展、获取和创造知识的过程。

Knight（2002）认为组织间的学习是企业与其他企业相互学习的过

程，并且通过这一过程可以实现学习双方或者多方的目标。

张毅和张子刚（2006）认为企业网络中的组织间学习包括跨组织的知识转移过程和经验学习过程。

周玉泉和李垣（2006）认为组织间学习可以弥补组织内部学习的不足，并且认为企业能够跨越组织的边界来获得企业外部其他组织的知识或者是技能，从而丰富企业自身的知识。

贾建锋等（2010）探究组织间学习的标杆选择问题，给出标杆选择方法并通过实证研究验证了这一方法的有效性。

杨阳等（2011）对战略联盟演化过程中组织间学习的特征进行了研究，认为战略联盟中的组织间学习是一个复杂的动态过程，在联盟生命周期的形成、运作与产出等三个不同的阶段，组织间学习具有不同的特征。王彦祥（2011）也对战略联盟中组织间的学习进行了探讨，提出联盟中应建立适当的调控机制、做好联盟对象的评估选择、发挥核心企业的作用以及化解成员间的文化冲突等，以更好地开展组织间的学习。

刘霞和陈建军（2011）对产业集群成长的组织间学习效应进行了实证研究，认为组织间学习通过影响集群知识存量和能力水平而作用于集群内生增长。研究发现制造业集群中的组织间学习主要促进集体效率改进，而创新效应相对不足；组织间学习效应的发挥不仅取决于集聚内生动力，同时也间接受到离散力的负向调节。

高群和郑家霖（2016）以 3D 打印技术产业为例，对基于演化博弈的产业联盟组织间学习机制进行了研究，认为产业联盟以组织间信任为纽带，随着信任关系的发展，盟员企业所展现的显隐性知识等诸因素发生相应变化，继而从不同方向影响盟员组织间学习策略选择，促进产业联盟组织间学习机制契约型、认识型、共识型以及灵活型演化。在产业联盟组织学习机制演化的不同周期内，盟员企业的学习内容、学习风险、学习成本、策略选择趋向等情况各异。

奚雷等（2016）从有限理性的假设出发，基于组织学习的视角构建了供应链节点成员企业间的博弈模型，在演化博弈分析的基础上，提出了供应链组织间的学习对策，包括构建完善的奖惩机制、增强组织的学习效果、提高信任水平等。

2.3.2 组织间学习的“前因”研究

张毅和张子刚（2006）认为知识发送企业、知识接收企业、知识本身、学习和转移知识的环境影响组织间的学习过程。

何亚琼等（2006）指出在区域创新网络中环境因素、利益因素和科技意识等会影响网络中组织间的学习。

赵林捷等（2008）以中国汽车产业为例，从实证角度论证了学习型组织特征符合度、学习系统完善度、组织关系融洽度和组织学习能力等会对组织间的学习产生不同程度的影响。

王飞绒和池仁勇（2011）通过文献分析将影响组织间学习的因素归纳为六个方面：企业自身因素、合作因素、合作伙伴因素、知识因素、关系因素及环境因素。

韩赟（2012）认为组织间成员间的知识差异、知识特征、成员学习能力以及联盟因素等四个方面会对高技术虚拟企业的组织间的学习产生影响。

邓雪和高寒（2013）对产学研联盟内组织间学习的影响因素进行了实证研究。研究结果表明，企业的吸收能力越强，企业与大学、科研机构的关系嵌入性程度越高，各方的文化协同性越强，企业在产学研联盟中的组织间学习绩效越高。

陈祖胜和任浩（2014）以中国电子信息企业研发合作网络为研究样本，探究企业知识基础和网络地位对联盟学习方式选择的影响，研究发现：知识深度的增加与企业选择探索式学习联盟负相关；联盟企业网络地位劣势负向调节企业知识深度与选择探索式学习联盟负相关；联盟企业网络地位劣势负向调节知识宽度与企业选择探索式联盟正相关。

何月霓（2016）基于中外合资企业间的学习研究，认为组织间学习的主要影响因素包括知识特性、外方母公司意愿与能力、合资企业意愿与能力、沟通与控制机制等四个方面。

邵安（2016）研究了组织间社会资本对组织学习的影响，研究认为结构社会资本、关系社会资本以及认知社会资本这三个维度的社会资本对组织间的学习都具有显著的直接影响；我国东部地区组织间社会资本对组织间学习的直接影响系数要高于中西部地区；提出建立多渠道的知识获取体系、打破知识信息孤岛困境、推进正向激励与失败宽容的双向驱动等有效机制。

2.3.3 组织间学习的“后果”研究

Bathelt 等（2004）认为产业集群可以使得集群内部的知识通过本地联系迅速扩散。

员智凯和李林蔚（2011）从实证角度得出企业间合作中的组织学习能够通过创新产出对最终财务绩效产生间接影响。

刘霞和陈建军（2012）认为组织间学习与集群创新绩效、集群效率改进绩效、集聚内生动力等正相关。

张琰（2013）通过研究得出企业之间的信任关系和异质性资源通过组织间的学习对企业创新绩效产生间接作用。

张红兵（2013）经过实证研究认为，组织间学习可以显著地提升不同类型的战略柔性（资源柔性与能力柔性）；能力柔性正向作用于技术联盟知识转移有效性，而资源柔性却相反；组织间学习在受到资源柔性负向传导效应的干扰下仍然可以正向促进技术联盟知识转移有效性；组织间学习、不同类型的战略柔性对技术联盟知识转移有效性的影响确实存在显著差异。

吴白云等（2014）对公司创业、组织间学习和产业集群升级的关系进行了研究，研究结论如下：交易型组织间学习、领导型组织间学习、协作型组织间学习等不同的组织间学习模式在推进产业集群升级的过程中具有不同的影响，进而推进产业集群由简单扎堆向龙头企业领军、再向开放式协作网络为特征的集群升级。

吴楠等（2015）针对中小企业技术创新难题，探讨了不同关系嵌入主体、组织间学习能力和技术创新绩效的内在关系和影响机理，并利用 239 份中小企业有效样本数据进行实证分析。结果表明，组织间学习能力在商业网络关系嵌入、政府网络关系嵌入与技术创新绩效间起完全中介作用，而在技术网络关系嵌入与技术创新绩效间起部分中介作用。

赵爽和肖洪钧（2016）的研究表明组织间学习对企业绩效有正向的影

响，而管理人才通过知识整合间接地影响企业绩效，研发人才通过知识获取和知识整合间接地影响企业绩效。

戴建平和骆温平（2017）研究认为，在多边合作中，组织的知识吸收能力对组织间学习会产生正向影响作用，通过组织间学习，将在供应链上下游企业间实现共享及创新，而知识共享与创新最终又会对供应链价值创造产生正向影响。

2.4　研究文献述评

根据现有的文献研究，学者们从不同角度对组织学习、团队学习和组织间的学习进行了大量的研究，产生了丰硕的研究成果，在很大程度上完善了组织学习和团队学习理论。同时通过众多学者对组织学习、团队学习的研究，我们可以看出当前关于组织学习、团队学习的学术研究仍然是管理学研究的前沿问题之一，同时团队学习是组织学习的重要组成部分。在知识资源论主导的企业理论中，知识俨然已经成为企业的重要资源，并且是企业应对环境多变性的筹码，而学习是企业获取知识的一个重要途径，因此有关组织学习和团队学习的理论越丰富，其对企业的生存和成长越具有重要意义。

然而，通过上文的文献回顾可以看出当前有关组织学习和团队学习的研究中存在着一些不足之处，亟待进一步完善。

（1）对组织中的跨边界学习关注不够。在当前的研究中，学者们的研究重心集中在个体组织的学习、个体团队的学习、组织中个人的学习及不同组织间的学习，而对于组织内部不同团队之间的学习还几乎没有涉及。在个体组织中，存在着不同的团队，团队在完成自身任务或者目标的过程中必然会产生知识学习的欲望并发生学习行为，然而团队的领导者、团队成员的学习能力、团队内部的学习氛围等因素的影响必然会使不同的团队所获取的知识存在差异。这种知识的差异就是组织中不同团队之间学习的一个动机，并使团队间的学习成为一种可能。例如，企业中不同销售团队之间，销售业绩的优秀团队的知识在一定程度上要比销售业绩不好的团队的知识优良，二者之间的学习必然会使销售业绩不好的团队的销售知识得到提升，进而提升销售能力，最终使得企业总体销售业绩增加。

（2）对组织中跨边界学习的模式缺乏研究。组织中存在不同的团队，团队之间存在着知识差异，不同团队之间通过学习能够增加团队的知识量，这必然会使团队的工作能力得到提升。那么，在组织当中，不同的团队是怎样学习的？他们采用何种方式进行学习？这对于组织中的团队间学习是至关重要的。然而，纵观现有的研究，关于组织中团队之间学习模式的研究还较为缺乏。如果不搞清楚组织中团队间的学习方式，那么将直接影响组织中团队间学习的效果，也会使组织中团队间学习的研究缺乏完善性。

（3）对组织中跨边界学习的机理缺乏研究。从上述大量相关研究文献的具体回顾看，既有的关于组织学习和团队学习的研究文献也可以划分为三类：一是组织学习与团队学习的“本身”研究；二是组织学习与团队学习的“前因”研究；三是组织学习与团队学习的“后果”研究，研究组织学习给组织所带来的影响。然而，既有的研究文献对组织中的跨边界学习缺乏关注，对跨边界学习的过程机理还未涉足，这是研究中的一个缺憾。

（4）对组织中跨边界学习的路径与案例缺乏研究。路径即渠道、路线，这里是指组织中不同团队之间学习的渠道，它表明了团队间是通过何种途径完成彼此间学习的。对团队间学习路径与案例的研究，能够为我国企业卓有成效地开展团队间的学习指明方向，保证团队间学习的顺利进行，从而提升团队间的学习效果，最终提升组织的学习效率与效果。

2.5　本章小结

本章主要回顾了当前国内外学者关于组织学习、团队学习和组织间学习理论的相关研究成果，文献回顾结果表明：第一，组织学习问题是国内外管理学的一个前沿性问题，该理论尽管从产生至今已有近四十年的研究历史，但由于该理论具有持久的生命力，当前仍然是管理学的前沿研究领域。第二，既有的研究成果基本上较好地奠定了组织学习与团队学习的理论体系，为后续纵深研究提供了丰富的理论观点与方法。第三，既有的关于组织学习与团队学习的研究还存在其不足之处，主要如下：对组织中的跨边界学习关注不够；对组织中跨边界学习的模式缺乏研究；对组织中跨边界学习的机理缺乏探讨；对组织中跨边界学习的路径与案例缺乏研究等。这些研究的不足之处也正是本书要着力研究解决的问题。

第 3 章　组织中跨边界学习的内涵与模式

3.1　组织中跨边界学习概述

3.1.1　组织中跨边界学习内涵的界定

本部分对组织中跨边界学习内涵的探讨是建立在组织边界理论基础之上的。

1. 组织中的边界

Coase（1937）以交易成本为切入点，指出企业与市场之间是存在界限的，并且市场交易成本与企业组织内部交易成本相均衡的点就是企业与市场之间的最佳界限，即企业边界。张五常（2014）针对企业边界观中的企业边界存在性问题进行了研究，他指出企业的本质是契约之间的替代。李海舰和原磊（2005）认为企业边界是在企业内部完成所产生的边际成本与由市场交易完成所产生的边际交易成本相均衡的点上，也就是经济学中所说的企业边际成本与边际收益相等的点。王竹泉和杜媛（2012）认为科斯提出的企业边界实际上是企业的经营边界。

梳理学者们对企业边界理论的研究发现，大部分学者对企业边界的划分都是基于科斯或张五常的观点，即基于交易成本和契约理论。

本书对组织中的边界划分也是基于科斯的观点，并根据朱俊生（2010）提出的规模边界和能力边界来对组织中的边界进行划分。其指出规模边界是由组织所拥有的土地、资源和劳动等有形资源决定的；而能力边界是由组织所具有的无形资源如知识决定的。因此，组织中的边界是由组织中的某一群体或者团体所拥有的知识、能力、技术、人员、目标、任务等所决定的，根据这一边界可以划分出组织中不同的单位、职能部门和团队等。

2. 组织中跨边界学习的定义

清楚组织边界的内涵之后，组织中的跨边界的内涵也是显而易见的。组织中的跨边界一般是指组织的资源（包括有形资源和无形资源）在组织内部各相关部门、单位、团队之间的交叉、互动及流动的关系。进一步地，我们可以给组织中的跨边界学习下一个定义：在一个组织中，各相关部门、单位、团队之间（为研究方面，以下统一用“团队”二字替代对部门、单位等术语的表达）通过采取有效的学习方式，打破知识壁垒，促进知识在团队间跨边界流动，有效实现团队间知识共享的学习行为，其目的在于有效提高各团队的学习能力与创新能力，进而提高组织整体的学习能力、创新能力与应变能力。这个定义包括以下几个要点。

第一，组织中跨边界学习的“边界”。组织中跨边界学习的“边界”是组织中各团队之间开展的学习活动与学习行为的管理边界，也是组织内部以专业化分工原则为基础、按照部门管理职责界定为依据所形成的系统边界。这里的“跨边界”是指组织内部部门与部门之间、单位与单位之间、团队与团队之间开展的各种交流互动，或者说是组织内部各单元之间一种交互关系。

第二，组织中的跨边界学习的实质。组织中跨边界学习的实质在于打破组织中的知识壁垒，促进知识在团队间跨边界流动，有效实现团队间的知识共享。

第三，组织中的跨边界学习的目的。组织中跨边界学习的目的在于有效提高各团队的学习能力与创新能力，进而提高组织整体的学习能力、创新能力与应变能力。

第四，组织中的跨边界学习的方法。各种能够促进组织中知识在团队之间有效共享的方法都是跨边界学习的方法。

3.1.2　组织中跨边界学习与组织学习、组织间学习的比较

1. 组织中跨边界学习与组织学习的比较

组织中跨边界学习与组织学习二者之间既有联系，也有区别，二者的比较如表 3-1 所示。

表 3-1　组织中跨边界学习与组织学习的比较

学习类型		组织中跨边界学习	组织学习
相同点	学习目的	二者都是为了获取知识，提升工作效率	
不同点	学习主体	同一组织中两个及以上的团队	个人、团队、组织
	学习环境	组织环境和团队环境	组织外部环境和组织内部环境
	学习结果要求	同时提升相关学习团队的效率	提升组织效率
	学习模式	合作型学习模式、竞争型学习模式	单环学习、双环学习等

1）相同点

组织中的跨边界学习和组织学习的目的都是获取知识。上文的论述已经表明知识是企业的重要资源，而学习是企业获取知识的重要途径，因此，不论是组织中的跨边界学习还是组织学习，其最终目的都是获取知识，增加学习主体的知识存量，提高工作效率。

2）不同点

第一，学习主体不同：组织学习的学习主体可以是组织中的个人，也可以是团队，甚至是整个组织本身；而在本书中，组织中跨边界学习的主体是同一个组织中的两个及以上的不同团队。第二，学习环境不同：组织在学习的过程中会受到组织外部环境（如市场、消费者、政府等）和组织内部环境（如组织文化、组织制度、组织学习能力等）的影响；而对于组织中的跨边界学习来说，其在学习过程中同样会受到环境的影响，但是这种环境主要是其所在的组织环境（如组织文化、领导者对团队间学习的重视程度、彼此团队间的关系等）和团队环境（如团队领导者、团队成员等）。第三，学习效果要求不同：组织学习最终只要能使得组织获取知识，提升组织效率即可；而组织中的跨边界学习则要求通过组织中团队间

的学习能够保证两个团队的效率都得到提高。第四，学习模式不同：组织学习的模式根据不同的标准可以分为多种，有单环学习和双环学习，也有理论学习和实践学习等（将在 3.2 节详细论述）；而在本书中，组织中跨边界学习的学习模式被分为合作型学习模式和竞争型学习模式（将在3.3节详细论述）。

2. 组织中跨边界学习与组织间学习的比较

组织中跨边界学习与组织间学习之间的联系与区别如表 3-2 所示。

表 3-2　组织中跨边界学习与组织间学习的比较

学习类型		组织中跨边界学习	组织间学习
相同点	学习目的	二者都是为了获取知识，提升工作效率	
	学习结果要求	二者最终学习的结果都是要达到共同提升	
	学习类型	二者的学习都是跨越自身边界的学习	
不同点	学习主体	同一组织中的两个及以上的团队	市场中的其他组织、高校等
	学习环境	组织环境和团队环境	组织外部环境和组织内部环境

1）相同点

第一，学习目的相同：组织中跨边界学习与组织间学习都是为了直接吸收群体或者组织之外的其他群体或组织的知识，以提升学习主体工作效率。第二，学习效果要求相同：不论是组织中跨边界学习还是组织间的学习，其最终结果是要使得两个学习主体都能够获得提升（如知识量、工作效率等）。第三，学习类型相同：二者的学习都是跨越了某种意义上的边界。

2）不同点

第一，学习主体不同：组织间学习是组织与外部的其他实体之间的知识扩散和吸收，其他外部实体包括市场中的实体、高校、科研机构等；而组织中跨边界学习主要是组织中两个及以上团队之间的学习。第二，学习环境不同：组织内部环境（如组织学习能力、知识传递能力等）和组织外部环境（如政策环境、市场环境等）也会对组织间的学习产生影响；组织中的跨边界学习主要是受其所在的组织环境（如组织文化、领导者对团队间学习的重视程度、彼此团队间的关系等）和团队环境（如团队领导者、团队成员等）影响。

3.2　组织学习的一般模式

组织学习模式是组织学习过程中采取的一种学习方式，它是组织学习过程的一个抽象描述。目前关于组织学习的模式也存在着大量的研究，学者李燚等（2006）将现有研究中有代表性的组织学习模式进行了分类汇总，发现现有的关于组织学习方式的研究可以从三个维度来划分，即从深度划分的组织学习方式、从抽象程度划分的组织学习方式和从组织知识存量变化角度划分的组织学习方式。

3.2.1　单环学习和双环学习

在动态的环境中，组织可以通过学习对变化的环境做出反应以达到适应环境的目的，也可以在组织适应环境的同时通过学习来对环境的未来变化进行预测。这两种不同的结果就代表了组织学习的不同深度。从学习深度角度来分析组织学习方式的研究以 Argyris 和 Schon（1996）的单环学习和双环学习最具代表性。

单环学习是组织根据其预先设定的组织目标或者是组织所预想的结果来对组织的策略和行为进行设定或者是修正。在这一过程中，组织一系列策略和行为的结果必须保持在组织目标或期望结果的规定范围内，也就是说自始至终组织目标或预期结果是固定不变的。显然，这种学习方式要求组织所处的环境是相对稳定的，否则组织目标会因环境的变化而产生变化，从而不利于单环学习方式的实施和开展。双环学习是在环境变化时要对组织已定的目标进行分析，检查目标的正确性。在这一过程中，不仅仅组织采取的策略和行为会发生变化，甚至组织的目标也会被调整，即组织目标不再固定，而会根据环境变化进行调整。

单环学习和双环学习都是组织的一个重要学习方式，根据环境的不同，组织要学会采用不同的学习方式。李燚等（2006）指出当组织学习包括探测和改正偏差时，如果组织允许采用当前策略、完成当前的目标，那么这种探测—偏差—修正的学习过程就是单环学习；如果组织允许对组织目标和组织策略中的偏差进行修正，那么这种探测—偏差—修正的过程就是双环学习。但是，这里需要指出的是单环学习和双环学习不是完全独立的，在组织学习过程中可以同时采用单环学习和双环学习的学习方式。

Bateson（1972）在研究组织学习方式过程中提出了“再学习”。贝特森指出单环学习和双环学习都对企业的事务过程进行研究分析，但是对组织本身的学习过程、学习方式没有进行分析，因此，他将组织应该学习如何学习命名为“再学习”，以使组织对其自身的学习进行思考，这是组织学习的最深程度。

此外，低层次和高层次学习方式、适应性和创造性学习方式、渐进式学习和变革式学习等也是从学习的深度来对组织学习方式进行的研究。

3.2.2　理论学习和实践学习

在组织学习的过程中，可以根据学习主体的学习对象划分组织学习方式的抽象程度，如理论学习和实践学习。如果学习主体的学习对象是一些文字、符号等抽象的媒介，那么这种学习方式就是理论学习；如果学习主体是通过具体实践、行为体验进行学习的，那么这种学习方式就是实践学习。

理论学习是学习主体通过一些口头、书面符号和视觉帮助等方式进行学习以达到改变其认知的学习方式。在这一过程中，学习主体主要通过书籍、期刊、网站以及拥有丰富知识的专家来获取知识或技能，达到学习的目的，具体方式如专家讲座、课程培训及员工手册等。而实践学习是学习主体在具体实践或行为体验中获取知识或技能的一种学习方式。在这一过程中，学习主体主要是在项目组、项目团队或者是在自己的业务过程中通过观察、分析、总结或者亲身体验学习知识或技能。

李燚等（2006）在引用 Moody 提出的一个学习的抽象层次的圆锥形图表时指出，当学习主体用书面符号、语言或视觉帮助进行学习时，其所处的状态是被动性的；当学习主体通过调查、实验等实践性的方式进行学习时，其所处的状态是主动性的。无论是理论学习还是实践学习都存在着知识创新的过程。通过理论学习，学习主体对所学的知识进行吸收、整合能够得到新的知识，但是，这些知识的实用性还需要经过实践的检验才能确定；通过实践学习，学习主体可以将别人或者自己的经验进行转化，以弥补现有知识体系的不足。

Rosenberg（1982）的科学学习、边干边学习、边搜索边学习和边使用边学习，以及 Raelin（雷林，2002）的实用科学、行为学习、行为科学和实践团体等，也都是从学习的抽象程度来分析组织学习方式的。

3.2.3　利用型学习和探索型学习

从组织知识存量变化的角度划分组织学习方式的研究中最具代表性的是 March（1991）的利用型学习（exploitive learning）和探索型学习（explorative learning）的划分。

利用型学习是指组织对现有的知识进行全面的学习，以达到充分使用现有知识的目的。利用型学习是通过深化和扩展现有的知识、技能和流程，以实现组织的创新，提高组织创新的可靠性。采用这一学习方式能够使企业深入挖掘现有的知识和技能来保证其当前的利润或效益。而探索型学习是指组织通过一定的人力、物力和财力的投入来获取一些全新的知识和技能，它有利于组织开展突破性创新活动。通过这一学习方式，企业能够获得新的技术和业务流程，能够适应组织环境的新变化，有利于组织未来的发展。

虽然利用型学习和探索型学习是两种截然不同的学习方式，但是若组织中只有利用型学习，那么就会出现组织技术惰性这一现象；相反，若是组织中只有探索型学习，那么就会导致组织成本的增加，即还没有对新知识和新技术进行深入研究就开始另外一种知识和技术的探索。因此，组织既需要利用型学习也需要探索型学习。关于二者在组织学习中的应用，学者们提出了两种学习平衡模式：一种是探索与利用交替循环的间断型学习平衡模式，根据这种平衡模式，探索和利用两种学习方式无法同时进行，必须采取交替方式来实现；另一种是探索与利用同时实现的双元型学习平衡模式，根据这种平衡模式，在既高度差异化又松散耦合的不同部门分别开展探索型学习和利用型学习，企业在整体上可实现两者之间的平衡。

不同划分标准下的组织学习方式可以概括为表 3-3 所示的内容。

表 3-3　不同划分标准下的组织学习方式

划分标准	学者	组织学习的方式
深度	Fiol 和 Lyles（1985）	低层次学习、高层次学习
	Senge（1990）	适应性学习、创造性学习
	Nevis 等（1995）	渐进式学习、变革式学习
	Argyris 和 Schon（1996）	单环学习、双环学习、再学习
抽象程度	Rosenberg（1982）	科学学习、边干边学习、边搜索边学习、边使用边学习
	雷林（2002）	实用科学、行为学习、行为科学、实践团体
	李燚等（2006）	理论学习、实践学习
知识变化	March（1991）	利用型学习、探索型学习

资料来源：李燚等（2006）

根据上文的分析可知，关于组织学习的方式有着大量的研究，学者们也都取得了丰硕的研究成果，但是在上述研究中，组织中跨边界的学习模式（即组织中不同团队之间的学习模式）这一问题还没有涉及。在组织中，由于团队领导、团队成员等的不同，不同团队之间的学习结果、知识存量必然不同，那么不同团队之间也就会出现学习现象，因此需要探讨组织中两个不同团队之间的学习方式。下面将对组织中不同学习团队之间的学习模式进行探讨和分析。

3.3　组织中的跨边界学习模式

3.3.1　组织中跨边界学习模式的提出

竞争与合作是不同主体（企业、团队或个人）在实现自身目标时所采取的不同策略。合作能使主体与其他主体（一个主体或者多个）分担在实现目标时所承担的成本和风险；而采取竞争策略的主体虽不能与其他主体分担成本和风险，但其能保持自身的独特性，或者通过自身的努力获得其特有的竞争优势。

Brandenburger 和 Nalebuff（1995）在美国 Novell 公司首席执行官（chief executive officer，CEO）——Nadar 提出合作竞争（coopetition）

的概念后将其引入战略管理研究领域当中。合作竞争是指市场中主体间同时存在着合作与竞争的关系，而并非市场中主体间只能存在合作和竞争关系中的一种。Bengtsson 和 Kock（2000）指出公司之间是同时存在着合作和竞争关系的。徐亮等（2008）认为根据合作和竞争的不同程度，合作竞争战略可以被划分为合作导向型、竞争导向型、竞合对等型、垄断型等类型。合作导向型是指合作行为强而竞争行为弱的情况；竞争导向型是指竞争行为强而合作行为弱的情形；竞合对等型是指竞争行为和合作行为都强的情形；而垄断型是指竞争行为和合作行为都弱的情况。

本书将合作竞争的理论引入组织中团队间的学习中，将团队间的学习模式划分为四种：合作导向型学习模式（简称合作型学习）、竞争导向型学习模式（简称竞争型学习）、竞合对等型学习模式（简称竞合对等型学习）和垄断型学习模式（简称垄断型学习）。然而，由于合作学习和竞争学习是团队之间最为典型的两种学习关系，本书仅从合作型学习和竞争型学习这两种学习模式来论述团队间的学习方式。

3.3.2　合作型学习模式

学习是一个探索新知识、新方法和新能力的过程。Levinson 和 Asahi（1995）指出合作型学习是指不同主体通过合作的方式获得新的知识和技能，大幅提升主体在某些方面的能力，以建立竞争优势的过程。本书将团队间合作型学习模式定义为不同团队之间关系和睦，并通过彼此之间的合作学习打破学习壁垒，获取新的技能和知识，从而使得不同的团队主体及团队成员得到提升。团队之间采取这种学习方式的主要原因是他们的知识、资源和能力存在着互补或者是他们的任务目标重叠程度比较低，其表现为依赖性；这种学习方式主要是通过共同研讨、相互交流、知识共享、派遣顾问指导等方式进行的；团队所获得的新知识、新技能和能力可以是另一团队所具有的，也可以是双方在合作过程中新产生的。例如，企业中不同细分市场的两个市场拓展团队 a 和 b（或者企业中会有更多的市场拓展团队，但本书只探讨两支团队之间的学习问题，下文也是如此）。团队 a 和 b 在市场拓展的过程中会形成一些好的拓展市场的经验或者会有一些比较好的拓展方法，那么这两支团队在相互交流、共享的过程中会使彼此的市场拓展的知识和能力得到提升，从而提高整个团队的工作能力。

3.3.3　竞争型学习模式

张成考等（2006）认为组织间的竞争性学习行为是指合作中的某一方组织竭尽所能地向其他组织学习，其最终学习目的是提高自身实力，而不是共同提高。本书将团队间竞争型学习模式定义为在团队间学习的过程中，不同团队通过竞争这一方式进行新知识、能力等的学习，以提升自身的知识水平。团队之间采取这种学习方式的主要原因是他们的任务目标重叠程度比较高，其表现为独立性；这种学习方式主要是为了反击和超越另一团队而尽可能多地从对方团队获取知识并且激发团队内部成员的学习积极性，进而提高团队整体能力，同时团队间相互争夺组织资源；团队所获得的新知识和能力大都是通过内部成员的努力获得的，而只有少部分是从对方团队获得的。例如，组织为了提高某一项目完成的成功率，其会组织两支团队 a 和 b 分别来完成这一项目，那么这两支团队 a 和 b 就会为了自己能够完成该项目而彼此竞争。二者在此过程中都会以反击和超越彼此为目标，进而会使得各自团队内部学习积极性提高，同时二者也会对组织的资源进行争夺，最终二者的知识和能力都会得到提高。

合作型学习模式与竞争型学习模式的学习特征的比较如表 3-4 所示。

表 3-4　合作型学习模式和竞争型学习模式比较

学习特征	合作型学习模式	竞争型学习模式
内涵	不同团队之间关系和睦，并希望通过彼此之间的合作学习新的技能和知识，使得不同的团队主体及团队成员得到提升	在团队间学习过程中，不同团队是通过竞争这一方式进行新知识、能力等的学习，以提升自身的知识水平
学习最终效果	获得共同提升	提升自身实力
适用条件	彼此知识、资源和能力存在着互补或者是他们的任务目标重叠程度比较低，其表现为依赖性	任务目标重叠程度比较高，其表现为独立性
采用的方式	共同研讨、相互交流、知识共享、派遣顾问指导等	激发团队成员个人的学习积极性
彼此对新知识的贡献	团队双方共同努力的结果	主要是团队成员的学习

3.4 本章小结

本章首先根据学者们对企业边界理论的研究，给出了本书中组织中边界的含义，指出其是由组织中的某一群体或者团体所拥有的知识、能力、技术、人员、目标、任务等所决定的。然后结合当前有关团队学习的研究，给出了本书组织中跨边界学习的概念，即在一个组织中，通过采取有效的学习方式，打破知识壁垒，促进知识在团队间跨边界流动，有效实现团队间知识共享的学习行为。其目的在于有效提高各团队的学习能力与创新能力，进而提高组织整体的学习能力、创新能力与应变能力。最后比较了组织中的跨边界学习与组织学习及组织间学习的异同点。

此外，本章基于当前国内外学者对组织学习模式的研究，对组织学习的一般模式进行了总结，然后在此基础上，结合合作竞争理论提出了本书组织中跨边界学习的两种学习模式——合作型学习模式和竞争型学习模式，并对二者进行了概念、适用条件等方面的阐述。

第 4 章　组织中跨边界学习的过程机理

4.1　组织学习、团队学习和组织中跨边界学习的内在关系

根据第 3 章对组织中跨边界学习、组织学习和团队学习的比较，可以看出，无论是组织学习、团队学习还是组织中跨边界学习，都是不同的学习主体进行知识传递、知识共享，实现既定目标，提高组织绩效的过程。这一点就表明，不同学习主体间在知识共享的过程中存在着一定的相似性。因而，本节首先对组织学习、团队学习和组织中跨边界学习之间的关系进行一定的梳理，以便于对组织中跨边界学习的过程机理展开研究。笔者认为，组织学习、团队学习和组织中跨边界学习具有其内在联系，其内在关系如图 4-1 所示。

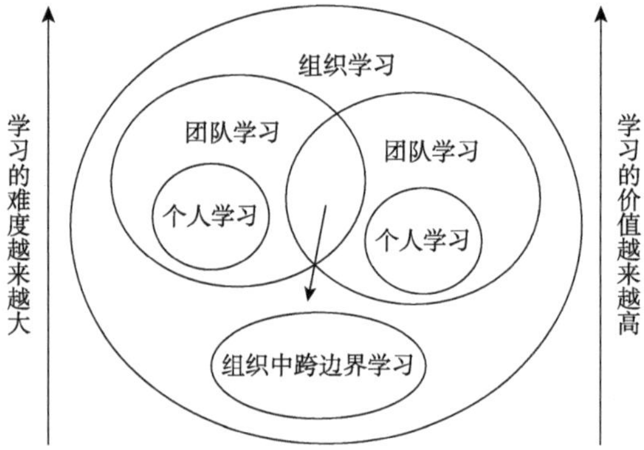

图4-1　组织学习、团队学习和组织中跨边界学习的关系

从图 4-1 可以看出，组织学习、团队学习和组织中跨边界学习之间具

有相互包含与相互交叉的关系，具体如下。

（1）总体而言，组织学习是由三个层面的学习构成，一是个人学习、二是团队学习、三是组织学习。其中，个人学习是团队学习的基础，团队学习是组织学习的基础。个人学习可以是自发进行，也可以是有组织地进行；团队学习应该是有组织地进行，否则团队学习的效果会大受影响。

（2）在团队学习与组织学习之间还存在一个中间层面，这就是组织中跨边界学习。实际上，团队学习是经过跨边界学习的过程才上升为组织学习，如果离开有效的跨边界学习，团队学习内部的学习效果就难以在组织层面上实现有效的共享，组织学习的效果就会大打折扣。因此，很大程度上，跨边界学习是影响组织学习效果的重要环节，仅有团队学习内部的机制但缺乏跨边界学习的有效机制，势必会影响组织学习的质量与效果。

（3）如果考虑到跨边界学习，则组织学习的过程将在四个层面上发生，即个人学习、团队学习、团队间的跨边界学习、组织学习，后者都是以前者为前提与基础的，后者也是前者的整合与提升。个人之间的有效学习形成团队学习，团队与团队之间的有效学习形成跨边界学习，组织内部跨边界学习的有效整合最终形成组织层面上的整体学习，即组织学习。

（4）从个人学习到团队学习再到跨边界学习最后到组织学习，其学习的难度逐步加大，同时其学习的价值也将逐步提升。

个人学习可以自发产生，也可以在组织管理机制的作用下产生，但不管哪一种方式，个人学习都是比较容易的事情，因为只要个人具备学习能力与学习热情，就可以开展个人学习。然而，个人学习如何转化为团队学习？个人的知识与经验如何在团队之间实现有效共享？这就不是一件容易的事情了。学习型组织理论之父彼得·圣吉博士曾经指出：很多组织成员的个人智商都在 120 以上，而组织的智商却只有 62。其根本原因在于个人智商没有有效转化为团队智商，更没有转化为组织的智商。进一步地，从团队学习到有效的跨边界学习，其难度进一步加大。因为在一个团队内部借助于有效的激励机制与文化机制，在团队内部总体利益一致性的前提下，团队内部的学习开展相对比较容易，而跨团队之间的学习行为与团队内部相比，则难以有效组织，因为基于传统专业化分工体系，部门之间责任分割、职权分割、利益分割，这样在跨团队之间开展跨边界的学习的难度将会加大也是不言而喻的。同样，一两个团队之间开展跨边界学习相对比较容易，但是整体组织中各个单元之间都能够有效地开展跨边界学习进而形成组织学习强大的能量则是比较困难的，因此，从跨边界学习到组织学习的难度又会加大。

与四个具体层面的学习活动相对应，其学习的价值也在发生变化。学习的价值体现在为组织创造有形的产品、无形的服务，为组织的生存与发展创造短期与长期的利益。在组织学习的不同层面上，其学习的价值创造是不一样的，组织学习的价值最高，它大于跨边界学习的价值，而跨边界学习的价值又大于团队学习的价值，团队学习的价值又大于个人学习的价值。因此，组织中从低阶学习到高阶学习，其学习的价值会发生跃迁。换句话说，随着组织学习的不断整合、不断跃迁，其学习的价值不断提升，组织的竞争力与可持续发展优势不断增强。

4.2　基于知识转化的组织学习过程机理

4.2.1　知识转化的过程机理

组织学习的过程本质上是知识转化的过程。知识是人类在自身的活动中对客观事物及其规律的经验与认识。从技术角度来看，知识是经过削减、构造、解释并实现转换的信息，是对人类所掌握的数据、信息和资料的抽象结果。对知识进行管理是一项既古老又新兴的研究内容，人类从古至今的发展，都离不开对知识的管理，这种管理可能是有意识进行的，也可能是在潜意识下进行的。德尔菲公司的创始人之一——卡尔·菲拉保罗（Carl Filapaul）曾指出，“知识管理就是应用集体智慧提高企业组织的应变能力和创新能力”。知识管理并不是一个静止的概念，而是基于知识自身的特征，在一定的组织环境中随着时间的推移，采取科学、规范且灵活的动态管理方式，从而实现组织的目标。学术界对知识管理的定义仍然不明确，并没有达成统一的认识。目前较受认同的知识管理的概念定义是马尔赫塔（Y. Malhotra）所提出的“知识管理是组织面对复杂多变的环境变化，依据组织自身的适应能力、生存能力等方面而采取的一系列的迎合性措施”。

无论是个人学习、团队学习、团队间的学习，还是组织学习、组织间的学习，其本质都是知识传递、知识转化、知识创新的过程，因此，要探讨组织中跨边界学习的过程机理，有必要首先弄清组织中知识转化的过程机理。知识管理理论告诉我们，组织中的知识可以分为两种，即显性知识（explicit knowledge）和隐性知识（tacit knowledge），组织中知识转化的过程实际上就是显性知识与隐性知识相互作用、相互转化的过程。1996年，日本学者野中郁次郎（Ikujiro Nonaka）和竹内弘高（Hirtotaki Takeuchi）经过深入调查多家日本的知识性企业能够保持持续且旺盛的创造力的根源，提出了举世闻名的知识螺旋理论（the spiral of organizational knowledge creation），又被称为"SECI模型"，该模型研究了隐性知识与显性知识之间如何不断交替、相互转化。研究结果表明，显性知识与隐性知识之间这种不断交替的过程就是 SECI 过程，也就是知识的社会化、外在化、组合化和内在化的过程。具体见图 4-2。

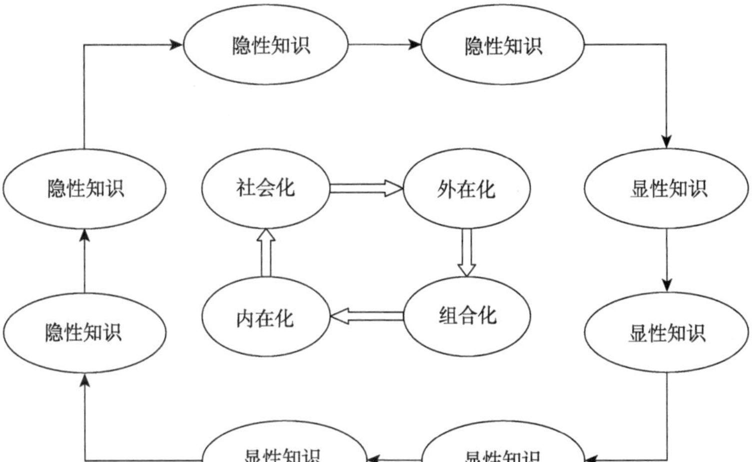

图4-2　SECI模型

结合图 4-2 可知，组织、团队、团队间及个人在学习的过程中，都要经历知识转化的四个过程，即社会化（socialization）、外在化（externalization）、组合化（combination）和内在化（internalization）的过程。具体分析如下。

（1）社会化。

社会化实际上是知识转化主体通过经验的分享将他们的隐性知识汇聚

在一起，即从隐性知识到隐性知识的过程。这一隐性知识的获得，需要通过共同的活动来体验相同的经验。

（2）外在化。

外在化是将隐性知识整理成显性知识的过程。外在化是知识转化的关键，就是对获得的隐性知识进行消化吸收，并结合自身的特点进行转化，使隐性知识具体化。这样才能在原有的基础上创造新的知识。

（3）组合化。

组合化是将具体化后的显性知识系统化，这样可使分散的显性知识更加具有系统性。团队可以通过不同的方式对显性知识进行组合，在这一过程中也可能创造出新的知识。

（4）内在化。

内在化是将显性知识转化为隐性知识的过程。组织对具体的、系统的知识再学习的过程，就是一个内在化的过程。这种再学习又会引发新一轮的知识转化交替过程。

4.2.2　组织学习的过程机理

根据图 4-1 中对组织学习、团队学习与组织中跨边界学习的关系分析，我们可以知道，组织中的跨边界学习是组织学习的一部分，是组织学习中较高层次的学习行为，它在学习的过程中所遇到的困难与单纯的团队学习相比，其管理难度较大，然而它所产生的学习价值也会比团队学习高，具体表现在它不仅能使各团队自身能力得到提升，更重要的是实现了团队间能力的共同提升。

本章的研究重点是组织中跨边界学习的过程机理，由于组织中跨边界学习是组织学习的一部分，因而组织中跨边界学习的过程是基于组织学习的过程的。因此，本章在分析组织中跨边界学习过程机理之前，先分析组织学习的过程机理。

从管理实践视角来剖析组织学习的过程，国内外学者进行了诸多研究，提出了各自的学术观点，笔者认为，其中最具代表性的学者还是 Agyris 和 Schon。本章以 Agyris 和 Schon 1978 年提出的四阶段模型为基础，具体揭示并阐释组织学习的过程机理。具体见图 4-3。

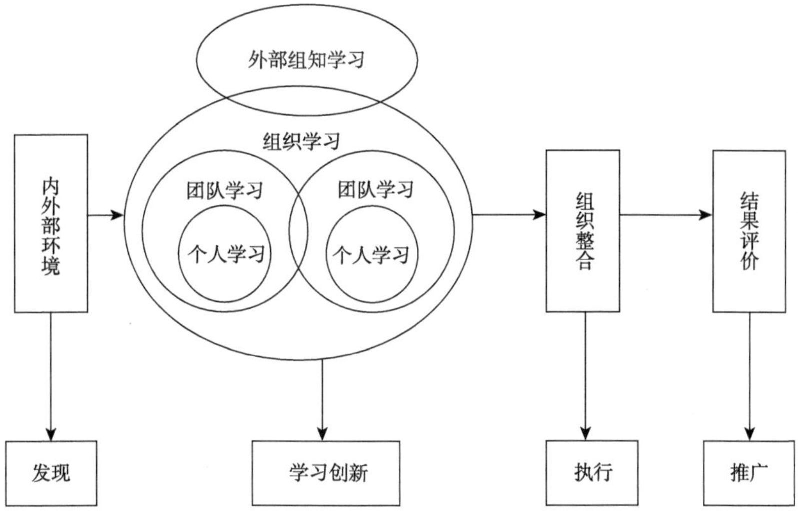

图4-3　组织学习的过程机理

从图 4-3 中可以看出，组织学习的过程可以划分为四个阶段，即发现、学习创新、执行、推广。具体理解如下：

（1）发现过程。组织作为复杂社会体系中的主体，它在发展过程中会直接或间接地受到组织外部环境的影响，如社会经济形势的变化、政策的变更以及市场的竞争等。同时，组织本身作为一个包含若干个个人、团队等的主体，其内部环境的变化会对组织产生直接的影响，如组织战略规划的变更、组织内部管理机制的完善等。以上这些都会直接或间接地对组织产生作用。一旦组织的内外部环境发生变化，组织内部的团队或成员就会察觉组织在发展过程中的不适应，从而发现可能存在的问题与需要改进的地方。这一发现的过程就会促使组织学习行为的发生。

（2）学习创新过程。发现了组织中可能存在的问题后，组织就必须进行学习，这种学习行为的发生，不仅仅是组织内部团队之间、团队内部及个人间的学习，还有可能是组织与其他外部组织之间的学习。这一学习过程，实际上就是一个知识传递和共享的过程，不仅是不同学习主体间已有知识的相互传递与交流，也可以是利用现有的知识，消化吸收后创造新的知识，实现知识创新的过程。

（3）执行过程。组织学习的执行过程，实际上就是对所获得的知识或是创造出来的新知识进行组织整合过程，也就是将掌握的知识在组织的发展过程中加以应用，实现其价值。

（4）推广过程。对组织学习的知识加以运用后，必将会取得不同程度上的学习效果。组织学习的推广过程，顾名思义就是在取得一定的效果后，将组织所掌握的知识加以传播，使其不断地改善，以便在以后的组织学习中取得更好的学习效果。

综上，组织学习的过程实际上就是组织在内外部环境的影响或刺激下，产生的不同学习主体间的知识传递和共享行为，并将所传递的知识加以整合，用于组织的发展。

4.3　组织中跨边界学习的过程机理：横向视角

4.3.1　组织中的横向边界

组织中的横向边界是指组织由于业务团体、组织部门、生产群体等单元之间工作内容的差异从而形成了具有不同特定功能的部门，如研发部门、市场部门、生产部门等，各个部门存在着明显的边界，进而按照部门边界把组织成员分隔开来。而不同职能或部门的偏好和目标可能有很大的差别。例如，组织中的研发部门往往寻求技术上的突破，希望开发出富有创造性的产品；市场部门想要的是更能满足客户需要的产品；而生产部门想要的是长期而稳定的产品制造。

组织横向边界的存在有必要性，具备稳定性，同时组织的横向边界又并非一成不变的，一个组织的横向边界会随着时间的推移、项目实施和组织变革等而发生改变，具有动态性和模糊性。

（1）横向边界的必要性和稳定性。

横向边界有存在的必要性，它可以帮助个人和群体形成一种稳定的时空局面，从而使他们更好地发展其独特之处，从而实现企业内部的高效运作，可以为学习新知识和技能提供稳定的环境和资源。边界的稳定性能使组织和集团在它们加深信任度和一致性的基础上做出有共同目标的行为。

（2）横向边界的动态性和模糊性。

组织的横向边界并不是固定不变的，组织面临的市场需求、技术水平等因素是不断发生变化的动态环境，而为了应对外部环境的变化，组织不可避免地需要对原有边界进行变动、调整与突破，不同的职能、团队会根据环境变化进行整合或分割，部门间的边界呈现模糊化的趋势。

另外，在企业组织的运行过程中，各部门、团体之间需要相互交流，相互合作，共同解决企业所面临的任务和问题，这也就产生了横向跨边界学习问题。

4.3.2　组织中横向跨边界学习行为的研究

1. 组织中横向跨边界学习行为的内涵

组织中横向跨边界学习行为是指组织中横向工作单元之间（部门、单位、团队）所发生的知识流动、知识共享的学习行为。这里所说的“横向”是指工作单元之间存在“平行”的关系而不是“上下级”关系。例如，企业内部各分支机构之间、职能科室之间，车间内部各个班组之间，同一部门内部各工作团队之间，大学二级学院内部各系部之间，等等。他们之间的关系都是一种横向关系，他们之间相互开展的知识流动与知识共享活动就是横向跨边界学习行为。横向跨边界学习行为也包括组织内部跨部门、跨团队之间开展的相互学习活动，因为本质上这些跨部门、跨团队的学习行为，其知识流动是组织中部门或团队间的“平行”流动。组织中横向跨边界学习是组织内部最常见的学习活动，组织营造良好的横向跨边界学习氛围，建立科学有效的促进横向跨边界学习机制，有利于打破部门之间、团队之间的知识壁垒；横向知识的交叉与融合，有利于提高组织的整体学习能力与协同创新水平。在当今知识与信息爆炸的大背景下，社会变革速度之快前所未有，一个组织要想生存与发展，必须具备快速整合内外部知识并形成新的知识和技术的能力，而快速整合内部知识的主要方式就在于如何有效地开展横向跨边界学习。

把握横向跨边界学习行为的内涵，需要关注以下几点。

（1）横向跨边界学习行为是从知识流向视角对组织学习类型的划分。关于组织学习的分类，本书的第 2 章已进行了大量的总结概括。从知识流向的视角看，本书将组织内部的学习分为横向跨边界学习行为与纵向跨边界学习行为。横向跨边界学习行为重在研究组织内部两个或多个平行部门、单位、团队之间的相互学习行为；而纵向跨边界学习重在研究从个人到团队再到组织整体的知识流动与分享行为。

（2）横向跨边界学习在组织学习中地位举足轻重。由于组织内部的知识分散在各个部门、单元、团队，日久天长则会形成部门间的知识壁垒，或形成知识孤岛现象，其结果阻碍了组织整体的知识创新水平，因此，必须有效促进横向跨边界学习在组织内部的发生与发展。如果没有横向跨边界学习行为的有效开展，组织就难以形成强大的创新能力。

（3）横向跨边界学习行为其本质还是知识的流动与分享，因而遵循组织学习的基本规律。无论是横向跨边界学习还是纵向跨边界学习，最小的学习单元都是个人，只是个人的学习动机、学习环境、激励因素等与部门内部的学习有所不同，因而决定了组织学习的效果也不同。但是，组织内部无论是何种学习类型，本质上都是知识的流动与分享，因此在横向跨边界学习中，组织学习的基本规律仍起作用，只是有其特定的表现形式。

（4）对横向跨边界学习机理与纵向跨边界学习机理分别研究，目的在于揭示两种学习类型的具体规律，从而更有效地促进组织中横向跨边界学习行为与纵向跨边界学习行为的发生。

2. 组织中横向跨边界学习与纵向跨边界学习、团队学习、组织间学习的比较

为了更好地研究组织中的横向跨边界学习，将组织中的横向跨边界学习与纵向跨边界学习、团队学习和组织间学习进行了比较。

众所周知，无论是组织中的横向跨边界学习还是纵向跨边界学习、团队学习、组织间学习，其相同点都是为了实现知识在各个学习主体之间的转移，实现知识的共享，将知识消化吸收、运用，取得好的学习成果。但它们之间又存在着不同，下面从各学习类型的定义、学习主体和学习环境三个方面来研究它们之间的不同点，具体分析见表4-1。

表4-1　不同学习类型的比较

学习类型	定义	学习主体	学习环境
横向跨边界学习	在一个组织中，横向工作单元（部门、单位、团队）之间所发生的知识流动、知识共享的学习行为，其目的在于通过知识的交叉与融合，促进组织提升整体学习能力与协调创新水平	组织中各相关部门、单位、团队之间	组织内部环境和部门、团队环境

续表

学习类型	定义	学习主体	学习环境
纵向跨边界学习	从纵向角度可以将企业组织划分为个人、团队和组织三个不同的层次。而由于个人、团队和组织的相互构成关系，便形成了个人、团队和组织三个层面的边界。由个人学习实现向团队学习、团队学习实现向组织学习跨越边界学习的过程，即是纵向跨边界学习	个人、团队、组织	组织的内外部环境
团队学习	团队成员不断获取知识、改善行为、优化团队体系、以在不断变化环境中使团队保持良好生存和健康和谐发展的过程	团队成员	组织内部环境、团队内部环境
组织间学习	组织与组织之间，为获得组织发展所需要的知识和技能，与其他组织相互学习，将知识内部化，并且在内部化的过程中创造新的知识	企业、机构等外部组织之间	组织的内外部环境

学习环境中的组织内部环境主要指组织学习能力、知识传递能力、组织文化、领导者对团队间学习的重视程度、团队彼此间的关系等；部门、团队环境主要指团队领导者、团队成员等；组织外部环境主要指竞争环境、政策环境、市场环境、供应商、客户群体等。

4.3.3　组织中横向跨边界学习机理的动因研究

在研究组织中横向跨边界学习行为的基础上，本小节将对横向跨边界学习的动因进行分析，并揭示横向跨边界学习的过程机制。

德国著名社会心理学家勒温将社会行为的一般规律用公式表示为 $B=f(P,E)$，其中，B 表示社会行为，P 表示行为主体变量，E 表示环境因素变量。由此可知任何行为的产生都是行为主体因素与环境因素相互作用、综合影响的结果。横向跨边界学习行为，即团队间实现知识获取和共享，是一个持续的过程，该行为发生的直接原因是行为主体的动机，同时其也受环境因素影响和限制，环境因素的激发能驱动行为的产生，并使行为主体的动机得到强化，指导团队成员做出相应的行为活动，朝着特定的方向发展以达到预期目标。下面首先从环境因素入手对横向跨边界学习行为的动因进行分析。

1. 横向跨边界学习的动因之一：环境因素

根据组织发展的共同特点，将激发组织中的团队跨边界学习的环境因素分为组织外部环境和组织内部环境。其中组织外部环境着重从市场需求的多样性、竞争对手的威胁性两个方面分析；组织内部环境包括组织业务发展的驱使和构建学习型组织的需要两个方面。据此，分别对这些因素展开详细分析。

（1）市场需求的多样性。随着社会经济的日益进步和发展，消费者市场对产品的需求也呈现多样化和多变化趋势，不再仅仅局限于产品实体本身，更倾向于关注产品的附加价值部分，如产品的独特性和新颖性，即在产品原有基本功能的基础上能否提供新的效用，给消费者带来更大的心理满足感。科技巨头苹果公司之所以成功，最重要的原因正是其不断挖掘新的客户价值。而满足消费者这种新需求的基本途径就是提高组织的知识水平和创新能力，促使组织在市场竞争中取得有利地位，不仅要巩固现有产品功能，更要为针对消费者需求创造特定的产品附加效应。要提升组织的知识水平和创新能力，就需要组织中团队间积极快速展开跨边界学习，完善团队的整体优化过程，及时响应市场需求，满足多样化的市场需求。

（2）竞争对手的威胁性。每个组织面对的外部环境通常都是一个充满竞争的市场，当多家企业生产同样的产品或者提供类似的服务，这些企业必然会采取各种手段抢占市场份额。在企业发展的不同阶段，竞争对手对企业的影响是有区别的，在企业的某一特定发展阶段，就会产生对其构成较大威胁的竞争对手，也就是说，在企业的不同发展阶段，主要竞争对手是不同的。面对突然出现的强大竞争对手，企业的根本制胜途径就是获取独特的竞争优势，即当竞争对手进入市场并试图抢占先机时，企业就需要展开自主创新，提升自身能力，这就对企业的团队提出了挑战。面对这种突然出现的竞争对手的威胁，需要团队成员进行新知识的学习，并有效运用。对于需要通过技术创新以提高组织核心竞争优势的团队来说，创新本身就是一项高知识含量的工作，要求其成员能够快速高效地从多个方面进行多学科交叉知识的学习。因此，面对竞争对手的威胁及相应的技术创新需求，组织中的团队必须增强彼此之间的相互依存度，促进团队间的知识共享和交流学习，不断丰富完善团队知识结构。

（3）组织业务发展的驱使。企业高层管理人员往往因为组织业务的发展或者战略管理的需要，不断地向各个团队分配新的任务项目，如新产品的研发或者对原有产品的设计进行革新等，并且组织分配的新项目任务通常具有高度的不确定性，此时作为企业发展的主要技术团队、产品团队以及运营团队可能事前并未做好充分的知识准备，可能每个团队都缺乏某些方面的专业知识，这就会在一定程度上直接或者间接地影响新项目的实施。因此，组织中的团队需要保持一种持续学习新知识的状态，通过积极与组织内团队建立联系，实现知识共享，提高团队应对问题的能力。

另外，企业出于发展的需要，会对组织团队的结构进行适当的调整，对团队中部分成员的职责进行重新分配和界定，从而导致团队成员的知识结构与其新角色的知识要求不相符，此时团队成员就需要在与内部其他成员和外部人员相互交流的过程中不断进行知识学习，以完善自身和团队的知识技能水平，构建新的知识体系，有效地应对企业业务或者战略调整所带来的机遇和风险。因此这一因素亦为组织中团队跨边界知识学习的诱导因素。

（4）构建学习型组织的需要。关于学习型组织，国际组织学习协会（SoL）创始人彼得·圣吉博士认为学习型组织是通过培养弥漫于整个组织的学习气氛、充分发挥员工的创造性思维能力而建立起来的一种有机的、高度柔性的、符合人性的、能持续发展的组织。他指出学习型组织是以共同目标为基础，以团体学习为特征的扁平化、横向网络管理组织系统。同时提出学习型组织中的成员能够持续地发挥其能力，创造其所渴望的结果，培养新的思想形式，塑造集体的气氛，组织中的所有的成员都会向其他人学习。

随着市场竞争日益加剧，组织在竞争中如何生存和发展就成为一个至关重要的问题，而通过构建学习型组织，能够提高企业的整体素质、企业的创新能力、企业的核心竞争力，使企业在激烈的市场竞争中获得领先优势，进而提升企业的经济效益，建设学习型组织也就成了全球先锋企业的共识。而培育学习型组织，需要团队成员不断地学习新知识、新技术，从个人学习、团队学习出发并有效融合跨边界学习，在整个企业内营造一种良好的学习氛围，通过学习氛围的营造、学习平台的构建、学习活动的开展及学习效果的反馈，大幅度提高组织学习的效率与效果，进而大幅度提高学习型组织的建设水平。

2. 横向跨边界学习的动因之二：行为主体

行为主体即组织中的团队进行横向跨边界学习的主要动因包括团队对知识的需求与自身知识存量的不相吻合和团队对跨边界学习效果的期望两

方面。这两方面因素相互作用，直接形成了团队跨边界学习的直接动机。

（1）团队对知识的需求与自身知识存量的不相吻合。美国社会心理学家亚伯拉罕·马斯洛曾提出著名的需求层次理论，即人的需求分为五个层次，需求层次由低到高分别为生理的需求、安全的需求、社交或者情感的需求、尊重的需求、自我实现的需求。当低层次的需求得到满足后，人就会进一步追求高层次的需求。同样，随着企业的发展，组织团队的需求也可以分为三个层次，即存在的需求、壮大的需求及完善的需求。团队在追求较高层次需求的同时也诱发了团队对知识的不同需求，即生存性知识需求、发展性知识需求、完善性知识需求，如图 4-4 所示。

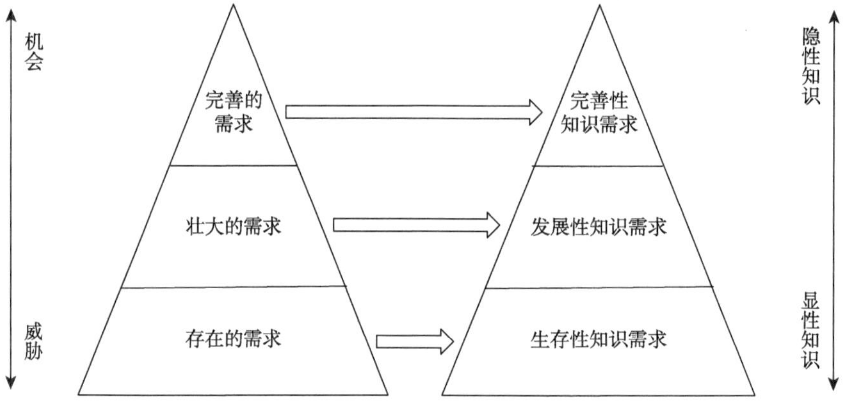

图4-4　组织团队的需求与对知识的需求

团队对知识需求的诱因可以从环境威胁和机会两个方面进行分析。环境威胁诱发团队对知识的需求常发生于团队所处的环境出现不利变化时，如组织的生存受到威胁、组织内部结构的调整、组织出台新的政策制度、组织外部市场环境的变迁、竞争对手产品的改善等都能够对团队的生存产生威胁，此时团队要能够继续存在并发展，必须诱发对知识的需求。相似地，环境机会诱发团队对知识的需求主要发生在团队需要把握环境中出现的利好机会时，如新技术兴起、新市场出现、用户新需求、新政策公布、竞争对手决策失误等。

与组织团队的需求相对应，组织中的团队对知识需求分为生存性知识需求、发展性知识需求和完善性知识需求。生存性知识需求主要发生在需要解决组织运营中出现的问题或面临激烈竞争的环境情况之下。发展性知识需求主要发生于组织进行扩张、发展、优化等事务时。完善性知识需求主要发生在企业发展达到较高水平，面临的威胁较小的情况下，企业最主要的目标是完善巩固已有成果，实现企业的更高社会价值。从生存性知识需求、发展性知识需求到完善性知识需求，企业所需要的知识的隐性程度不断提高，企业获取知识的难度也越来越高。

然而团队对知识的需求与自身知识的存量并不总是相吻合的，团队成员不仅需要积极将现存的知识技能运用到项目实践中，还需要根据实际情况弥补现有知识存量和技能的相对不足，优化和完善团队的知识技能结构和整体知识水平，而这一切只有通过团队间的跨边界知识学习才能实现。

（2）团队对跨边界学习效果的期望。任何行为的产生都与行为主体对行为结果的预期有关，跨边界学习也不例外。对跨边界学习效果的期望是组织中的团队实现知识共享和知识扩散的重要内在动机。团队间的学习动机对知识的转移是至关重要的，行为主体的学习意愿在一定程度上影响着团队学习活动的产生，其强弱程度对学习的质量与效果也起着极大的促进作用。学习动机是指组织中各团队在共同学习中，其学习自主性与学习的愿望。换句话说，即团队对将自身所拥有的知识、技能分享给其他团队，或是学习其他团队知识、技能的主动性与积极性。学习动机是学习行为发生的重要前提条件。

组织中的团队成员如果有较高的学习意愿并希望能够获得互补的知识、技能，就需要跨越团队边界，与其他团队建立联系。对跨边界学习效果的期望是团队实现跨边界学习的重要动因，只有拥有强烈的学习动机，团队间的学习活动才能高效地开展，有价值的知识也才能得到传递，并且在传递的过程中得到创新。

4.3.4 组织中横向跨边界学习的过程机理

通过对组织学习过程机理的分析，可以发现，整个组织、团队的学习过程都是一个发现问题、学习创新、执行和推广的过程。我们知道，无论是团队学习、组织中的跨边界学习还是组织学习，其学习行为的产生与激发都需要组织管理机制的作用，包括文化机制与激励机制，因此，组织中跨边界学习的过程机理实质上就是组织内部各团队之间在组织管理机制的作用下，各团队之间知识生产、知识传递、知识共享的过程。结合对知识转化的 SECI 模型的分析和对组织学习的过程机理分析，笔者认为，组织中横向跨边界学习的过程机理本质上也是组织学习过程与 SECI 过程的有机统一。其横向跨边界学习的过程机理如图 4-5 所示。

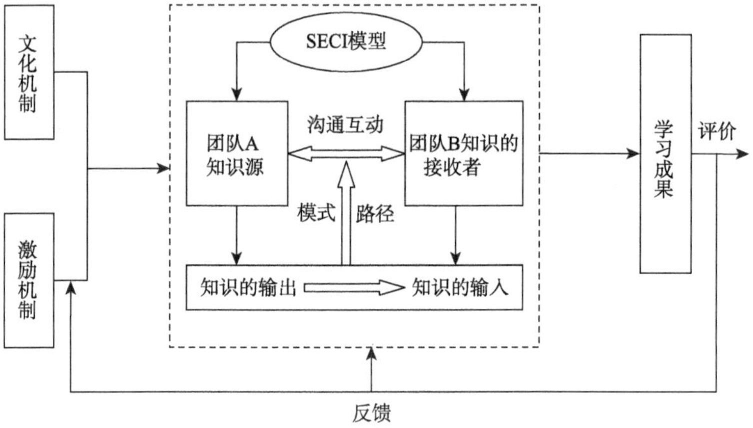

图4-5　组织中横向跨边界学习的过程机理

结合图 4-5，组织中横向跨边界学习的过程机理具体理解如下。

（1）组织的管理机制——跨边界学习的动力源泉。任何学习行为都是学习主体作用于客体的过程，学习主体可以是个人、团队，学习的客体是组织所需要解决的问题或者是组织需要抓住的机会。学习行为的产生以及学习行为受激发的程度取决于学习主体的动机能否按照组织的要求被激发，这在很大程度上必须依赖组织提供的动力源泉。离开组织提供的动力源泉或者动力的刺激量不足，个人学习、团队学习、跨边界学习、组织学习等行为都难以有效地被激发。因此，跨边界学习的动力拥有是跨边界学习行为形成的前提。能够支持组织中个人、团队和跨团队学习的动力因素较多，如物质动力、精神动力、信息动力等，但是，最重要的动力源泉是组织内部的管理机制，包括组织的文化机制与组织的激励机制。文化机制旨在通过建立有效的组织文化来统一各团队成员的思想，引导并激发各团队成员产生组织需要的创新行为，增强各团队成员的组织意识、合作意识、使命意识，最终形成既相互竞争又相互合作的文化氛围。激励机制旨在通过建立一套有效的绩效考核、利益分配及组织成员职业成长的制度体系来激励各团队成员产生组织所需要的学习行为，激励机制既包括正激励也包括负激励。国内外优秀企业创建学习型组织的实践证明，有效的管理机制能够为组织内部的学习活动提供持久的能量，相反，低效或无效的管理机制只会导致组织学习能量的丧失，造成组织集体的智商往往低于个人的智商。

（2）团队间的知识转化—— 跨边界学习的核心环节。跨边界学习是团队之间的相互学习，其本质上还是团队之间知识转化的过程，跨边界学习效果的好坏主要取决于团队间知识转化效果的好坏。因此，在跨边界学习的过程中，团队间知识转化环节是跨边界学习的核心环节。进一步地，跨边界学习的行为过程就是组织中各个团队及其内部的成员在有效管理机制作用下所开展的团队间知识转化的过程。Nonaka 和 Takeuchi 提出的 SECI 模型也同样适用于各团队之间的知识转化过程，换句话说，团队之间的跨边界学习也需要经历社会化、外在化、组合化和内在化这四个阶段。图 4-5 还表明，在团队之间进行的跨边界学习中，仅仅知道 SECI 的四个阶段是不够的，还必须依赖于有效的学习路径、沟通方式、学习模式等。团队之间的学习路径、沟通方式、学习模式是团队之间有效开展学习的手段、载体与支撑，依靠这些手段、载体与支撑，各团队之间才能有效实现知识的传递与共享，并在此基础上实现新知识的创造。

（3）组织的管理控制——跨边界学习效果提升的保证。组织中跨边界学习的过程是团队之间实现知识的传递、共享、消化、吸收、整合和创新的过程，其中，有效的管理机制设计是跨边界学习的前提，SECI 的知识转化过程是跨边界学习的核心环节。然而，对于跨边界学习过程而言，仅有此“前提”与“核心”是不够的，还必须对跨边界学习过程及其效果进行有效的管控，这是提升跨边界学习效果必要的保证。这里的管理控制包括对跨边界学习成果的测量、对学习效果的评价以及对存在问题的分析与反馈等具体环节。一是需要对跨边界学习成果进行测量。没有测量就无所谓质量与绩效，评价跨边界学习效果好坏首先需要全面、准确地测量组织中跨边界学习的成果，即团队间共同学习的产出。二是需要对跨边界学习效果进行评价。对学习成果的测量是客观的，但对于如何正确评价学习成果，既有客观标准也有主观标准。组织的管理者需要对团队间跨边界学习的效果进行合理评价，总结成绩、发现不足、找出改进措施，这是改善与提升学习效果所必需的。三是需要进行过程反馈。反馈是对动态系统进行有效控制的科学手段，要改善与提升跨边界学习效果，必须坚持不断反馈的原则。组织的管理者需要将跨边界学习的绩效、问题及改进措施反馈给跨边界学习过程的利益相关者，抑或是管理机制的设计者，抑或是团队负责人，抑或是团队中的业务骨干或某个团队成员。反馈的目的在于让各利益主体从整体利益最大化出发改变自己的工作理念、改进自己的工作方法，从而不断提升跨边界学习的效果。

4.4　组织中跨边界学习的过程机理：纵向视角

4.4.1　组织中纵向跨边界学习的内涵

无论在实际生活还是在抽象的概念理论范畴，都存在着边界的概念，所谓边界，指的是采取特定的规则和方法，通过在地理、具体内容、特征、功能等要素方面对事物进行区分归类而形成的界限。例如，中国由34个省（自治区、直辖市）组成，各行政区域之间存在着边界，而各行政区域内部则又分别由市、县组成，便又形成了新的边界。从地理位置的角度来看，边界把庞大的地区划分成了若干个小的区域。而在企业组织学习中，同样存在着边界的划分问题，根据划分方法不同，可以分为横向边界和纵向边界。例如，在企业组织的活动中，从横向角度可以将组织划分为不同的部门，各个部门具有特定的功能，共同组成企业组织的整体。而从纵向角度可以将企业组织划分为个人、团队和组织三个不同的层次。

横向视角下的组织内部的边界有现实存在的具有不同特定功能的不同部门作对比范例，相对比较容易理解。例如，企业组织中的人事部门、财务部门、生产部门等，各个部门具有特定的功能并且存在明显的边界。在企业组织的运行过程中，各部门之间需要相互互动，共同解决企业所面临的任务和问题，这便产生了边界问题。前文已经有较多的篇幅论述了组织中的横向边界的概念内涵及横向跨边界学习的行为、机理和路径研究，因此不再进行赘述。

而从纵向视角来看，组织可以分为个人、团队和组织三个层面不同的内容，在个人、团队和组织之间必然存在着边界问题。在企业组织中，最基本的组成元素是个人，无论是团队还是组织整体都是由若干个个人以特定的方式组成的，各团队、各组织所具备或呈现的不同的特定功能也是分别由其内部不同的个人综合实现的。团队是由若干个个人构成的，为了共同的目标和任务而相互协作的整体。团队具有特定的功能，可以将团队作为其内部个人能力、个人功能及个人绩效等其他不同要素的综合集成。团队是个人的凝集，也是构成组织的前提。组织是一群个人为了实现共同的目标或任务而集合起来共同工作的整体，从系统观点来看，可以将组织作为一个系统进行研究，团队即组织系统中的各个子系统，个人则是构成不同子系统即不同团队的要素，也是构成组织的基本要素。在企业组织内部，由于个人、团队和组织的相互构成关系，便形成了个人、团队和组织三个层面的边界。而在组织学习的研究中，个人学习、团队学习和组织学习的跨边界学习已经引起了广大学者的关注。个人学习如何跃迁、演化为团队学习；团队学习又如何跃迁、演化为组织层面的学习，是纵向跨边界学习研究内容的重点。对该问题进行研究，能够从纵向视角对组织学习的行为、机制和路径有更深入的研究。

4.4.2　纵向跨边界学习涉及要素及行为特点分析

无论是个人学习、团队学习和组织学习的某一单个范畴，还是个人学习、团队学习和组织学习三者之间，在纵向跨越边界学习的过程中，都必然会涉及多种要素，对纵向跨边界学习所涉及的要素进行深层次的研究分析，有利于更深层次地分析纵向跨边界学习的行为特点及研究纵向跨边界学习的过程机理，并对纵向跨边界的学习路径进行进一步的探索。因此，对纵向跨边界学习中所设计的要素进行分析是十分必要的，并且是进一步对纵向跨边界学习乃至组织学习进行研究的前提和基础。此外，由于纵向跨边界学习所涉及的要素众多且分别具有不同的特征，由此产生了纵向跨边界学习行为与其他行为的不同及特别之处。本小节在对纵向跨边界学习所涉及的要素进行分析的基础上，进一步地对跨边界学习的行为特点进行分析和探讨。

基于个人学习的视角，作为团队及组织构成的最基本的要素，个人学习的过程中所涉及的要素众多，其中主要包括个人能力、知识流动意愿、信息沟通模式、个人目标及动力支持等。个人能力是指在组织和团队内部，个人在经过专业的训练后所具备的工作能力和专业素养，个人能力是完成组织和团队任务的基础。尤其是在一些专业技能要求比较强、创新能力要求比较高的岗位，对个人能力的要求相对较高，如企业组织中的研发部门的研发工程师岗位、高校组织中的专业性和创新型都较强的科研岗位等。知识流动意愿是指个人与他人相互协作完成组织和团队任务的过程中，所表现出的对知识流动的意愿。知识流动意愿是双向的概念，既包括个人是否愿意与他人分享交流自己所具备的知识及所积累的经验等，同时也包括其他人是否愿意与自己进行知识流动的交流互动的环节。在组织和团队内部，个人成员在完成任务的过程中，需要与其他个人成员进行信息的传递和沟通，以提高工作效率，达到有质量有效率地完成组织任务的目的。信息沟通模式在个人成员的沟通效率中起到了重要的作用，不同的信息沟通模式具有不同的特点，并因而在实际运用中会产生不同的效果。因此，基于个人学习的视角，信息沟通模式也是影响构成个人学习的一个基本要素。个人目标和动力支持指的是在组织和团队内部，个人成员在完成组织和团队任务、实现组织目标的同时，个人成员所具备的个人目标，个人目标同时也是个人在组织活动中的动力支持因素。在某些情况下，个人目标可能会与组织目标产生一定的差异，即允许个人在完成组织目标的同时也完成其自己的个人目标，如在组织和团队目标完成的同时，个人也实现了提高其受尊重程度的目标等。

基于团队学习的视角，作为组织系统中的子系统，团队是组织整体和最基本要素个人的联系。从团队的角度来看，团队学习过程中所涉及的因素主要包括团队架构的构成方式、团队目标、团队激励等。团队架构的构成方式是团队活动运行的基础，也是对团队内部不同个人成员的分配方式的体现。团队架构构成方式在一定程度上会通过多种路径影响个人成员在个人学习过程中所涉及的多种因素，从而影响个人学习行为，如团队架构的构成形式是否与团队中的所有个体成员的个人能力达到最大限度的匹配，是否能够最大限度地整合所有个体成员个人能力的优势而规避其劣势。而在很大程度上，团队架构形式会影响知识流动意愿和信息沟通的效率，如网络型的团队架构模式更容易使团队内部各个体成员间产生知识流动的意愿和情景。同时，不同的团队架构模式对个体成员之间的信息沟通效率会产生影响，从而会影响团队整体的信息沟通路径和效率等。团队目标可以是团队内部个体成员之间目标的总体整合，也可以通过团队目标的设定去影响及调整团队内部个体成员的个人目标。但无论是哪种模式，团队目标都是团队内部个体成员目标的总体的集中体现。团队激励指的是在团队学习运行过程中，团队整体为了保障其内部个体成员能够更有效率有质量地完成相应任务而采取一系列措施及方法等。团队激励能够促进团队内部个体成员为了完成团队目标而更加努力地工作。在该过程中，团队激励为团队内部个体成员提供了一定的动力支持，对团队学习的实现起到了重要的作用。

作为纵向跨边界学习的最高层次，相对于个人学习和团队学习，组织学习所涉及的要素主要偏向宏观方面，而其中最主要的要素是使得各团队学习进行互动，达到整体协同的目标。协同是基于系统论的观点所提出的概念，是指系统内部各子系统之间在序参量的作用下，各子系统紧密联系相互作用而达到的整体的状态，协同过程并不是对各子系统的功能进行简单叠加的过程，在理想情况下可能会达到彼得·圣吉博士提出的“1+1>2”的效果。当然在组织学习的层面，仍然会涉及组织架构、组织目标和组织的激励措施等多种要素，但这些因素均可看作组织学习系统协同的体现或为了达到组织学习系统协同所采取的各种措施、方法和手段等。

4.4.3　组织学习的知识场效应模型

野中郁次郎（2001）等众多学者都认为组织的知识创造主要发生在个人、团队和组织三个层面上，从个人学习到团队学习再到组织学习的跃迁，则自然构成了组织中的纵向学习层级，从知识转化的本质属性看，每个层面的知识转化都蕴含着复杂的知识转化过程。组织的知识创造的过程，则是由个人开始，组织中的个人之间进行显性知识和隐性知识的不断交换，最终会影响团体与组织整体的知识构成。其复杂的知识转换过程，实际上是一个螺旋上升的过程。在组织学习的纵向传递过程中，个人、团队与组织之间应当是相互作用，相互叠加，又相互干扰的关系，形成了组织的知识场，犹如一个电磁场。基于此，可以借用电磁场的发生机理来揭示组织中跨边界学习的纵向机理。

1831 年，英国科学家迈克尔·法拉第（Michael Faraday）在大量物理实验的基础之上，发现了电磁感应现象（electromagnetic induction phenol-menon）。法拉第电磁感应现象的发现，以及后来者对电磁领域的深入研究，揭示了自然界的一条重要规律，对人类社会的发展具有划时代的意义。电磁感应现象是描述电和磁相互转换的机制，其中，电磁感应现象包括电生磁和磁生电两类。

若一条直的金属导线内部有着电流的流动，那么该导体将会在其周围的空间内产生磁场，且导体中流动的电流越大，产生的磁场就会越强。磁场是一种看不见、摸不着的但是确实是在现实中客观存在的，且会对外界产生作用的物质。事实上，电磁感应现象中的电生磁现象的综合效应，类似于在导体的周围放置了一圈 N、S 极首尾相接的小磁铁所产生的效果，如图 4-6 所示，即在若干个小磁铁的综合作用下，形成一个“大磁铁”，从而对系统外界产生了磁场，即某种看不见、摸不着的影响力。

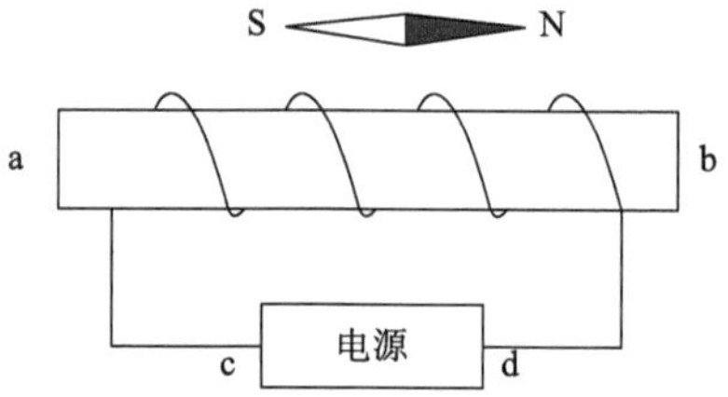

图4-6　电生磁示意图

从组织学习的跨层级边界视角出发，可以从个人学习、团队学习及组织学习三个层次来分析组织学习的实现。企业组织成员只有通过持续、动态地获取新的知识，不断完善并超越自身现有的素质，才能够在组织中取得良好的工作绩效。在个人学习的过程中，组织内部成员之间进行知识共享的同时，便产生了知识的流动。伴随着知识的流动，组织成员之间也实现了知识的共享。其中，组织成员之间的知识共享不仅包括显性知识的共享，还包括隐性知识的共享。

我们将组织学习过程中知识的流动，类比为电生磁现象中的导体中电流的流动。当导体通电后，其周围的空间内会产生磁场。将组织学习过程与电生磁机理进行相互的类比，可知组织内部个人成员间进行的知识流动，也会在组织内部产生“磁场”，即个人对外部产生的影响力，这种影响力与个人之间知识流动的程度有关，也有强弱之分。将组织内部成员类比为在导体周围所放置的一圈 N、S 极首尾相接的小磁铁，组织内部成员个体之间通过相互综合作用，从而形成了“大磁铁”，即由若干组织成员而组成的团队，从而对团队外部产生“磁场”，即对团队外界产生一定程度上的影响力。将上述电生磁现象与组织学习过程进行类比，得出如表 4-2 所示结果。

表 4-2　电生磁现象与组织学习过程的类比

电生磁现象	组织学习过程
导体内部电流的流动	组织内部知识的流动
电流流动的强度	组织内部成员间知识流动程度
导体周围产生的磁场	组织对外界产生的影响力
小磁铁	组织内部成员个人
由小磁铁综合作用形成的“大磁铁”	组织内部成员相互作用形成的团队

组织中个人与个人之间相互作用产生的影响力，类似于磁场，会产生叠加效应，同时也会产生抵消效应。将团队内部个人影响力各向量进行综合，从而形成了团队对团队外部的影响力。所谓团队影响力，并不是团队中个人影响力简单的加权算术和，而是团队内部个人影响力相互作用而形成的综合效应。团队作为组织中的基本单元，团队绩效在很大程度上会直接或间接影响组织整体的绩效。团队学习指的是团队内部成员通过动态、连续的知识共享，并在此基础上通过提高、完善团队成员的行为，从而使得团队行为、团队体系得到优化。最终将会提高组织在复杂多变环境中的适应能力，进而提高组织绩效水平，最终达到组织目标。

在此基础上，构建了组织学习的知识场效应模型，如图 4-7 所示。在现实的组织内部构成中，可能会存在更多的成员，我们仅取四个成员来论述组织学习的知识场效应模型。其中，组织内部分别由成员Ⅰ、成员Ⅱ、成员Ⅲ和成员Ⅳ组成。而成员Ⅰ、成员Ⅱ、成员Ⅲ和成员Ⅳ 则分别组成了团队 1 和团队 2。在团队内部，各成员之间相互保持着联系，在理想的状况下，这种联系方式呈现出网络结构的特点。在该网络结构的背景下，团队内部的个人之间进行了知识的共享，使得知识在组织内部不断流动，形成知识的流动。在团队内部的个人之间，进行了个人学习。

随着团队内部个人之间知识流的形成，团队个人之间通过相互综合作用，形成对团队外界的影响，即团队向团队外部产生了“磁场”，即团队

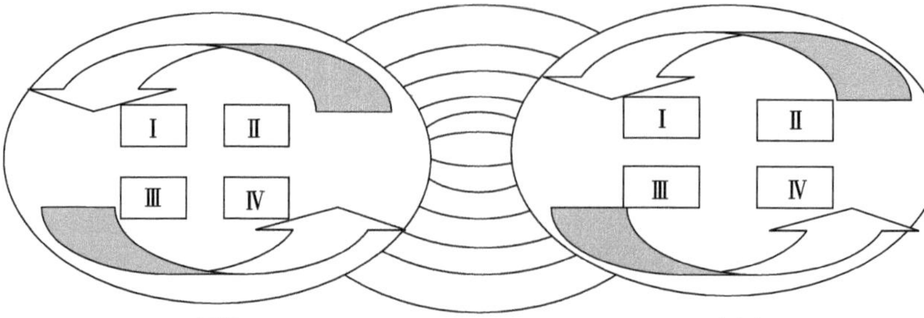

图4-7　组织学习的知识场效应模型

对外部的影响力。团队与团队之间产生了相互的影响，实现了团队学习。团队作为组织的一个组成部分，同理，团队之间也存在着知识的流动过程。

随着团队之间知识流的形成，组织会向组织外部“辐射”出组织内部各团队之间综合作用下的影响力。个人与个人之间、团队与团队之间相互进行知识交换，实现了个人学习和团队学习，此时组织内部的学习过程已经实现。组织学习不仅包括组织内部的学习，还包括组织与组织间的学习。组织学习的实现，对于提高组织的核心能力，进而提高组织绩效具有重大的影响。

4.4.4　知识场效应模型下的组织学习机理

1. 基于知识场效应模型的组织学习机制

毫无疑问，通过组织学习，对组织内部进行优化整合，构建学习型组织，会使得组织能够更加适应内外复杂多变的环境，提高其核心竞争能力，进而取得相对较高的竞争优势，最终会促进组织绩效的整体提升。知识的流动贯穿于组织学习的过程之中，对知识进行有效的管理，对于组织学习的稳定具有重要的推动作用。组织在进行知识管理的过程中，对组织的内外部环境都会产生影响，并且知识管理本身也会受到组织内外环境的约束。笔者认为，知识管理的内容既包括静态知识管理也包括动态知识管理。其中，相对于静态知识管理，动态知识管理往往更加难以进行。

前文构建了组织学习的知识场效应模型，该模型的基本前提是组织成员间知识的持续不断流动。笔者认为，对知识进行管理，可以从知识流动的视角出发，针对知识流动过程中所出现的问题进行管理。而对知识流动的管理首先要认识到影响组织中知识流动的因素，即辨别促进组织内部知识流动的因素以及阻碍组织内部知识流动的因素。知识流动过程中的影响因素如图 4-8 所示。

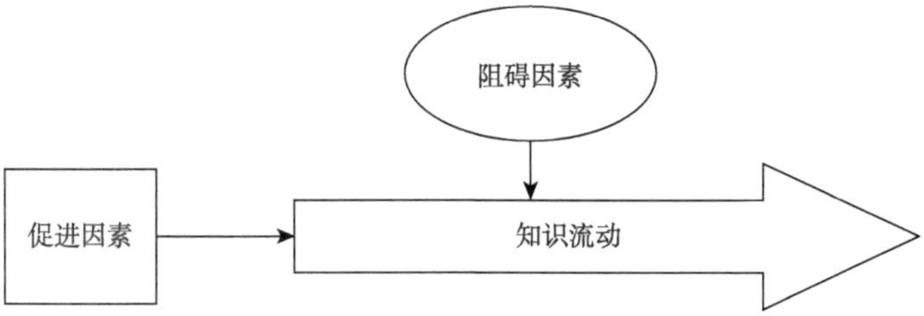

图4-8　知识流动过程中的影响因素

其中，知识的流动需要驱动力。驱动力是保证知识流动过程得以连续稳定运行的动力保障。同时，组织内部知识流动的过程会受到组织内外的多种因素干扰，即阻碍因素的影响。根据组织学习的知识场效应模型，组织内部知识流动效率越高，组织对组织外部所产生的影响力便越强。知识流动的驱动力的产生和维持的过程也是纵向跨边界学习的动力支持机制，即通过驱动力的支撑，组织内部各个层面的知识形成流动，个人之间、团队之间及组织之间实现知识共享，并且驱动力越强，知识流动的速度越快，进而知识共享的程度越高，最终组织纵向跨边界学习的效率越高。知识流动的驱动力包括三个方面的内容，首先是驱动力激发，然后是驱动力的维持及稳定，最后是驱动力的再次激发和升级。驱动力的激发来源自多个方面因素的作用，如组织成员个人目标、组织架构设置、组织内部的激励措施、组织外部环境变化等。在多方面要素的共同作用下，知识流动的驱动力得到了激发，并且知识流动和知识共享的速度和程度都迅速增长。但从经济学理论和实际情况考虑，知识流动的驱动力所能产生的效应呈现出边际递减的规律，因此在驱动力得到激发之后会出现边际效用递减的现象，此时需要对驱动力进行维持，使知识流动的驱动力达到稳定状态。在达到稳定状态后，知识流动的驱动力趋于缓和，此时组织需要再次激发知识流动的驱动力，使其达到更高的水平层次。在经历了驱动力激发、驱动力的维持及稳定、驱动力的再次激发和升级的过程后，知识流动在不断提升的情况下，已经达到了新的层次，实现了良性的循环。

同时，在组织内部，个体之间的影响力也会相互作用，既会产生叠加效应，也可能会产生削弱效应。本书所构建的组织学习的知识场效应模型的这一结论，可以解释彼得·圣吉博士所提出的由智商均达到 120 的成员所共同构成的组织的智商却只有 62 的问题，即虽然组织内部每个成员个体都具有较强的影响力，但是组织内部机制不完善等问题的存在，导致了削弱效应过大，从而导致组织的综合智商要低得多。在组织学习的过程中，如果在有效引导叠加效应的同时抑制削弱效应，使得叠加效应远远大于削弱效应，会更加有利于组织学习的进行，扩大组织对外部的影响力，从而提高组织的整体“智商”。而要实现这一目标，就需要对组织内部的知识的流动进行管理。而在组织的实际运行过程中，可能会存在着单个组织成员个人影响力相对较强的情况，在这种情况下，个人影响力较强的组织成员对其他成员可能会产生叠加效应和抵消效应。因此，对组织内部个人影响力较强的成员进行个性化的引导，有助于其成为团队及组织内部的核心，进而更好地引领团队和组织实现进一步的提高。由上文分析可知，在知识场效应模型中，组织内部成员个人最终对团队和组织所产生的影响力，不仅与个人的能力素质和知识共享程度有关，同时也受个人系统的主观演进方向的影响。组织发现并处理好两者之间的关系，有利于维持健康的组织学习，也有利于个人学习向团队学习以及团队学习向组织学习的跨越边界学习路径的实现。

组织针对影响知识流动过程的多种综合复杂因素，根据组织自身的条件以及组织学习的具体实际情况，分别采取相应对策，使知识的流动过程可以稳定进行，从而螺旋上升式地分别实现个人学习、团队学习和组织学习。可见，组织内部有效的知识管理对组织学习的稳定进行及学习型组织的构建，具有重要的促进作用；而组织在进行组织学习、构建学习型组织的过程中，也会对其进行动态的反馈，并纠正、完善组织内部结构，从而使组织学习达到更高的层次。

2. 知识场效应模型的实证分析

本部分以江苏太阳雨太阳能有限公司（以下简称太阳雨公司）为例，对知识场效应模型进行实证分析。太阳雨公司总部位于江苏省连云港市，是从事太阳能等新能源产品的技术开发、生产制造及市场推广的一家高新技术企业。其产品销售覆盖了全国 30 多个省份以及国外将近 100 个国家和地区。

作为一家高新技术企业，太阳雨公司内部有效的知识管理对公司的业绩至关重要。太阳雨公司通过定期组织统一旅游、开展“行动中学习之春”系列活动，将公司内部不同部门的员工聚集到一起，加强了员工之间的日常交流。在生产过程中，通过每月评选出月度明星员工以及以员工名字命名小发明的形式，如经过改进减少了喷枪的停放次数的“殷勇网罩”，鼓励部门员工之间的知识流动和技术创新的实现。通过员工日常和工作过程中的交流，实现了知识场效应模型中的个人之间的知识流动。同时，太阳雨公司也注重团队建设，如评选出年度优秀团队以及公司内部知识转化平台的构建等。其中，太阳雨公司为每个部门设立每年达 2 万元的员工建设费用，专门用于每个部门团队平台的构建。员工个人之间的知识流动促进了团队影响力的形成，而太阳雨公司内部各部门团队之间相互影响和互动，展开协作竞争，最终必然会共同促进太阳雨公司的进一步发展。

通过对太阳雨公司的案例的分析可知，个人之间的知识流动是团队学习和组织学习的基础和推动力量。采取措施促进员工之间的交流互动有利于保持团队内部的活力并对外产生团队影响力，而加强部门团队平台的构建，展开部门之间的协作竞争，则有利于将团队的影响力进行整合，最终实现组织层面的学习。

4.5　本章小结

本章对组织中跨边界学习的过程机理进行了较为深入的探讨，主要研究结论如下。

（1）从知识流向的视角来看，组织中存在两种跨边界学习行为，一是横向跨边界学习行为，二是纵向跨边界学习行为。前者主要是指在团队与团队之间的学习与知流转化，后者主要是指从个人学习向团队学习再向组织学习的转化。从个人学习到团队学习再到跨团队学习，最后上升为组织学习，其学习的难度越来越大，但同时其学习创造的价值也越来越大。

（2）无论是横向跨边界学习还是纵向跨边界学习，其学习的本质都是一样的，都是知识转化的过程，遵循野中和竹内的 SECI 模型。

（3）组织中横向跨边界学习的动因有环境因素和行为主体因素。环境因素具体包括市场需求的多样性、竞争对手的威胁性、组织业务发展的驱使、构建学习型组织的需要。行为主体因素具体包括团队对知识的需求与自身知识存量的不相吻合、团队对跨边界学习效果的期望。

（4）组织中横向跨边界学习的过程机理可以描述为组织内部各团队之间在文化机制与激励机制等组织管理机制的作用下，各团队之间知识生产、知识传递、知识共享的过程。其中，组织的管理机制是跨边界学习的动力源泉；团队间的知识转化是跨边界学习的核心环节；组织的管理控制是跨边界学习效果提升的保证。

（5）组织中纵向跨边界学习过程机理可以类比物理学中的电磁场效应，用知识场效应模型来进行解释。组织中个人与个人之间相互作用产生的影响力，类似于磁场，会产生叠加效应，同时也会产生抵消效应。将团队内部个人影响力各向量进行综合，则会形成团队对团队外部的影响力。

第 5 章　组织中跨边界学习影响因素的实证分析

5.1　组织中跨边界学习影响因素的理论模型与研究假设

本章研究的目的是运用定量的方法对组织中跨边界学习的影响因素进行探究，因而，首先给出理论模型与研究假设，用于实证研究。

5.1.1　理论模型

本书在文献综述的基础上，将组织中跨边界学习（主要聚焦横向跨边界）的影响因素进行归纳创新，提出其相关的模型，见图 5-1。该模型反映出三大因素，即团队本身因素、知识属性因素和团队间的情境因素。这些影响因素共同作用于团队间学习，使得团队间传递、消化、吸收知识，进而实现能力的提升。

5.1.2　理论模型的研究假设

1. 团队本身因素

在组织学习的过程中，团队本身因素对团队间学习的效果起着决定性的作用。具体来说，作为学习主体的团队本身，他们的态度、意愿、能力

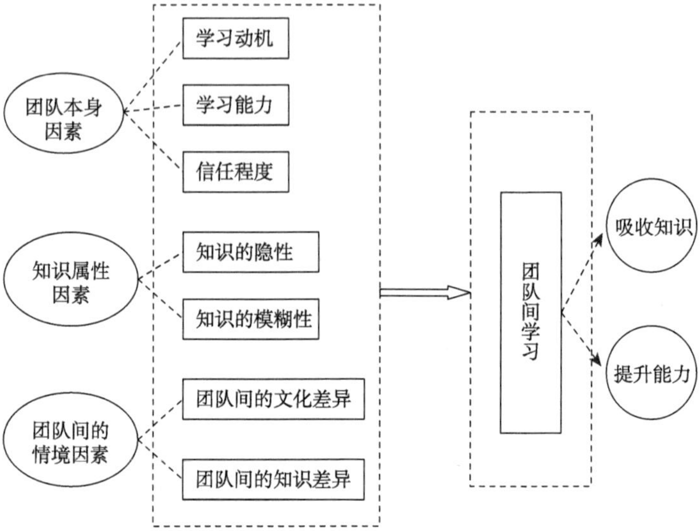

图5-1 团队间学习行为影响因素模型

都会在一定程度上影响到团队间学习的效果。本部分从学习动机、学习能力和信任程度这三个方面对团队本身因素进行分析。

1）学习动机

团队间的学习动机对知识的转移是至关重要的。学习主体的学习意愿在一定程度上影响着团队学习活动的产生，其强弱程度对学习的质量与效果也起着极大的作用。学习动机是指组织中各团队在共同学习中的学习自主性与学习愿望。换句话说，即团队对将自身所拥有的知识、技能分享给其他团队，或是学习其他团队知识、技能的主动性与积极性。学习动机是学习行为发生的重要前提条件。

Cummings 和 Teng（2003）认为弱的学习动机是团队知识传递的障碍，相反，如果团队有较高的学习意愿，在学习的过程中就会表现出较高的积极性与主动性，并且在学习过程中付出更多的努力。Szulanski 和 Gabriel（1996）认为学习动机会影响知识传递过程中知识源的情绪。例如，团队间在知识的转移过程中经常会出现这样的现象，各团队担心其他团队学到具有竞争力的知识、技能，对本团队构成威胁，或是担心转移之后不能得到同样具有竞争优势的知识技能，或是害怕失去所有权，或者是认为这种学习只会造成时间和资源的浪费。

综上所述，学习动机对于团队学习的重要性毋庸置疑，只有拥有强烈的学习动机，团队间学习活动才能得以产生，有价值的知识才能得到传递，并且在传递的过程中得到创新。

因此，得出如下假设。

假设 H_{5-1}：团队的学习动机与团队间学习行为正相关。

2）学习能力

Kim（1998）认为学习能力是消化知识和创造新知识的能力。本书认为，在团队学习的过程中，团队的学习能力是指将其他团队有价值的知识加以吸收应用，使得自身的运营、管理能力得到提升的一种能力。团队的学习能力主要体现为知识吸收和整合运用能力。知识吸收能力是指组织对外部知识进行分析、处理，并将其内化的能力。而知识整合能力是指组织对知识进行组合化的能力。知识运用能力，实际上是组织将知识外在化，利用现有的和再创造的新知识，使得自身经营、管理能力提升的能力。也就是说，团队是否能将所学到的知识加以融会贯通，是否能学以致用。因此，团队学习能力大小直接决定着团队在学习中所取得的技术知识能否完整、全面和充分地呈现、散布与运用于团队中。一个团队如果缺乏学习能力，是无法将外部知识加以内在化并转变为团队的竞争能力的。

在团队学习的过程中，团队学习并利用其他团队所拥有的核心竞争力来使得自身团队能力提升有一重要前提，就是该团队本身要拥有强大的学习能力。如果团队没有足够强的学习能力掌握获得的知识并将其内在化，团队学习的意愿就不会很强，而且即使学习了，也不会取得理想的学习效果。因此，团队的学习能力越强，团队吸收、转化、创造知识的效率就越高，团队间学习的积极性就会越大，从而促进团队间学习活动的有效进行。

因此，得出如下假设。

假设 H_{5-2}：团队的学习能力与团队间学习行为正相关。

3）信任程度

团队本身除了学习动机与学习能力外，还有一点不可忽视，即团队的信任程度。信任是一种依赖关系，是人与人之间的合作关系。本书认为其包含两层含义：一是知识源本身的可信任程度；二是团队间的互相信任程度。就知识源本身的可信任程度而言，一个经验丰富且值得信赖的团队作为知识源，更容易影响知识接收者的行为，加快团队间学习的步伐，提高团队间学习的效率；反之，如果知识源不被信赖，其他团队就不愿意与其进行学习，那么知识转移就会很困难。而团队间的信任程度问题，即跨团队的信任，对机会主义和自我保护行为的担心在很大程度上限制团队分享知识的意愿和知识输送。因此，只有相互信任才能实现团队间更好地学习并进行知识的传递。

为保证知识在团队学习的过程中有效地传递，团队间必须互相信任，任何一方心理上的动摇都会影响团队学习活动的有效开展。

综上，团队本身的信任程度，无论是知识源的可信任程度还是团队间的互相信任程度，都是其越高，团队间知识转化的可能性就越大，知识传递的效率也就越大，从而促进团队间学习。

因此，得出如下假设。

假设 H_{5-3}：团队的信任程度与团队间学习行为正相关。

2. 知识属性因素

知识的属性在很大程度上影响团队间的学习行为，该属性包括知识的隐性和知识的模糊性。

1）知识的隐性

根据知识的特性，我们可以将知识划分为显性知识和隐性知识两种类型，这两者之间存在着很大的区别，具体见表 5-1。

表 5-1　显性知识与隐性知识的区别

对比角度	显性知识	隐性知识
背景要求	无特定背景	有特定的背景和个体化特质
知识特征	具体的知识	抽象的知识
传递方式	通过报纸、书籍、光盘等介质传播	传递有一定难度
表达方式	正式、系统的语言表达易于表达	难以用言语表达
储存方式	易于储存	难以储存

从表 5-1 中，我们可以看出，显性知识是具体的知识，它没有特定的背景限制，可以通过报纸、光盘等媒介进行传播，可以通过正式的、系统的语言表达，并且易于储存。而隐性知识则需要特定的背景，是一种抽象的知识，难以用语言进行描述，同时隐性知识本身也难以储存。

因而，在团队学习中，团队间共享隐性知识比共享显性知识要困难得多。一是由于隐性知识对环境的要求较高，隐性知识的产生是该团队成员与环境相互作用的结果，这就使得不同团队产生的隐性知识很难在学习过程中传递和分享。二是由于团队员工是知识的创造者和载体，该知识又与每个员工的思维方式和习惯相关。这些方式下产生的知识具有较大的表达难度，产生知识的知识源本身都很难清晰表述。这就可以看出，知识的隐性会对团队间的学习产生影响，即团队间知识的隐性程度越高，团队间越难以传递知识，团队间的学习的效果就会越差。

因此，得出如下假设。

假设 $H_{5\text{-}4}$：知识的隐性与团队间学习行为负相关。

2）知识的模糊性

知识的模糊性，是对于某些技术的技巧与技能，其行为与结果、投入与产出、原因与影响之间的逻辑联系的模糊性。知识的这一特性是团队核心竞争优势的来源，但受特定的团队情境的影响，它很难在团队间进行交流。Reed 和 de Fillippi（1990）认为无法理清对方竞争优势的由来是竞争者模仿的最大障碍。Simonin（1999）认为知识的模糊性对技术知识传递有较大的影响，模糊性越大，知识传递越困难。

由此可以得到，在团队间学习过程中，团队间知识的模糊性程度越高，团队间学习行为的效果就越差。

因此，得出如下假设。

假设 $H_{5\text{-}5}$：知识的模糊性与团队间学习行为负相关。

3. 团队间的情境因素

团队间传递的知识在形成和转化过程中具有一定的情景性、嵌入性和路径依赖性，也就是说团队间在学习的同时，依赖于一定的团队情境。而地理上的或可感知到的接近性、强化的集成实践、丰富的沟通渠道、相互关系和战略的相似性这些都属于重要的情境变量。团队间在进行知识的消化吸收时，团队所处的环境和团队文化特性对团队间学习产生至关重要的影响。本部分主要是从团队间的文化差异和团队间的知识差异两方面进行分析。

1）团队间的文化差异

在团队学习过程中，团队间的文化差异也是影响团队间学习行为的一个重要因素。

每个团队都有自己独特的团队文化，它是一种信仰、思想、价值观、态度和行为的总和，是在团队长期的发展过程中形成的。由于这种文化的独特性，团队间的文化差异必然存在。相关研究已经证实，团队间的文化差异对团队间的学习是有影响的，而且这种影响不容忽视。

在团队学习中，由于各团队拥有不同的文化，团队间对待学习和知识的态度是不同的，其学习动机与学习能力自然各不相同。若团队间的文化差异较大，团队间要想进行更好的学习，就会花费大量的时间和资源进行交流沟通，确定共同的目标，协商共同的处事方式，这些大大降低了信息的有效流动性和团队间学习的意愿，阻碍了知识的有效转移，降低了团队间学习的效果。若团队间的文化差异较小，他们就会将更多的精力放在如何更好地学习、取得更好的学习效果上，在沟通交流的过程中冲突相对就会较少，更容易达成共识，从而使得工作关系更加融洽，团队间的知识更容易消化吸收，因此，团队间学习效率就会较高，学习效果就会较好。具体来说，灵活的文化氛围更有利于团队间的学习，因为在相对灵活的氛围中，组织鼓励学习和创新，更加注重新知识的创造和应用，员工的主动性和积极性就会提高，在学习的过程中沟通更加顺畅，更加善于反思和记录，乐于沟通和实践。而在相对稳定的文化氛围中，组织不鼓励员工创新，一味地追求稳定。员工严格按照规章制度办事，团队的沟通与交流受到了极大的限制。同时，在工作和学习的过程中，员工缺乏对外界的敏感性，难以发现和总结团队发展的内部知识，更加无法创造新的知识、技能。由于缺乏沟通，各种知识和技能都无法得到传递，从而严重影响了团队间学习的效果。

在团队学习中，不同的管理风格对团队间的学习行为也是有一定影响的。团队领导对团队间的知识流动是否鼓励，具体来说，就是团队领导是否采取各项措施鼓励团队间知识的转移，是否投入一定的资源来建立团队间的信任机制，是否愿意投入足够的人力、物力、财力来搭建团队间沟通交流的平台。支持性的团队氛围给人提供的是合作的、开放的氛围，它能够加强团队协作和成员沟通，它能够使团队成员感到寻找创新解决方法的行为在团队中很有价值。

因此，得出如下假设。

假设 $H_{5\text{-}6}$：团队间的文化差异与团队间学习行为负相关。

2）团队间的知识差异

团队间的知识差异是进行知识传递的团队间所拥有知识的差异程度。团队间进行团队学习的主要目标是使得各团队间的知识实现传递和共享，在传递和共享的过程中，不断创造新的知识。这就使得团队间的知识差异对于团队间学习来说是必要的。但这种知识差异有范围限制，不能太大也不能太小。如果团队间的知识差异过大，团队间分享的知识不能得到有效吸收，这在一定程度上会影响团队间学习的效率。但如果团队间的知识差异过小，同样会阻碍团队间学习的有效进行，这种过小的知识差异会使团队间学习的积极性降低，甚至不开展团队学习，因为他们都觉得没有学习的必要。因而，中等程度的团队间知识差异是恰到好处的，它既满足了团队间学习的必要性，同时也降低了团队间学习的困难，使得团队间在共同的学习中共同发展。

因此，得出如下假设。

假设 H_{5-7}：团队间的知识差异与团队间学习行为呈倒“U”形关系。即团队间的知识差异要适当，不能无限制大，也不能无限制小。

5.1.3　组织中跨边界学习影响因素间的研究假设

前文阐述了组织中团队间学习的影响因素，并设立了各影响因素与团队间学习的关系的研究假设。这 7 个影响因素在与团队间学习行为存在相关关系的同时，各影响因素间也存在着一定的相关性。本小节主要对影响因素间的相关性进行假设研究。

1. 学习能力与学习动机

在团队学习的过程中，团队的学习能力是指将其他团队有价值的知识加以吸收应用，使得自身的运营、管理能力得到提升的一种能力。团队学习能力大小直接决定着团队在学习中所取得的技术知识能否完整、全面和充分地呈现、散布与运用于团队中。如果一个团队缺乏学习能力，是无法将外部知识加以内在化并转变为团队的竞争能力的。与此同时，团队的学习能力不仅影响到团队间的学习行为，与团队的学习动机之间也存在着一定的相关性，也就是说若团队没有足够强的学习能力来保证，团队学习的意愿就不会很强，即使有再大的动机与意愿，没有能力也是徒劳无功。因此，团队的学习能力越强，相对应地，其学习动机也有可能越强；反之，学习能力越弱，学习动机也就越弱。

因此，得出如下假设。

假设 H_{5-8}：团队的学习能力与团队间的学习动机正相关。

2. 信任程度与学习动机

通过前文的论述，我们已经知道团队的信任程度对于团队间学习的重要性，且该信任程度主要是包含两层含义，即知识源本身的可信任程度与团队间的互相信任程度。这两层含义对于团队间学习行为的意义是毋庸置疑的，同时，其与团队的学习动机也有着千丝万缕的联系。也就是说，只有知识源可以信任并且愿意相信其他团队，这才有可能与其他团队之间进行相互学习，换句话说，就是团队的信任程度越高，团队本身的学习动机才有可能越强。

因此，得出如下假设。

假设 H_{5-9}：团队的信任程度与团队间的学习动机正相关。

3. 知识的隐性与学习动机

隐性知识是直觉上的、难以用语言清楚表达的知识，它受背景条件的限制，难以进行公式化和交流。同时，由于环境的多变，知识的载体和知识创造者的不同，以及其特定的用途和适用性，隐性的知识也难以被学习和模仿。这些隐性知识所包含的特性就给团队间的学习造成了障碍。在团队间学习的过程中，知识这一隐性特征是无法避免的，因此它与团队间的学习动机之间也存在着一定的相关性，即知识的隐性程度越高，团队间的学习动机就越弱；反之，隐性程度越低，团队间的学习动机就越强。

因此，得出如下假设。

假设 H_{5-10}：知识的隐性与团队间的学习动机负相关。

4. 知识的模糊性与学习动机

研究表明，知识模糊度的增加使知识转移更困难。它与知识的隐性一样，与团队间的学习动机之间存在着一定的相关关系，且这种相关关系可以解释为在团队间学习过程中，团队中知识的模糊性程度越高，团队间的学习动机就越差；反之，知识的模糊性越低，团队间的学习动机就越强。

因此，得出如下假设。

假设 H_{5-11}：知识的模糊性与团队间的学习动机负相关。

5. 团队间的文化差异与学习动机

在本章中，前面我们假设了团队间的文化差异与团队间的学习行为呈负相关关系，这里需要讨论团队间的文化差异对学习动机的影响。其实，学习动机与学习行为有着必然的联系，因为动机产生行为，个人的主导动机产生个体行为，群体的主导动机产生群体行为。中国的成语“志同道合”“道不同不相为谋”等均阐述了“道”对于合作的重要性。这里的“道”其实就是合作者彼此的文化、价值观。如果合作双方的“道”或者说价值观一致或趋同，则彼此合作起来发生的冲突可能比较少，合作过程可能会产生更多的愉悦，由此则会驱使合作者产生更强的合作动机。同理，在团队之间开展学习时，如果团队间的文化差异性小，则彼此在沟通交流的过程中更容易达成共识，学习过程更加融洽，学习活动也更加紧密高效，由此会驱使团队间产生较强的学习动机。反之则相反。

因此，得出如下假设。

假设 $H_{5\text{-}12}$：团队间的文化差异与团队间的学习动机负相关。

6. 团队间的知识差异与学习动机

前面我们也已经假设了团队间的知识差异与团队间的学习行为呈倒“U”形的关系，其内涵是：如果将团队间知识差异作为自变量，团队间的学习行为作为因变量，当团队间的知识差异性过小，那么团队间就会觉得没有学习的必要，则合作学习行为几乎不会发生；但团队间知识差异也不能无限扩大，因为如果团队间的知识差异过大，则又会阻碍团队间知识的有效分享与吸收，造成其中“低水平”一方对“高水平”一方的望而却步或学习效果的不理想。这一假设同样可以用来解释团队间的知识差异与学习动机之间的关系。如果团队间的知识差异性过小，彼此间知识结构、知识质量相似，一般情况下彼此之间则不会产生学习动机或学习动机水平低；相反，如果团队间的知识差异性过大，造成彼此之间难以进行有效的知识分享与吸收，则又会削弱团队间的学习动机，尤其是削弱“低水平”团队向“高水平”团队的学习动机。只有团队间的知识差异性处在合适的范围内，团队间的学习动机才会比较强烈。

因此，得出如下假设。

假设 $H_{5\text{-}13}$：团队间的知识差异与团队间的学习动机呈倒“U”形关系。

7. 团队间的文化差异与信任程度

在上文的大量阐述中我们已经知道，在团队学习过程中，团队间的文化差异对团队间的学习行为、学习水平以及学习动机都存在着一定程度的影响，这在一定程度上也会影响到团队间的信任程度。可以理解为，如果团队间的这种文化差异较小，团队会认为其他团队由于有着和自身相似的甚至是相同的团队文化，其做事风格、对待工作的态度以及工作的完成质量等各方面都是值得信任的；与此相反的是，如果此种文化差异较大，就使得团队间互相怀疑其工作态度与工作质量，进而影响到团队之间的学习沟通以及信任程度。

因此，得出如下假设。

假设 $H_{5\text{-}14}$：团队间的文化差异与团队间的信任程度负相关。

5.1.4　研究假设总结

本部分在前人研究的基础上，提出了团队间学习行为的影响因素模型。并分析出它们之间的关系，得出如下假设。

假设 $H_{5\text{-}1}$：团队的学习动机与团队间学习行为正相关。

假设 $H_{5\text{-}2}$：团队的学习能力与团队间学习行为正相关。

假设 $H_{5\text{-}3}$：团队的信任程度与团队间学习行为正相关。

假设 $H_{5\text{-}4}$：知识的隐性与团队间学习行为负相关。

假设 $H_{5\text{-}5}$：知识的模糊性与团队间学习行为负相关。

假设 $H_{5\text{-}6}$：团队间的文化差异与团队间学习行为负相关。

假设 $H_{5\text{-}7}$：团队间的知识差异与团队间学习行为呈倒“U”形关系。

假设 $H_{5\text{-}8}$：团队的学习能力与团队间的学习动机正相关。

假设 $H_{5\text{-}9}$：团队的信任程度与团队间的学习动机正相关。

假设 $H_{5\text{-}10}$：知识的隐性与团队间的学习动机负相关。

假设 $H_{5\text{-}11}$：知识的模糊性与团队间的学习动机负相关。

假设 $H_{5\text{-}12}$：团队间的文化差异与团队间的学习动机负相关。

假设 $H_{5\text{-}13}$：团队间的知识差异与团队间的学习动机呈倒“U”形关系。

假设 $H_{5\text{-}14}$：团队间的文化差异与团队间的信任程度负相关。

5.2　组织中跨边界学习影响因素的实证分析过程

5.2.1　数据收集与整理

1. 问卷设计

1）问卷的设计过程

本书的调查问卷主要是通过设计问卷、专家指导和试调查这几个过程展开的。在阅读大量文献的基础上，设计出了一些有关组织中跨边界学习的影响因素的指标；并就相关问题指标，请相关专家对该问卷进行指导，根据专家的意见对问卷进行了一定的修改；同时，还选取了连云港市几家企业进行试调查，并对调查后的问卷进行了调整，得到本书所需要使用的问卷。

2）问卷的总体构成

问卷包括三个部分，一是对调研企业名称、行业分布、经济性质等的调查；二是对被调查者基本信息的了解，包括被调查者的职位、工作性质等；三是关于影响组织中跨边界学习的因素的调查。测量量表见表 5-2，共有 25 个项目，其中，团队本身因素设有 12 个项目，分别从学习动机、学习能力和信任程度出发；知识属性因素设有 5 个项目，包括知识的隐性和知识的模糊性；团队间的情境因素设有 4 个项目，主要从团队间的文化差异和知识差异角度出发；组织中团队间学习设有 4 个项目，主要从知识吸收和能力提升角度出发。调查问卷所有指标采用 Likert 5 级打分法，5 表示非常差，4 表示差，3 表示不确定，2 表示好，1 表示非常好。

表 5-2　潜变量的可测量变量

潜变量	可测量变量
学习动机	①有强烈的愿望去学习其他团队的知识 ②将团队间的知识共享和转移视为一个重要的学习途径 ③很乐意将自己的知识与其他团队进行交换、学习 ④积极安排相关人员参加各种交流活动

续表

潜变量	可测量变量
学习能力	①善于对过去的经验进行总结和学习 ②能及时发现自身差距，并努力学习新知识 ③能有效地吸收、传递和消化新知识 ④能将获得的新知识与原有的知识紧密结合和匹配 ⑤已具备一定知识积累，对所学新知识有一定程度的了解 ⑥能充分利用新知识解决团队发展过程中遇到的问题
信任程度	①该团队在团队学习过程中被其他团队认可的程度 ②该团队在团队学习过程中愿意相信对方的程度
知识的隐性	①知识难以用语言、文字等媒介清晰地表达 ②知识传递过程中多数知识为高度专业化、复杂的知识 ③知识在传递过程中难以吸收、内化
知识的模糊性	①在团队学习过程中，其他团队的知识难以理解 ②与其他团队知识相关的原因与影响、投入与产出、行为与结果之间的关联是可以分辨的
团队间的文化差异	①该团队所处团队文化的灵活性程度 ②该团队在与其他团队进行学习时团队领导的支持力度
团队间的知识差异	①该团队与其他团队在技术水平和管理实力等方面有较大差异 ②团队学习中各方在技术发展历程或经营管理沿革方面有很大不同
团队间学习	①学到了其他团队独特的技术知识，团队的技术能力有了显著的提高 ②学到了独特的产品制造过程，团队的制造能力有了显著的提高 ③学到了独特的销售技巧，团队的营销能力有了显著的提高 ④学到了独特的管理经验，团队的管理能力有了显著的提高

3）调查对象选择

由于本书是对组织中跨边界学习的研究，在对企业进行调研时，更侧重于选取拥有研发、销售、生产类团队的完整企业，且将调查对象选定为团队的高层和中层管理者以及一般团队成员。

4）问卷发放与回收

此次问卷调查是在2016年10月至2017年1月进行的。问卷采取三种方式发放：一是亲自前往企业发放问卷，二是委托他人代为发放与回收问卷，三是通过学校举办的几期职业经理人培训班，在相关老师的帮助下获得问卷。

2016年10月至2017年1月，发放调查问卷共计780份，回收546份，回收率为 70%。通过对回收的问卷进行仔细核查，剔除 32 份不合格问卷，实际有效问卷数为514份。

2. 变量的定义与测量

通过对文献的阅读以及专家的指导，我们对各外在潜变量设计了测量题项。具体如下。

1）学习动机

团队间的学习动机，本书主要将其理解为进行团队间学习的自主性与主动性，即团队学习的初衷与意愿。我们通过以下 4 个题项对其进行测量。这 4 个题项分别为：①有强烈的愿望去学习其他团队的知识；②将团队间的知识共享和转移视为一个重要的学习途径；③很乐意将自己的知识与其他团队进行交换、学习；④积极安排相关人员参加各种交流活动。

2）学习能力

学习能力一般可以理解为知识获取、知识消化和知识应用。我们通过 6 个题项对团队间的学习能力进行度量，这 6 个题项分别为：①善于对过去的经验进行总结和学习；②能及时发现自身差距，并努力学习新知识；③能有效地吸收、传递和消化新知识；④能将获得的新知识与原有的知识紧密结合和匹配；⑤已具备一定知识积累，对所学新知识有一定程度的了解；⑥能充分利用新知识解决团队发展过程中遇到的问题。

3）信任程度

关于团队间学习信任程度的影响因素，本书主要是指知识源本身的可信任程度以及团队间的互相信任程度。通过 5.1 节内容的分析，我们可以了解到，团队本身的可信任程度与团队间的互相信任程度越高，其团队间学习的效果就越好。因而，通过 2 个题项对以上两方面进行测量，这 2 个题项分别为：①该团队在团队学习过程中被其他团队认可的程度；②该团队在团队学习过程中愿意相信对方的程度。

4）知识的隐性

在团队学习中，隐性知识属于直觉上的、难以用语言清楚表达的知识，受特定背景的限制，难以进行格式化和交流。因而，对于隐性知识的测量也就具有一定的难度。我们主要通过以下 3 个题项对其进行测量，分别为：①知识难以用语言、文字等媒介清晰地表达；②知识传递过程中多数知识为高度专业化、复杂的知识；③知识在传递过程中难以吸收、内化。

5）知识的模糊性

知识的模糊性是指对于某些技术、流程的技能或诀窍，难以分辨其行为与结果、投入与产出、原因与影响之间的逻辑性。这使得其对知识的转移有着重大的影响，对其的测量也显得至关重要。我们主要通过 2 个题项对其进行测量，分别为：①在团队学习过程中，其他团队的知识难以理解；②与其他团队知识相关的原因与影响、投入与产出、行为与结果之间的关联是可以分辨的。

6）团队间的文化差异

本书认为团队间的文化差异主要体现在团队文化、管理风格及其管理实践上的差异性。如果团队文化、团队领导的管理风格等存在着较大的差异，这样会使得团队各方在学习过程中花费大量的时间，从而严重降低团队间学习的效率与效果。因而，我们设立了 2 个题项，分别是：①该团队所处团队文化的灵活性程度；②该团队在与其他团队进行学习时团队领导的支持力度。

7）团队间的知识差异

在团队间学习的过程中，必然存在着知识的差异。正是由于知识差异的存在，团队之间才有进行学习的必要性。我们从知识差异产生的原因方面设立测量题项。由于团队间的知识差异来源于各自的技术与管理积累存量差别，我们在对团队间知识的差异进行测量时对此加以借鉴。同时，不同团队对于知识的处理方法的不同也会造成团队间的知识差异。由于不同团队对待知识处理方式的不同，对于相同的技术水平，也会形成不同的知识积累方式和手段。在团队学习过程中，知识源对于某种知识的处理方式与知识接收方不一致，就会造成团队间传递的知识无法有效地吸收转化。因此，我们从技术与管理水平、技术发展历程上对团队间的知识差异进行测量，设计了 2 个题项，分别为：①该团队与其他团队在技术水平和管理实力等方面有较大差异；②团队学习中各方在技术发展历程或经营管理沿革方面有很大不同。

8）团队间学习

对于团队间学习变量测量，主要是从知识的吸收和能力的提升两个方面来进行阐述，因而，对这两方面的测量，我们设立了 4 个题项，这 4 个题项分别为：①学到了其他团队独特的技术知识，团队的技术能力有了显著的提高；②学到了独特的产品制造过程，团队的制造能力有了显著的提高；③学到了独特的销售技巧，团队的营销能力有了显著的提高；④学到了独特的管理经验，团队的管理能力有了显著的提高。

综上，将 7 个外在潜变量与 1 个内在潜变量所包含的 25 个可测量变量进行汇总，见表 5-2。

3. 数据整理与样本的描述性统计

对所获得的数据进行描述性统计，具体分析结果如下。

1）被调查者的职位

此次问卷所选取的被调查者分为高层管理者、中层管理者以及一般员工。其中，高层管理者 104 人，占 20%；中层管理者 157 人，占 31%；一般员工 253 人，占 49%。具体分布如图 5-2 所示。

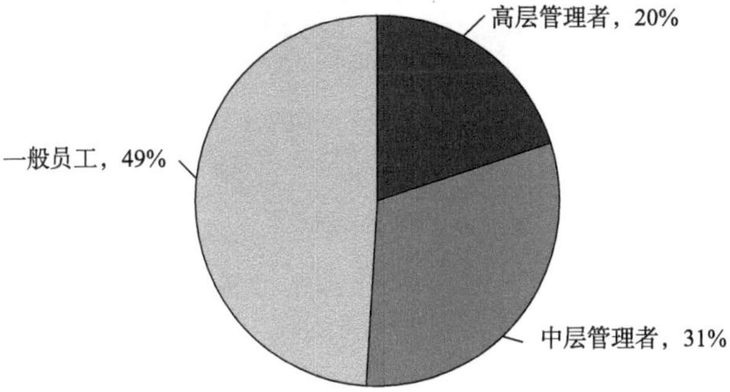

图5-2　被调查者职位的分布

2）被调查者的工作性质

本书在设计调查问卷时，侧重生产、销售、研发类企业，因此，在 514 家有效样本企业中，被调查者大多是从事营销、生产、技术、管理等工作。其中，营销工作人员 113 人、生产工作人员 132 人、技术工作人员 98 人、管理工作人员 105 人，比例分别为 22%、26%、19%、20%，其他占 13%。具体分布如图 5-3 所示。

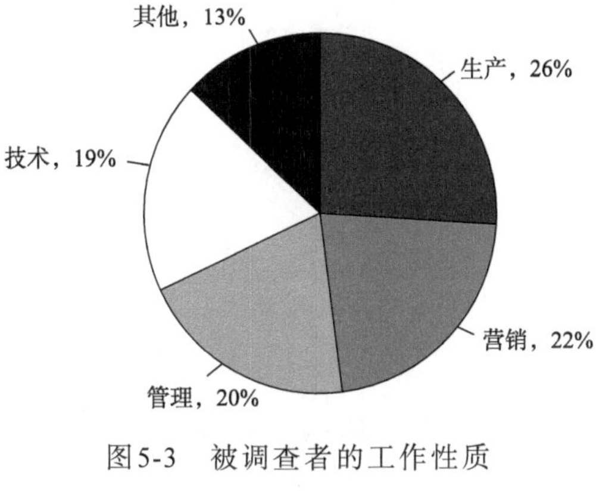

图5-3　被调查者的工作性质

3）被调查企业的经济性质

在 514 家有效样本企业中，国有企业 67 家，占 13%；民营企业 283 家，占 55%；中外合资企业 77 家，占 15%；外资企业 31 家，占 6%；其他类型的企业 56 家，占 11%。具体分布如图 5-4 所示。

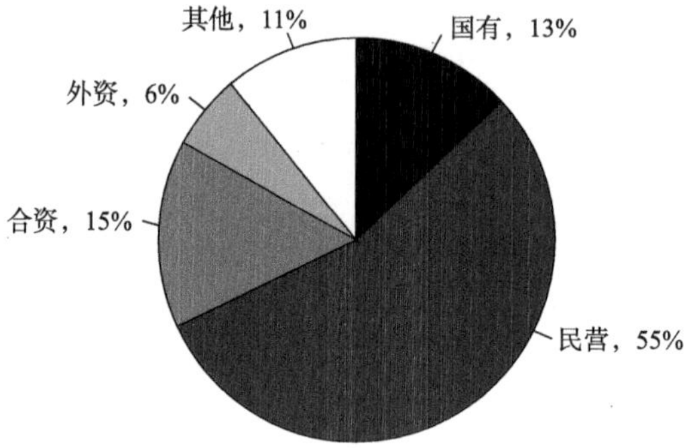

图5-4　被调查企业的经济性质

4）被调查企业的行业分布

在 514 家有效样本企业中，所属行业分布为：医药卫生 46 家，占 9%；新材料 187 家，占 36%；新能源 54 家，占 11%；信息产业 71 家，占 14%；轻工业 64 家，占 12%；节能环保 39 家，占 8%；石油化工 31 家，占 6%；其他 22 家，占 4%。具体分布如图 5-5 所示。

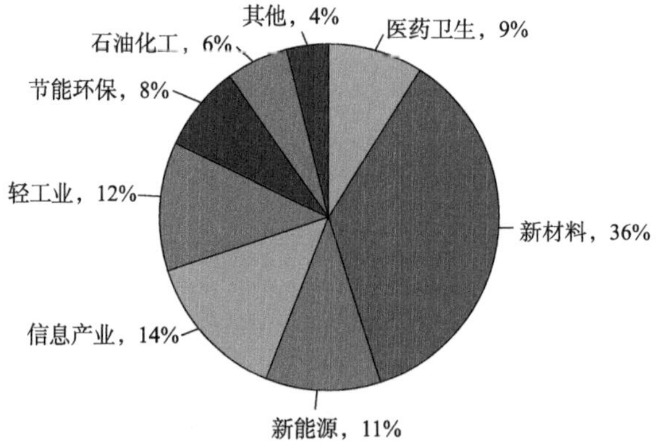

图5-5　被调查企业的行业分布

5）变量的描述性统计

运用最小值、最大值、均值和标准差等指标对量表数据进行考察，以方便了解样本的分布特点，如表 5-3 所示。

表 5-3　各变量及题项的描述性统计

变量及题项	样本数	最小值	最大值	均值	标准差
学习动机	514	4	20	14.51	5.53
Q_1	514	1	5	3.23	1.46
Q_2	514	1	5	3.66	1.38
Q_3	514	1	5	3.95	1.30
Q_4	514	1	5	3.67	1.39
学习能力	514	6	30	19.88	7.79
Q_5	514	1	5	2.85	1.18
Q_6	514	1	5	3.51	1.29
Q_7	514	1	5	3.74	1.34
Q_8	514	1	5	2.95	1.28
Q_9	514	1	5	3.30	1.29
Q_{10}	514	1	5	2.85	1.41
信任程度	514	2	10	7.83	2.41
Q_{11}	514	1	5	3.53	1.32
Q_{12}	514	1	5	3.21	1.09
知识的隐性	514	3	15	10.52	4.55
Q_{13}	514	1	5	4.17	1.42
Q_{14}	514	1	5	3.61	1.56
Q_{15}	514	1	5	3.32	1.57
知识的模糊性	514	2	10	6.64	2.91
Q_{16}	514	1	5	3.59	1.45
Q_{17}	514	1	5	3.08	1.46
团队间的文化差异	514	2	10	6.90	2.62
Q_{18}	514	1	5	3.56	1.28
Q_{19}	514	1	5	3.62	1.34
团队间的知识差异	514	2	10	7.01	2.7
Q_{20}	514	1	5	3.28	1.42
Q_{21}	514	1	5	3.45	1.28
团队间学习	514	4	20	12.31	5.14
Q_{22}	514	1	5	3.55	1.17
Q_{23}	514	1	5	3.14	1.31
Q_{24}	514	1	5	2.98	1.54
Q_{25}	514	1	5	3.31	1.12

从表 5-3 可以看出，各变量的均值相差较小，说明样本数据分布比较均

匀；同时，样本数据的标准差都小于 2，说明所获数据间的差异性较小。

4. 问卷的信度与效度检验

1）问卷的信度检验

信度检验主要是测量变量的可靠性和稳定性程度。本书使用的信度检验方法是 L. J. Cronbach 所创的 Cronbach's α 系数法。Cronbach's α 系数是对研究测量项目的一致性及所用量表内部结果的良好性程度的准确反映，它能对同质的项目进行检验，并能反映出每一个因素中各个项目是否具有相同或相似的特性。Cronbach's α 系数值界于 0~1，并且要求 Cronbach's α 系数大于 0.7，若 Cronbach's α 系数小于 0.35，说明量表各因素的测量项目一致性较差，应该予以拒绝，重新设计量表。本书利用 SPSS 17.0 软件对数据量表进行信度检验，得到如表 5-4 所示结果。

表 5-4　团队本身因素的信度检验

题项	分项对总项的相关系数	删除该题项后的 Cronbach's α 系数	Cronbach's α 系数
团队本身因素			0.887
学习动机			0.801
Q_1	0.698	0.712	
Q_2	0.675	0.731	
Q_3	0.664	0.719	
Q_4	0.718	0.724	
学习能力			0.869
Q_5	0.804	0.821	
Q_6	0.876	0.897	
Q_7	0.754	0.801	
Q_8	0.841	0.875	
Q_9	0.618	0.763	
Q_{10}	0.603	0.701	
信任程度			0.824
Q_{11}	0.801	0.812	
Q_{12}	0.798	0.864	

学习动机、学习能力和信任程度的 Cronbach's α 系数如表 5-4 所示。团队本身因素分量表的 Cronbach's α 系数为 0.887，而学习动机、学习能力和信任程度因素的 Cronbach's α 系数分别是 0.801、0.869 和 0.824，都大于 0.8；分项对总项的相关系数也都在 0.6 以上，并且删除该题项后的 Cronbach's α 系数没有显著提高。说明量表中各变量的测量均具有良好的一致性，量表信度较好，能够进行进一步的分析。

知识的隐性和知识的模糊性的信度检验结果如表 5-5 所示。分项对总项的相关系数全部在 0.6 以上，且删除该题项后的 Cronbach's α 系数没有显著提高。知识属性因素的 Cronbach's α 系数为 0.825，而知识的隐性因素的 Cronbach's α 系数为 0.805，知识的模糊性因素的 Cronbach's α 系数为 0.812。两者都大于 0.8。说明量表中各变量的测量均具有良好的一致性，量表信度较好，能够进行进一步的分析。

表 5-5　知识属性因素的信度检验

题项	分项对总项的相关系数	删除该题项后的 Cronbach's α 系数	Cronbach's α 系数
知识属性因素			0.825
知识的隐性			0.805
Q_{13}	0.664	0.703	
Q_{14}	0.689	0.714	
Q_{15}	0.713	0.789	
知识的模糊性			0.812
Q_{16}	0.614	0.708	
Q_{17}	0.646	0.736	

团队间的情境因素的信度检验结果如表 5-6 所示。分项对总项的相关系数全部在 0.6 以上，删除该题项后的 Cronbach's α 系数没有显著提高。团队间的情境因素分量表的总 Cronbach's α 系数为 0.870，而团队间的文化差异和团队间的知识差异因素的 Cronbach's α 系数分别是 0.824 和 0.869，均大于 0.8。说明量表中各变量的测量均具有良好的一致性，量表信度较好，能够进行进一步的分析。

表 5-6　团队间的情境因素的信度检验

题项	分项对总项的相关系数	删除该题项后的 Cronbach's α 系数	Cronbach's α 系数
团队间的情境因素			0.870
团队间的文化差异			0.824
Q_{18}	0.698	0.801	
Q_{19}	0.715	0.813	
团队间的知识差异			0.869
Q_{20}	0.765	0.817	
Q_{21}	0.697	0.751	

团队间学习的信度检验结果如表 5-7 所示。分项对总项的相关系数全部在 0.7 以上，删除该题项后的 Cronbach's α 系数没有显著提高。团队间学习的总 Cronbach's α 系数为 0.877。说明量表中各变量的测量均具有良好的一致性，量表信度较好，能够进行进一步的分析。

表 5-7　团队间学习的信度检验

题项	分项对总项的相关系数	删除该题项后的 Cronbach's α 系数	Cronbach's α 系数
团队间学习			0.877
Q_{22}	0.712	0.735	
Q_{23}	0.753	0.798	
Q_{24}	0.702	0.724	
Q_{25}	0.716	0.749	

2）问卷的效度检验

效度（validity）表示测量变量有效性的程度，即变量的某种特征的程度。本书主要对问卷进行内容效度（content validity）和结构效度（construct validity）的检验。内容效度是指测量目标和测量内容之间的相符性和适应性，通常采用定性的方法。为了提高研究的内容效度，在问卷调查的设计过程中，进行了文献研究、专家指导和对连云港市企业的试调查。结构效度是指测量工具对被测量变量概念的内容结构正确反映的程度。本书主要运用探索性和验证性因子进行分析，分析过程如下。

（1）探索性因子分析。

探索性因子分析主要使用因子载荷值来衡量结构效度。测量同一维度的指标因子载荷值越大，则表明该问卷的结构效度越高。相反，因子载荷值越小，则表明该问卷的结构效度越低。同时，该因子载荷值必须在 0.3 以上，达到 0.5 则是理想水平。本书利用 SPSS 17.0 软件对样本数据进行了探索性因子分析。一般情况下，要求 KMO 值和 Bartlett's 球体检验大于 0.8，则适合探索性因子分析。

如表 5-8 所示，四个要素量表的显著性概率都为 0，Bartlett's 球体检验值分别为 671.098、182.274、237.611、789.64，KMO 值均大于 0.7。因此，适合进行因子分析。

表 5-8　各分量表的 KMO 和 Bartlett's 球体检验结果

团队本身因素分量表	KMO 值		0.875
	Bartlett's 球体检验	卡方值	671.098
		自由度	236
		显著性概率	0.00
知识属性因素分量表	KMO 值		0.734
	Bartlett's 球体检验	卡方值	182.274
		自由度	109
		显著性概率	0.00
团队间的情境因素分量表	KMO 值		0.820
	Bartlett's 球体检验	卡方值	237.611
		自由度	153
		显著性概率	0.00
团队间学习分量表	KMO 值		0.893
	Bartlett's 球体检验	卡方值	789.64
		自由度	228
		显著性概率	0.00

各题项的因子载荷数如表 5-9 所示，学习动机、学习能力、信任程度、知识的隐性、知识的模糊性、团队间的文化差异、团队间的知识差异和团队间学习的因子载荷系数都大于 0.5，表明该问卷有较好的结构效度。

表 5-9　各题项的因子载荷系数

变量	题项	因子载荷系数	特征值	累计方差贡献率
团队本身因素分量表				
学习动机	Q_1	0.817	3.897	39.288%
	Q_2	0.894		
	Q_3	0.742		
	Q_4	0.813		
学习能力	Q_5	0.789	2.349	73.735%
	Q_6	0.814		
	Q_7	0.876		
	Q_8	0.659		
	Q_9	0.710		
	Q_{10}	0.609		
信任程度	Q_{11}	0.712	3.012	86.537%
	Q_{12}	0.731		
知识属性因素分量表				
知识的隐性	Q_{13}	0.827	1.913	57.585%
	Q_{14}	0.863		
	Q_{15}	0.801		
知识的模糊性	Q_{16}	0.789	1.258	83.062%
	Q_{17}	0.697		
团队间的情境因素分量表				
团队间的文化差异	Q_{18}	0.819	1.940	38.396%
	Q_{19}	0.798		
团队间的知识差异	Q_{20}	0.871	1.875	76.908%
	Q_{21}	0.892		
团队间学习分量表				
团队间学习	Q_{22}	0.794	2.918	78.935%
	Q_{23}	0.805		
	Q_{24}	0.814		
	Q_{25}	0.781		

（2）验证性因子分析。

验证性因子分析是用于测试一个因子与相对应的测度项之间的关系是

否符合研究者所设计的理论关系。验证性因子分析往往通过结构方程模型进行测试，本书采用 AMOS 17.0 软件对组织中跨边界学习行为的影响因素进行建模分析。一般情况下，验证性因子分析用于检验观测变量与潜在变量之间的关系。

从表 5-10 可以看出，标准化回归系数在 0.517~0.987，小于 1；各题项均没有负的误差变异量；标准误差在 0.079~0.209，可以进行进一步效度分析。此外，所有的标准化回归系数都有很高的显著水平，不需要删除任何变量。

表 5-10　各测量题项验证性因子分析模型的回归参数估计

题项←因子	标准化回归系数	估计值	标准误差	临界比	显著性概率
Q_1←学习动机	0.803	1.000			
Q_2←学习动机	0.875	1.321	0.104	8.783	0.00
Q_3←学习动机	0.761	0.982	0.127	7.842	0.00
Q_4←学习动机	0.702	0.863	0.113	8.695	0.00
Q_5←学习能力	0.829	1.000			
Q_6←学习能力	0.871	1.166	0.100	11.716	0.00
Q_7←学习能力	0.685	1.050	0.084	12.435	0.00
Q_8←学习能力	0.694	0.797	0.088	9.039	0.00
Q_9←学习能力	0.664	0.846	0.101	8.653	0.00
Q_{10}←学习能力	0.715	0.771	0.112	6.986	0.00
Q_{11}←信任程度	0.817	1.000			
Q_{12}←信任程度	0.789	1.320	0.089	10.012	0.00
Q_{13}←知识的隐性	0.694	1.000			
Q_{14}←知识的隐性	0.909	1.320	0.186	7.089	0.00
Q_{15}←知识的隐性	0.724	0.986	0.091	8.104	0.00
Q_{16}←知识的模糊性	0.836	1.000			
Q_{17}←知识的模糊性	0.517	0.679	0.131	6.235	0.00
Q_{18}←团队间的文化差异	0.564	1.000			
Q_{19}←团队间的文化差异	0.788	1.883	0.209	5.764	0.00
Q_{20}←团队间的知识差异	0.791	1.000			
Q_{21}←团队间的知识差异	0.618	1.975	0.185	5.987	0.00

续表

题项←因子	标准化回归系数	估计值	标准误差	临界比	显著性概率
Q_{22}←团队间学习	0.848	1.000			
Q_{23}←团队间学习	0.987	0.790	0.101	12.076	0.00
Q_{24}←团队间学习	0.597	0.831	0.081	9.138	0.00
Q_{25}←团队间学习	0.606	1.219	0.079	8.985	0.00

从表 5-11 可以看出，各分量表验证性因子分析整体模型的适配度检验指标值均达到标准，说明本书所提出的理论模型与实际数据可以契合，测量模型具有较好的结构效度。

表 5-11　各分量表验证性因子分析整体模型的适配度检验

分量表	卡方值	自由度	显著性概率	卡方自由度比	拟合优度指数
团队本身因素	32.352	21	0.054	1.541	0.957
知识属性因素	1.057	1	0.828	1.057	1.000
团队间的情境因素	2.688	2	0.709	1.344	0.998
团队间学习	1.388	1	0.591	1.388	0.999
分量表	调整后拟合优度指数	近似误差均方根	增量拟合指数	Tucker-Lewis 系数	比较拟合指数
团队本身因素	0.907	0.054	0.986	.991	0.985
知识属性因素	0.998	0.000	1.003	1.082	1.000
团队间的情境因素	0.986	0.043	1.021	1.219	1.000
团队间学习	0.973	0.031	0.997	0.996	0.989

5.2.2　结构方程模型的建立与假设检验

应用结构方程模型分析方法来分析本书所提出的理论模型，并对本书中提出的假设进行检验。

1. 初始结构方程模型的建立

本书的结构方程模型主要是本书提出的 7 个影响因素对团队间学习的直接作用，以及各影响因素间可能存在的相关性的路径研究。图 5-6 是组织中团队间学习影响因素的初始结构方程模型。在模型中有学习动机、学习能力、信任程度、知识的隐性、知识的模糊性、团队间的文化差异、团队间的知识差异和团队间学习 8 个潜变量，以及 Q_1 至 Q_{25}，25 个显变量；E_1 至 E_{26}，26 个残差变量，它们的路径系数默认值为 1。

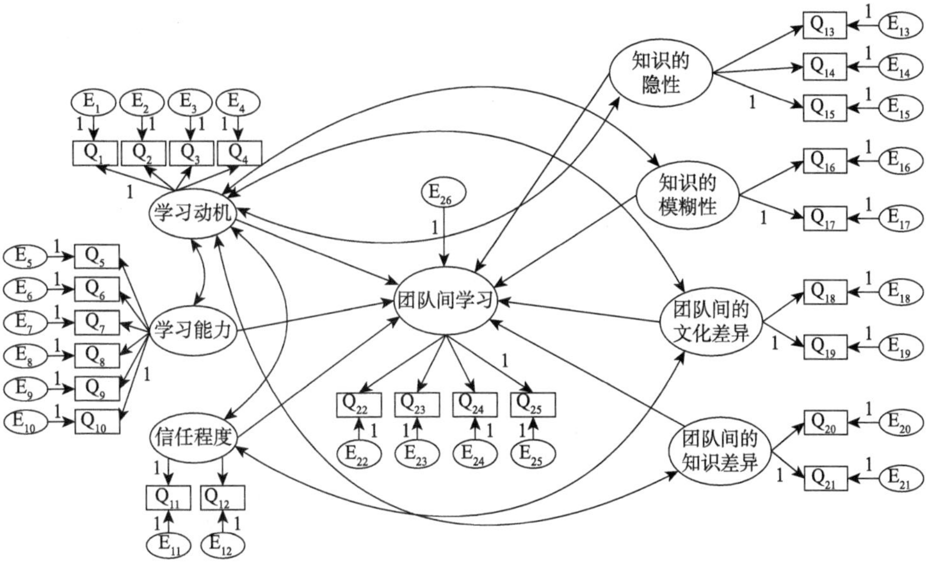

图5-6　组织中团队间学习影响因素的初始结构方程模型

需要对图 5-6 的初始模型进行评价及修正。表 5-12 列出了初始结构方程模型的适配度检验结果。

表 5-12　初始结构方程模型的适配度检验

统计检验量		适配的标准或临界值	检验结果数据	模型适配判断
绝对适配度指数	χ^2	p>0.05	193.242 （p=0.00<0.05）	否
	RMR	<0.05	0.231	否
	RMSEA	<0.05（适配良好）， <0.08（适配合理）	0.118	否
	GFI	>0.90	0.789	否
	AGFI	>0.90	0.816	否
增值适配度指数	NFI	>0.90	0.732	否
	RFI	>0.90	0.658	否
	IFI	>0.90	0.842	否
	TLI	>0.90	0.886	否
	CFI	>0.90	0.853	否

续表

统计检验量		适配的标准或临界值	检验结果数据	模型适配判断
简约适配度指数	PGFI	>0.50 以上	0.578	是
	PNFI	>0.50 以上	0.681	是
	PCFI	>0.50 以上	0.589	是
	χ^2/df	<2	3.2	否
	AIC	理论模型值小于独立模型值，且同时小于饱和模型值	240.242>172.000 240.242<1208.942	否
	CAIC	理论模型值小于独立模型值，且同时小于饱和模型值	356.551<543.968 356.551<1271.081	是

从表5-12的结果看，初始模型的数据指标并未完全达到标准，其与实际数据无法契合，这就意味着初始模型需要调整，使之更符合数据所反映的模型。

从表5-13可以看出，各假设路径的回归系数值、临界比以及显著性概率，原则上临界比要求绝对值大于 1.96，显著性概率小于 0.05，由此可见，除团队间的文化差异与信任程度的相关性不强外，其余都符合相关性假设。假设检验结果如表 5-14 所示。

表 5-13　结构方程模型的回归参数估计

路径	标准化回归系数	估计值	标准误差	临界比	显著性概率
团队间学习←学习动机	0.184	0.227	0.105	1.982	0.049
团队间学习←学习能力	0.513	0.622	0.114	4.434	0.000
团队间学习←信任程度	0.341	0.454	0.180	1.986	0.000
团队间学习←知识的隐性	− 0.261	− 0.311	0.123	−2.491	0.000
团队间学习←知识的模糊性	− 0.531	− 0.663	0.128	−3.030	0.042
团队间学习←团队间的文化差异	− 0.207	− 0.269	0.112	−1.960	0.026
团队间学习←团队间的知识差异	− 0.421	− 0.553	0.232	−2.061	0.000
学习能力←学习动机	0.553	0.621	0.104	1.990	0.041
信任程度←学习动机	0.353	0.421	0.105	2.380	0.031
知识的隐性←学习动机	− 0.532	− 0.631	0.223	−2.930	0.012
知识的模糊性←学习动机	− 0.248	− 0.351	0.117	−2.103	0.021
团队间的文化差异←学习动机	− 0.349	− 0.471	0.105	−2.272	0.041
团队间的知识差异←学习动机	− 0.258	− 0.391	0.122	−2.120	0.018
团队间的文化差异←信任程度	− 0.158	− 0.291	0.102	−1.023	0.067

表 5-14　假设检验结果

假设	内容	检验结果
H_{5-1}	团队的学习动机与团队间学习行为正相关	支持
H_{5-2}	团队的学习能力与团队间学习行为正相关	支持
H_{5-3}	团队的信任程度与团队间学习行为正相关	支持
H_{5-4}	知识的隐性与团队间学习行为负相关	支持
H_{5-5}	知识的模糊性与团队间学习行为负相关	支持
H_{5-6}	团队间的文化差异与团队间学习行为负相关	支持
H_{5-7}	团队间的知识差异与团队间学习行为呈倒“U”形关系	支持
H_{5-8}	团队的学习能力与团队间的学习动机正相关	支持
H_{5-9}	团队的信任程度与团队间的学习动机正相关	支持
H_{5-10}	知识的隐性与团队间的学习动机负相关	支持
H_{5-11}	知识的模糊性与团队间的学习动机负相关	支持
H_{5-12}	团队间的文化差异与团队间的学习动机负相关	支持
H_{5-13}	团队间的知识差异与团队间的学习动机呈倒“U”形关系	支持
H_{5-14}	团队间的文化差异与团队间的信任程度负相关	不支持

2. 结构方程模型的修正

通过对模型的修正，得出修正后的结构方程模型，见图 5-7。

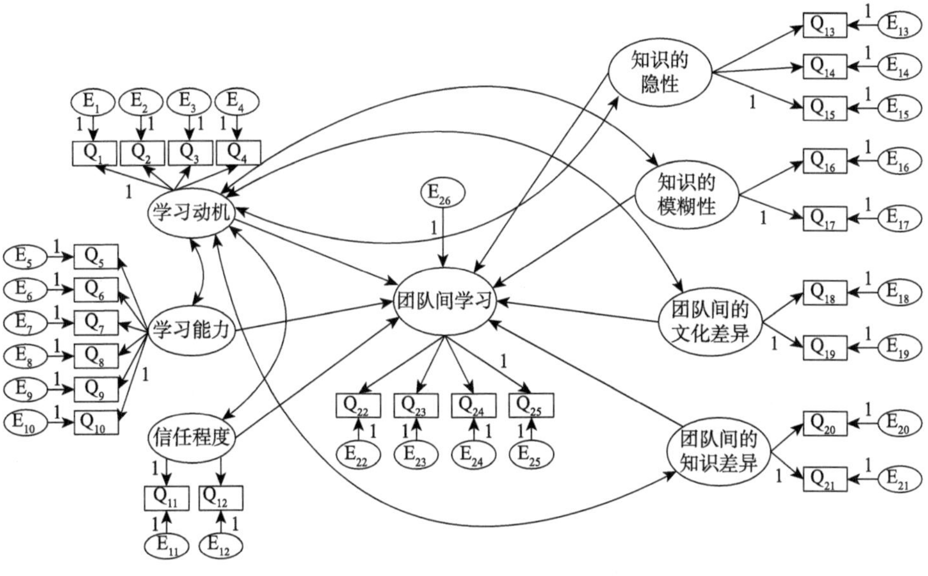

图 5-7　修正后的结构方程模型

根据修正后的模型，继续对修正后的模型进行最终适配度检验。

如表 5-15 所示，修正后的模型中，卡方值为 76.543，显著性概率值 p=0.16>0.05，接受虚无假设，假设理论模型与实际数据间可以契合。且其他适配度指标均达到模型可以接受的标准。由此可知，修正后的模型与实际数据是可以适配的。从修正后的模型中可以看出，主要是删除了团队间的文化差异与信任程度之间的路径关系。

表 5-15　修正后的结构方程模型的适配度检验

统计检验量		适配的标准或临界值	检验结果数据	模型适配判断
绝对适配度指数	χ^2	p>0.05	76.543（p=0.16>0.05）	是
	RMR	<0.05	0.043	是
	RMSEA	<0.05（适配良好），<0.08（适配合理）	0.046	是
	GFI	>0.90	0.980	是
	AGFI	>0.90	0.920	是
增值适配度指数	NFI	>0.90	0.913	是
	RFI	>0.90	0.907	是
	IFI	>0.90	0.942	是
	TLI	>0.90	0.986	是
	CFI	>0.90	0.910	是
简约适配度指数	PGFI	>0.50	0.542	是
	PNFI	>0.50	0.510	是
	PCFI	>0.50	0.538	是
	χ^2/df	<2	1.980	是
	AIC	理论模型值小于独立模型值，且同时小于饱和模型值	144.232<182.000 144.242<1228.942	是
	CAIC	理论模型值小于独立模型值，且同时小于饱和模型值	288.615<546.968 288.615<1281.081	是

表 5-16 列出了修正后的结构方程模型回归系数估计，从表 5-16 可以看出，所有假设的临界比基本符合要求，即临界比大于 1.96，显著性概率小于 0.05，符合假设检验。

表 5-16　修正后结构方程模型的回归参数估计

路径	标准化回归系数	估计值	标准误差	临界比	显著性概率
团队间学习←学习动机	0.384	0.427	0.115	1.972	0.049
团队间学习←学习能力	0.713	0.822	0.114	5.434	0.000
团队间学习←信任程度	0.241	0.354	0.110	1.976	0.000
团队间学习←知识的隐性	− 0.261	− 0.511	0.103	−2.791	0.000
团队间学习←知识的模糊性	− 0.431	− 0.463	0.228	−2.030	0.042
团队间学习←团队间的文化差异	− 0.307	− 0.569	0.212	−2.060	0.026
团队间学习←团队间的知识差异	− 0.321	− 0.653	0.132	−2.091	0.000
学习能力←学习动机	0.653	0.721	0.114	1.980	0.041
信任程度←学习动机	0.453	0.521	0.115	2.980	0.031
知识的隐性←学习动机	− 0.432	− 0.531	0.123	−1.231	0.012
知识的模糊性←学习动机	− 0.348	− 0.451	0.115	−2.123	0.021
团队间的文化差异←学习动机	− 0.449	− 0.571	0.125	−2.172	0.041
团队间的知识差异←学习动机	− 0.358	− 0.491	0.122	−2.023	0.018

5.3　数据分析结果与讨论

通过以上对组织中团队跨边界学习行为影响因素的结构方程模型的建立与修正，以及对表 5-16 的分析，可得出以下结论。

学习动机、学习能力、信任程度、知识的隐性、知识的模糊性、团队间的文化差异、团队间的知识差异和团队间学习之间路径系数的标准化估计值（标准化回归系数）分别为 0.384、0.713、0.241、− 0.261、− 0.431、− 0.307、− 0.321，学习能力与学习动机、信任程度与学习动机、知识的隐性与学习动机、知识的模糊性与学习动机、团队间的文化差异与学习动机以及团队间的知识差异与学习动机之间路径系数的标准化估计值（标准化回归系数）分别为 0.653、0.453、− 0.432、− 0.348、− 0.449、− 0.358。且它们的临界比绝对值均大于 1.96，显著性概率小于 0.05，这就使得本书提出的相关假设成立。

组织中跨边界学习影响因素理论模型的整体检验结果如表 5-17 所示。

表 5-17　假设检验结果

假设	内容	检验结果
H_{5-1}	团队的学习动机与团队间学习行为正相关	支持
H_{5-2}	团队的学习能力与团队间学习行为正相关	支持
H_{5-3}	团队的信任程度与团队间学习行为正相关	支持
H_{5-4}	知识的隐性与团队间学习行为负相关	支持
H_{5-5}	知识的模糊性与团队间学习行为负相关	支持
H_{5-6}	团队间的文化差异与团队间学习行为负相关	支持
H_{5-7}	团队间的知识差异与团队间学习呈倒“U”形关系	支持
H_{5-8}	团队的学习能力与团队间的学习动机正相关	支持
H_{5-9}	团队的信任程度与团队间的学习动机正相关	支持
H_{5-10}	知识的隐性与团队间的学习动机负相关	支持
H_{5-11}	知识的模糊性与团队间的学习动机负相关	支持
H_{5-12}	团队间的文化差异与团队间的学习动机负相关	支持
H_{5-13}	团队间的知识差异与团队间的学习动机呈倒“U”形关系	支持

通过表 5-17，我们得出如下结论。

1. 团队本身因素的结果分析讨论

学习动机是团队间进行有效学习的前提，任何一个团队只有拥有强烈的学习意愿，才能确保团队间学习活动的产生。而学习能力则是团队间学习的关键，没有一定的学习能力，即使有再强的学习意愿也是徒劳无功，它不能保证团队间学习的持续进行。因为在整个学习过程中，缺乏学习能力使得团队间无法将传递的知识进行消化吸收，更不用说创造新的知识。信任程度则是团队间学习的重要保障。只有团队本身拥有可信度，才能促使团队间学习活动顺利开展；只有团队间相互信任，才能确保在和谐、融洽的学习氛围下持续高效地学习，达到共同进步、共同发展的目标。

2. 知识属性因素的结果分析讨论

通过实证分析可以看出，知识的隐性与知识的模糊性与团队间学习都是负相关的。知识的隐性和模糊性程度越高，团队间学习的障碍就会越大，团队间的知识难以有效地进行传递。这也使得团队间对于隐性知识的迫切性越强。

3. 团队间的情境因素的结果分析讨论

团队间的文化差异对团队间学习的影响的路径系数是−0.307（$p<0.05$），说明团队间的文化差异与团队间学习负相关。团队间的文化差异越小，表明团队间能在相似的环境下进行学习交流沟通，团队间掌握的知识也更能满足对方的要求，并且在学习的过程中，团队间更能对所传递的知识进行消化吸收，甚至可以共同创造出新的知识，最终产生良好的学习效果。如果团队间的文化差异太大，不同的团队在沟通过程中会存在很大的障碍，由于文化的差异，团队间在目标上、管理方法上都可能存在相当大的分歧，从而不利于团队间学习的有效进行。

通过数据分析过程中的转换，验证了团队间的知识差异与团队间学习的倒“U”形关系。具体来说，团队学习的双方知识差异太小或太大，都会阻止团队间学习行为的发生；只有适当的团队间的知识差异才会促进团队间学习。若团队间的知识差异过小，团队间进行学习的动机就会减弱，团队间传递的知识价值较低，他们会认为没有学习的必要。相反，如果团队间的知识差异过大，他们在相互学习的过程中会遇到很多不必要的阻碍，由于这种差异的存在，团队间不能很好地消化吸收所接收到的知识，不能将知识内在化，这样的知识传递过程只是发生了，却未达到理想的效果。因而，团队间在进行学习时，需要选择团队间文化差异较小和知识差异适当的团队作为自己的学习伙伴，这样才能获得更好的学习效果。

4. 各影响因素间的结果分析讨论

而对于各影响因素间的相关性实证，我们可以看出学习能力与学习动机之间的路径系数为 0.653，即团队间的学习能力与学习动机之间存在着正相关关系。若团队没有足够强的学习能力来保证，团队学习的意愿就不会很强，因为团队本身明白，即使有再大的动机与意愿，没有能力也是徒劳无功；反之，学习能力越弱，学习动机也就越弱。因此，团队的学习能力越强，相对应的学习动机也有可能越强。团队间的信任程度与学习动机之间的路径系数为 0.453，表明两者之间是正相关关系，只有团队本身可以信任并且愿意相信其他团队，这才有可能与其他团队之间进行相互学习，也就是说团队的信任程度越高，团队本身的学习动机才有可能越强。

知识的隐性与学习动机之间的路径系数为-0.432，知识的模糊性与学习动机之间的路径系数是-0.348，这表明知识的隐性和模糊性与团队间的学习动机之间都是存在着负相关关系，隐性知识是直觉上的、难以用语言清楚表达的知识，受特定的背景的限制，难以进行格式化和交流。这些隐性知识所包含的特性就给团队间的学习造成了障碍。知识模糊度的增加也使得知识转移更困难，它与知识的隐性一样，即知识的隐性、模糊性程度越高，团队间学习的动机就越弱。反之，知识的隐性、模糊性程度越低，团队间学习的动机就越强。

团队间的文化差异与学习动机之间的路径系数为-0.449，这表明团队的文化差异与学习动机之间存在着负相关关系，即当各团队间在团队文化方面的差异较小时，团队间有着类似的认知和行为，这无形中会减少团队间在学习过程中的冲突与问题，使得它们之间的关系更加融洽，团队间进行相互学习的意愿就会相对较强，知识转化的效率也会较高。反之，团队间的文化差异较大，各团队间就会理所当然地认为相互学习的难度会加大，就会在无形中削弱各自的学习动机。而团队间的知识差异与学习动机之间的路径系数为-0.358，表明这一变量与团队间学习负相关，通过数据的转化，则可以看出团队间的知识差异与团队间学习呈倒“U”形关系。团队间知识差异的存在是团队间进行学习的驱动力，由于存在着一定的差异，团队间就有了学习的必要性。但团队间的知识差异不能无限制扩大，它具有一定的范围限制，即如果团队间知识差异过小，甚至是没有差异，团队间就会认为没有学习的必要，团队间的学习动机自然就会减弱，团队间学习的积极性也就会大大降低，甚至就不会进行团队学习；反之，如果团队间的知识差异过大，这就会使得团队间在学习过程中遇到很多不必要的麻烦，而减弱团队间学习的主动性，从而影响团队间学习的效果；而中等程度的团队间知识差异，既满足了团队间学习的必要性，实现了知识的互补，同时，也减小了团队间在学习过程中可能遇到的障碍。因此，团队间的这种知识差异就无形中影响着团队间的学习动机。

5.4 本章小结

本章对组织中跨边界学习的影响因素进行了实证分析，研究的主要结论如下。

（1）从相关理论研究的文献看，影响组织中跨边界学习的三大因素主要有：团队本身因素、知识属性因素和团队间的情境因素。团队本身因素具体包括学习动机、学习能力、信任程度；知识属性因素包括知识的隐性、知识的模糊性；团队间的情境因素包括团队间的文化差异与团队间的知识差异。

（2）关于影响组织中跨边界学习的因素，本章建立了 14 个假设。通过 514 份有效问卷的调查，以及建立结构方程模型，检验了 14 个假设，结论如下。

第一，学习动机是团队间进行有效学习的前提，而学习能力则是团队间学习的关键，信任程度则是团队间学习的重要保障。

第二，知识的隐性和模糊性程度越高，团队间学习的障碍就会越大，从而使得团队间的知识难以有效地进行传递。

第三，团队间的文化差异较小，团队间更能对所传递的知识进行消化吸收，甚至可以共同创造出新的知识。如果团队间的文化差异太大，不同的团队在沟通过程中会遇到很大的障碍。团队学习的双方知识差异太小或太大，都会阻碍团队间学习行为的发生；只有适当的团队间知识差异才会促进团队间学习。

第四，团队间的学习能力与学习动机之间存在着正相关关系；团队间的信任程度与学习动机之间存在着正相关关系；团队间的文化差异与学习动机之间存在着负相关关系；团队间的知识差异与学习动机之间呈倒“U”形关系。

第 6 章　跨边界学习模式对学习绩效的影响研究

第 3 章在相关研究和理论的基础上提出了组织中跨边界学习的两种学习模式：合作型学习模式和竞争型学习模式，但是这两种学习模式是否有利于组织中跨边界学习呢？这就需要探讨两种学习模式与组织中跨边界学习绩效之间的关系。本章将从理论角度，通过构建相关的理论模型来展示两种学习模式与组织中跨边界学习绩效之间的关系。

6.1　理论模型的构建

6.1.1　假设的提出

团队绩效是对团队目标实现程度的一种度量，是团队所期望的结果，也是团队为实现其目标而展现在不同层面上的有效成果。那么，团队学习绩效就是团队经过学习行为或通过某种学习方式之后给整个团队甚至组织带来的效果，其包括团队成员的学习成果和团队层面的学习成果，如团队成员业务能力提升、团队创新能力提高等。因此，团队间的学习绩效可以理解为不同团队之间通过相互学习所获得的共同的提升。这里团队间的学习绩效强调的是“共同的提升”，相互学习团队的绩效都高才能说明团队间学习绩效高。例如，假设有两个团队，若通过学习，其中一个团队学习效果很好，而另一团队学习效果很差，那么二者团队间的学习绩效就不是很好。

有学者研究发现，组织学习与绩效间存在正向关系，组织学习是企业成功的关键要素。Baker 和 Sinkula（1999）指出组织学习会对组织经营绩效产生影响。陈国权和宁南（2010）以 300 个不同行业的团队管理人员为样本研究了团队学习行为与团队学习绩效的关系，并且从团队成员层面和团队整体层面对团队绩效进行考核，最后指出团队从经验中学习对团队成员的绩效有显著影响。陈国权和王晓辉（2012）指出探索式学习与利用式学习这两种学习模式对组织绩效具有正向影响。李霞（2012）利用结构方程模型对国内 25 所重点高校创新型科研团队进行分析后指出团队学习行为对团队学习绩效有着正向影响。

团队间通过合作型学习可以实现知识的共享，不同团队的成员相互讨论会激发成员创新思维，进而提高团队学习绩效；团队间的合作可以使合作伙伴获得新思想、新信息和机会，并且获得相关知识；在技术创新过程中，伙伴间的合作不仅能够促进知识、资源等的共享，而且能够降低单体的成本和风险，有利于团队学习绩效的提高。而竞争型学习模式是通过在团队间引入竞争，从而提高团队成员的学习动力和学习积极性，促进团队内部知识的提升，进而提高团队学习绩效。本书在对团队间学习进行绩效考核时也从团队间个人层面和团队间团队层面两个维度进行。并且基于上述分析，作如下假设。

假设 $H_{6\text{-}1}$：①合作型学习模式与团队间个人层面学习绩效正相关。②竞争型学习模式与团队间个人层面学习绩效正相关。

图 6-1 可以用来直观地表述假设 $H_{6\text{-}1}$。

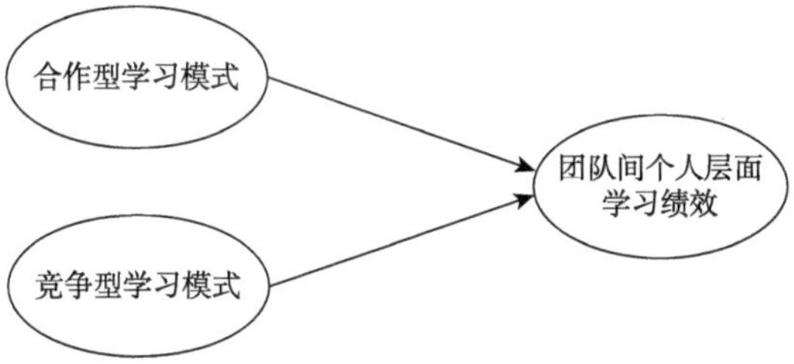

图6-1　团队间学习模式与团队间个人层面学习绩效的关系

假设 $H_{6\text{-}2}$：①合作型学习模式与团队间团队层面学习绩效正相关。②竞争型学习模式与团队间团队层面学习绩效正相关。

假设 $H_{6\text{-}2}$ 可以用图 6-2 来反映。

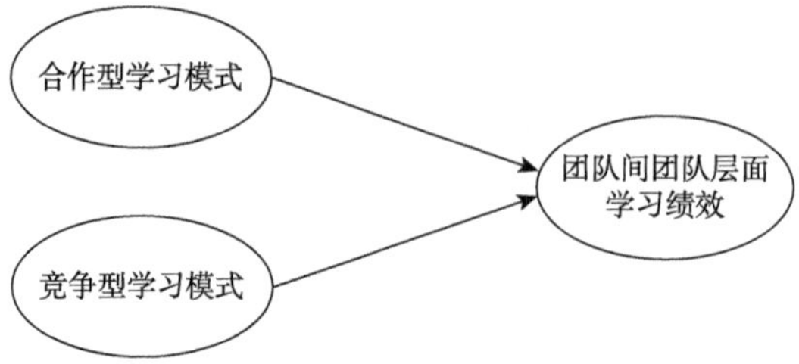

图6-2　团队间学习模式与团队间团队层面学习绩效的关系

同时，当团队的学习模式与两个学习团队之间某一个团队的学习绩效不相关或者是负相关时，这种学习模式就不可能被运用到团队间的学习当中，或者说团队也会对这一学习模式产生排斥，即这一学习模式是无效的。因此，要使上述两个假设有意义，还必须同时假设团队间的学习模式能够促进两个学习团队中的任一团队的学习效果，由此作如下假设。

假设 $H_{6\text{-}3}$：①合作型学习模式与团队成员个人学习绩效正相关。②竞争型学习模式与团队成员个人学习绩效正相关。

假设 $H_{6\text{-}3}$ 可以用图 6-3 直观表达。

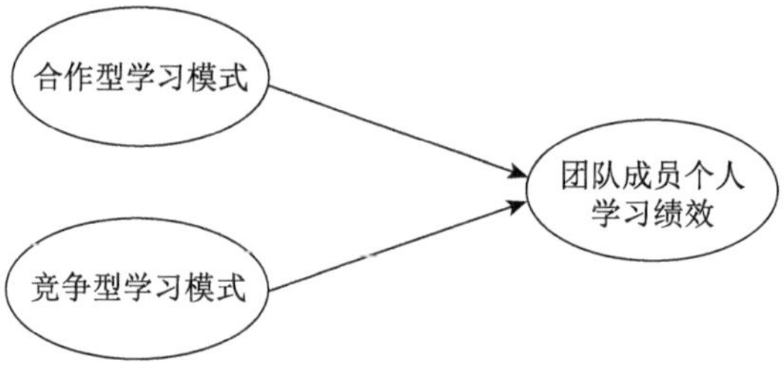

图6-3　团队间学习模式与团队成员个人学习绩效的关系

假设 $H_{6\text{-}4}$：①合作型学习模式与团队层面学习绩效正相关。②竞争型学习模式与团队层面学习绩效正相关。

假设 $H_{6\text{-}4}$ 可以用图 6-4 直观表达。

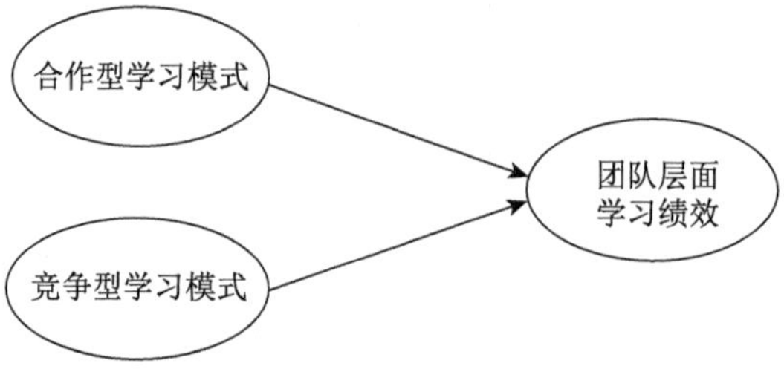

图6-4　团队间学习模式与团队层面学习绩效的关系

6.1.2　理论模型的建立

前文从理论角度分析了团队间学习模式对团队间学习绩效的作用、团队间学习模式与团队成员学习绩效的关系以及团队间学习模式对团队整体学习绩效的影响，并建立了相对应的概念模型。基于以上的论述，本书构建了团队间学习模式、团队学习绩效与团队间学习绩效之间关系的理论模型，目的在于解释和验证团队间学习模式对团队学习以及团队间学习的影响效果。同时，该理论模型中包括两个模型，即模型 1 和模型 2（图 6-5），模型 1 指的是两种学习模式与团队成员个人学习绩效和团队层面学习绩效之间的关系，模型 2 指的是两种学习模式对团队间成员个人学习绩效和团队间团队层面学习绩效的影响，并且假如模型 1 不成立，那么模型 2 就不存在，因为在一个企业当中，如果采用的某种学习方式不能够很好促进团队中个人的学习或者团队层面的学习，那么这一学习模式就是无效的，甚至可以说即使这种学习方式能够极大地促进两个团队共同的提升，企业和团队也不会同意采取这一学习方式。

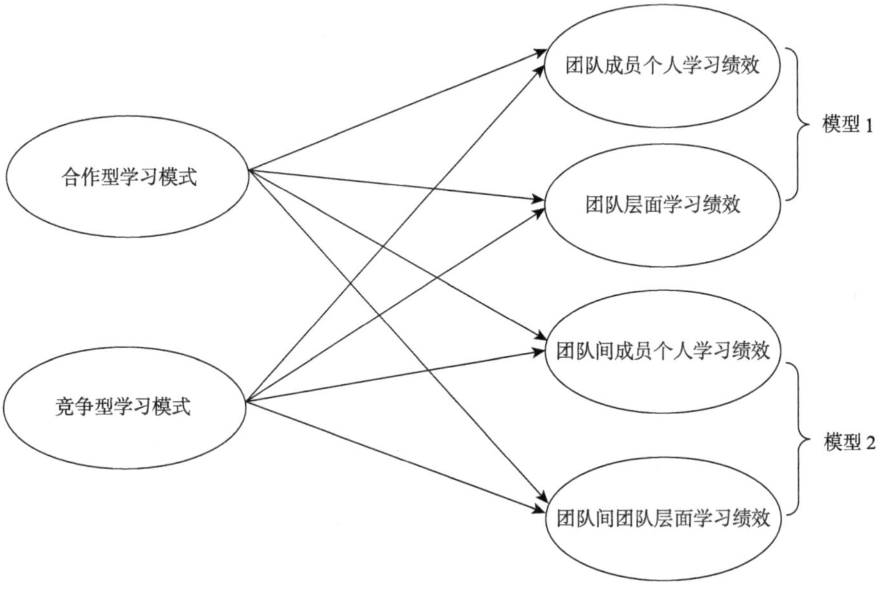

图6-5　团队间学习模式与团队学习绩效之间关系的理论模型

6.2　理论模型中相关变量的测量

6.2.1　团队间学习模式变量测量量表

Chen（1996）指出可以从市场共同性和资源相似性两个方面判断竞争对手之间的竞争程度，并可以预测竞争对手之间的行为。那么对于采用竞争型学习模式的两个团队来说，若二者之间有相似的目标或资源需求时，那么他们就越有可能成为竞争对手，并且随着目标或资源相似度的提高，二者的竞争程度会加深。另外由于二者都为了超越彼此，因此其团队内部成员学习积极性也十分的高涨，团队独立性也比较高。

Kanter（1994）指出为了实现共同的利益，组织双方的利他行为、互惠互信行为易于双方的合作。Cullen 等（2003）认为信任和承诺是双方建立合作的重要内容。徐亮等（2008）也指出了组织双方合作过程中信任和承诺的重要性，并且指出信任是双方相信对方愿意而且能够完成他们的义务和履行做出的承诺，相信任何一方都不会利用另一方的弱点来谋取私利；承诺在心理学上是“一种个人对与其有联系的组织的态度或定位”，体现了联盟企业继续联盟关系的目的和意愿。周玉泉和李垣（2006）指出合作学习的能力对合作也有重要作用。同时，根据前文关于合作型学习模式的论述，采用合作型学习模式的两个团队还经常会进行问题探讨、知识交流，相互派遣人员指导学习等。

根据上述分析可以得出团队间学习模式的变量测量因素，如表 6-1 所示。

表 6-1　团队间学习模式变量

一级指标	二级指标	测量条目
团队间学习模式	合作型学习模式	团队双方合作过程中均有投入（人、技能等）（V_1）/（X_1）
		团队双方有相互学习的意愿（V_2）/（X_2）
		与伙伴团队就某一问题共同研讨（V_3）/（X_3）
		知识、资源共享（V_4）/（X_4）
		团队对知识转移能力强（V_5）/（X_5）
		团队对知识转移吸收能力强（V_6）/（X_6）

续表

一级指标	二级指标	测量条目
团队间学习模式	竞争型学习模式	团队双方最终产出相似或相同（V_7）/（X_7）
		团队双方所需主要资源相同（V_8）/（X_8）
		核心知识私有（V_9）/（X_9）
		希望本团队优先使用组织资源（V_{10}）/（X_{10}）
		团队成员学习积极性高（V_{11}）/（X_{11}）
		团队独立完成目标（V_{12}）/（X_{12}）

注：V_i 表示模型 1 中团队间学习模式的观测变量；Xi 表示模型 2 中团队间学习模式的观测变量，其中 i 取值范围均为 1~12

资料来源：徐亮等（2008）

6.2.2 团队学习绩效变量测量量表

团队学习绩效是团队经过学习行为或通过某种学习方式之后给整个团队甚至组织带来的效果。陈国权和宁南（2010）的研究，从团队成员绩效和团队整体绩效两个方面对团队学习绩效进行了研究，具体包括本团队成员能有效地工作、本团队成员业务水平明显提高、本团队成员关心工作的质量、本团队成员能达到或超出工作要求、本团队成员认真履行职责，从按时完成其负责的工作、本团队的工作达到（或超过）了内外客户的期望、本团队的工作成绩出色、本团队工作中没有出现大的失误、本团队在不断发展进步和团队达到预期目标等 10 个方面测量团队学习绩效的测量指标。路变玲等（2008）采用关键绩效指标（key performance indicators，KPI）分析法对组织目标进行分解得出企业级的 KPI 指标，并对这些指标进行进一步分解得出团队级的 KPI 指标，然后结合科研团队的特征得出了团队绩效衡量的三个维度，即团队能力、团队的互动过程、团队的成果。李霞（2012）在对高校创新型科研团队进行研究时以创新作为科研团队绩效衡量的变量指标，分别从创新能力、创新活动和创新成果三个方面对科研团队的绩效进行评价。根据上述学者的研究成果，提出了团队学习绩效测量量表，如表 6-2 所示。

表 6-2 团队学习绩效测量量表

一级指标	二级指标	测量条目
团队学习绩效	个人层面学习绩效	本团队成员能有效地工作（W_1）
		本团队成员业务水平明显提高（W_2）
		本团队成员认真履行职责，并按时完成其工作内容（W_3）
	团队层面学习绩效	本团队的工作达到（或超过）了内外客户的期望（W_4）
		本团队的工作成绩出色（W_5）
		团队达到了预期目标（W_6）

6.2.3 团队间学习绩效变量测量量表

从前文可知，团队间的学习绩效是指不同团队之间通过某种学习方式或模式所获得的共同的提升，其测量实质是测量相关团队通过相互学习之后所产生的共同的学习绩效。我们采用相关学习团队学习绩效的算术平均值来表示团队间的学习绩效，即团队间学习绩效的某一测量条目 $Y_i=\left(W_j+W_k\right)/2$，（$i$ 表示团队间学习的第 i 个测量条目；j 和 k 表示与 i 这一条项目相对应的两个团队学习绩效的测量项目）。因此，团队间学习绩效也可以从两个方面进行测量，即彼此团队中个人层面的绩效和彼此团队间团队层面的绩效。基于此，提出团队间学习绩效测量量表，如表 6-3 所示。

表 6-3 团队间学习绩效测量量表

一级指标	二级指标	测量条目
团队间学习绩效	个人层面学习绩效	彼此团队成员都能有效地工作（Y_1）
		彼此团队成员业务水平都明显提高（Y_2）
		彼此团队成员都能认真履行职责，并按时完成其工作内容（Y_3）
	团队层面学习绩效	彼此团队的工作都达到（或超过）了内外客户的期望（Y_4）
		彼此团队的工作成绩都很出色（Y_5）
		彼此团队都达到了预期目标（Y_6）

根据当前的理论研究提出了相关的研究假设，然后根据研究假设提出了团队间学习模式和团队间学习绩效之间关系的理论模型，指出了团队间学习模式、团队成员个人学习绩效、团队层面学习绩效、团队间成员个人学习绩效和团队间团队层面学习绩效等变量之间的相关关系，同时还根据当前的研究构建了本书研究模型中各变量的测量量表。

6.3 跨边界学习模式影响学习绩效的实证分析

本节的实证研究主要是依据前文提出的团队间学习模式、团队学习绩效与团队间学习绩效之间关系的理论模型中各变量的测量量表进行设计的，在测量量表的基础上形成各变量的调查问卷。通过随机抽样的方式抽调若干企业，并邀请企业中相关团队成员及部分企业领导填写问卷从而得到相关数据，然后进行数据分析和模型检验，并用分析和检验的结果来对假设进行验证，进而对整个理论模型进行验证。

在实证研究中，主要使用 SPSS 17.0 数据统计分析工具对模型中的变量进行因素分析及信度和效度分析，使用 AMOS 17.0 对结构方程模型进行检验。此外，为了研究方便，本节以组织中两个团队间相互学习为例展开研究。

6.3.1 数据收集与分析

1. 问卷设计

从表 6-1~表 6-3 中，我们可以看出本书在对理论模型中任一变量进行测量时采用的都是多个测量项目而非单一测量项目。在使用单一测量项目测量变量时，随机误差、特定指标和方法因素等往往会使得某些变量无法估计或被排除，最终导致变量的测量误差。根据一些学者的研究，采用多个测量项目对变量进行测量时能够明显降低单一项目测量所产生的误差。同时，本书中各变量的测量指标也是在前人的研究基础上获得或者进行修改后得到的，因此，有一定的科学性和权威性。

根据 6.2 节提出的各变量测量量表，我们首先设计出了一个初始调查问卷。然后通过征求相关学者及企业相关人员的意见和建议，对问卷中某些问题进行了重新思考，如有人提出初始问卷中“团队之间积极解决冲突”这一问题过于抽象等。但就整体而言，问卷的设计及指标的选取还是比较恰当的，问卷得到了相关学者和企业人员的肯定。根据相关学者和企业人员的反馈结果，我们对问卷进行了部分修改，形成了本节研究所用的最终问卷，问卷设计流程如图 6-6 所示。

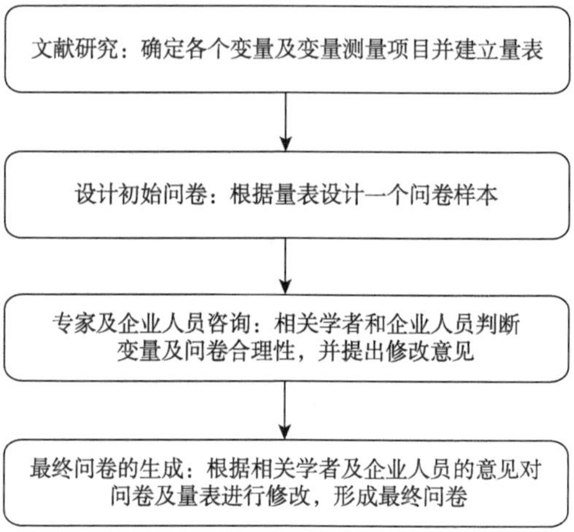

图6-6　问卷设计流程

本节所采用的最终问卷包括三个部分：第一部分是基本信息，主要是企业名称、所处行业、企业性质、填表人性别、学历及职位等；第二部分是问卷填报说明，主要是问卷调查目的及填写说明；第三部分是问卷主体，主要指填表人对企业中团队间合作型学习模式、竞争型学习模式及团队学习绩效等的评价，共 18 个题项。

问卷采用 Likert 5 级量表对测量项目进行打分。要求被试人员根据自己所在团队或者组织情况对所给问卷中每个测试题目的认同程度进行打分，从“1”到“5”认同程度逐渐减弱，“1”表示“完全同意”，“3”表示“中立，不确定”，“5”表示“完全不同意”。

另外，由于本书中团队间的学习绩效是相关联的两个团队学习绩效的算术平均值，因此，在问卷设计时为了区分相关联的两个团队，将问卷分为 A 卷和 B 卷。同时，在问卷发放时，A 卷和 B 卷的发放量要等同，而且同一个团队只能发放 A 或 B 卷，不能交错发放。

2. 数据采集及数据甄选

由于研究需要对团队间学习模式、团队学习绩效及团队间学习绩效等方面进行调查，但是鉴于研究者人力、物力及财力的限制，因此采用抽样调查的方法。本节选取江苏省部分企业作为调研对象，并且这部分企业要满足如下条件：①企业必须是一个独立的企业法人；②样本企业必须是一个完整的经营实体，要有推向市场的产品、固定的销售渠道与生产技术，而不是仅仅执行一部分职能的企业；③由于需要同一企业内部两个不同团队之间的学习，所以，选取的调研对象中每家企业至少包含两个学习型团队。

同时，为了确保数据的真实性，我们设计了样本数据甄选的标准，以剔除无效或不完整的数据。并且，在调研中研究人员还随机与 10 家企业的相关人员进行了访谈，以佐证问卷填写信息的真实性，进而提高数据的可靠性。

数据甄选标准如下。

（1）问卷中没有大量的空白。空白太多，表明数据完整性较差，故应予以剔除。

（2）同一团队问卷答案差异性不大。若同一团队所给出的答案差异性较大，表明问卷填写人员答题过于随意，故应予以剔除。

（3）问卷中涂改不多。较多的涂改在一定程度上说明这份问卷答案并非出自填表人个人意愿，故应予以剔除。

3. 样本描述

本次问卷调查时间为 2016 年 10 月至 2017 年 1 月，共发放调查问卷 1 200 份（包括电子版和纸质版），其中 A 卷和 B 卷各 600 份。问卷调查采用抽样调查的方式进行，其途径有两种：一是通过电子邮件或者进入企业邀请相关人员填写；二是委托他人代为发放。在问卷发放过程中，同一企业发放等量的 A 卷和 B 卷，并且，同一团队只发放一种问卷；同时，也向企业内部部分领导层发放问卷。本次调查共回收问卷 633 份，其中有效问卷 557 份，问卷回收率为 52.75%，有效回收率为 46.42%。在有效问卷中，A 卷共 263 份，B 卷共 294 份。由于研究需要的 A 卷和 B 卷数量相同，因此，我们随机去掉 B 卷有效问卷中的 31 份。最终，本次研究共使用了 526 份有效问卷中的数据，包含 113 家企业的信息，其中 A 卷和 B 卷各 263 份。样本数据的描述统计如表 6-4 所示。

表 6-4　样本数据描述统计表

变量	类别	数量/人或个	百分比	累计百分比
答卷人性别	男	344	65.40%	65.40%
	女	182	34.60%	100.00%

续表

变量	类别	数量/人或个	百分比	累计百分比
答卷人学历	大专及以下	196	37.26%	37.26%
	本科	237	45.06%	82.32%
	硕士及以上	93	17.68%	100.00%
答卷人职务	一般员工	256	48.67%	48.67%
	基层管理者	126	23.95%	72.62%
	中层管理者	88	16.73%	89.35%
	高层管理者	56	10.65%	100.00%
企业性质	国企	13	11.50%	11.50%
	民营	63	55.75%	67.25%
	合资	16	14.16%	81.41%
	外资	14	12.39%	93.80%
	其他	7	6.20%	100.00%
企业所处行业	医药卫生	32	28.32%	28.32%
	新材料	27	23.89%	52.21%
	新能源	17	15.04%	67.26%
	信息产业	15	13.27%	80.53%
	轻工业	8	7.08%	87.61%
	节能环保	5	4.42%	92.04%
	石油化工	3	2.65%	94.69%
	其他	6	5.31%	100.00%

注：根据问卷整理所得

同时需要指出的是，由于团队间的学习绩效是问卷 A 和问卷 B 中团队学习绩效的算术平均值，因此，将收集到的问卷数据整理后分为样本数据 1 和样本数据 2，其中样本数据 1 包括 526 份样本数据，其数据包含了问卷 A 和 B 中团队间学习模式、团队成员个人学习绩效和团队层面学习绩效相对应的数据；样本数据 2 共 263 份样本数据，其中的数据是问卷 A 和问卷 B 中各个相对应的测量项目的算术平均值。下文中凡是不涉及与团队间学习绩效相关的数据处理和分析时，均使用样本数据 1 中的数据；反之，则使用样本数据 2 中的数据。

4. 数据信度和效度检验

1）信度和效度

信度（reliability）有两个方面的含义：一是指研究所使用方法的合理

性和可靠性的高低；二是指研究所用数据一致性与可靠性的高低。通常情况下，信度是指研究测量工具能稳定的测量所要测量变量的程度，即研究所建立量表的可靠性和稳定性。当前，常用的量表信度检验方法为 L. J. Cronbach 所创的 α 系数法。Cronbach's α 系数是对研究测量项目的一致性及所用量表内部结果的良好性程度的准确反映，它能对同质的项目进行检验，并能反映出每一个因素中各个项目是否测量相同或相似的特性。α 系数值界为 0~1。在使用 Cronbach's α 系数法对量表进行检验时，一般情况下，Cronbach's α 系数至少要大于 0.65（最好能大于 0.7）才能说明量表各因素的测量项目有较好的一致性；若 Cronbach's α 系数小于 0.35，说明量表各因素的测量项目一致性较差，应该予以拒绝。

效度（validity）表示测量有效性的程度，具体是指测量工具能够准确地测出被测量变量某种特征的程度。效度一般分为内容效度（content validity）、建构效度（construct validity）和效标效度（criterion validity）。内容效度又称表面效度，是指测量目标和测量内容之间的相符性和适应性，一般情况下采用逻辑分析的方式，由学术和非学术方面的专家对所做量表是否符合测量对象的特征以及其与研究目标或研究目的是否一致等进行主观判断，一般都是定性分析判定的，常用方法为专家评估法。建构效度通常是指测量工具对被测量变量概念的内容结构正确反映的程度，也就是说量表所测量的概念能够反映出该概念理论上的内容维度或特征的准确性，通常是通过衡量测量结果和理论假设之间的差异来说明，常采用的方法是因子分析和相关分析。效标效度又称实证效度，它用来预测被测试个体在某种情境下行为表现有效性的程度。

本书采用的效度检验方式包括内容效度测量和建构效度测量。首先，邀请相关学者及企业相关人员对量表及问卷进行评估，并根据他们的修改意见对量表和问卷进行修正；然后通过因子分析检验模型拟合度的方式来对量表有效性程度进行考评。本书使用 KMO 检验和 Bartlett's 球体检验的结果来检测变量是否适合进行因子分析。通常情况下，当 KMO 值大于 0.7，并且 Bartlett's 球体检验显著性概率小于 0.001 时，变量适合进行因子分析。

2）模型 1 中团队间学习模式各维度检验结果

利用 SPSS 17.0 软件对样本数据 1 中团队间学习模式的量表的信度和效度进行检验。经过软件分析计算得出团队间学习模式各维度的 Cronbach's α

系数，结果如表 6-5 所示。

表 6-5　团队间学习模式各维度的信度测试表

变量	测量项目	Cronbach's α 系数
合作型学习模式	团队双方合作过程中均有投入（人、技能等）（V_1）	0.75
	团队双方有相互学习的意愿（V_2）	
	与伙伴团队就某一问题共同研讨（V_3）	
	知识、资源共享（V_4）	
	团队对知识转移能力强（V_5）	
	团队对知识转移吸收能力强（V_6）	
竞争型学习模式	团队双方最终产出相似或相同（V_7）	0.71
	团队双方所需主要资源相同（V_8）	
	核心知识私有（V_9）	
	希望本团队优先使用组织资源（V_{10}）	
	团队成员学习积极性高（V_{11}）	
	团队独立完成目标（V_{12}）	

表 6-5 中团队间学习模式两个变量的 Cronbach's α 系数分别为 0.75 和 0.71，均大于 0.7，说明量表中各变量的测量均具有良好的一致性，量表信度较好，能够进行进一步的分析。

信度检验结束后，下一步是使用 SPSS 17.0 对团队间学习模式量表进行效度检验，其检验结果如表 6-6 所示。

表 6-6　团队间学习模式的 KMO 检验和 Bartlett's 球体检验结果

KMO 值	0.761	
Bartlett's 球体检验	卡方值	586.391
	自由度	294
	显著性概率	0.000

根据表 6-6，KMO 值为 0.761，大于 0.7，同时，Bartlett's 球体检验的显著性概率为 0.000，小于 0.001，这说明量表中各数据具有一定的相关性，适合做因子分析。在 SPSS 17.0 中，用主成分分析法抽取特征根大于等于 1 的因子，用最大正交法进行旋转，旋转后因子负荷矩阵和累积方差

贡献率等指标见表 6-7。

表 6-7　团队间学习模式因子分析

变量	测量项目	因子负荷		累积方差贡献率
		1	2	
合作型学习模式	V_1	0.718	0.316	45.269%
	V_2	0.807	0.209	
	V_3	0.604	0.418	
	V_4	0.713	0.291	
	V_5	0.756	0.316	
	V_6	0.696	0.209	
竞争型学习模式	V_7	0.164	0.706	79.251%
	V_8	0.351	0.739	
	V_9	0.258	0.692	
	V_{10}	0.293	0.781	
	V_{11}	0.169	0.861	
	V_{12}	0.329	0.766	

从表 6-7 可以看出，经过因子分析抽取的两个因子的累积方差贡献率为 79.251%，且两个变量因子分析结果与预先基于文献研究所得的情况一致，这说明团队间学习模式量表的各个题项设置较为妥当。

3）模型 1 中团队学习绩效各维度检验结果

根据样本数据 1，通过 SPSS 17.0 对团队间绩效信度进行检验，得出团队学习绩效的 Cronbach's α 系数的结果，如表 6-8 所示。

表 6-8　团队绩效各维度信度测试表

变量	测量项目	Cronbach's α 系数
团队成员个人学习绩效	本团队成员能有效地工作（W_1）	0.73
	本团队成员业务水平明显提高（W_2）	
	本团队成员认真履行职责，以按时完成其工作内容（W_3）	
团队层面学习绩效	本团队的工作达到（或超过）了内外客户的期望（W4）	0.81
	本团队的工作成绩出色（W_5）	
	团队达到了预期目标（W_6）	

从表 6-8 中可知，团队学习绩效各维度的 Cronbach's α 系数最小值为 0.73，其大于 0.7，说明团队学习绩效量表中因子的测量具有较好的一致性，量表信度水平较高，能够进行进一步的分析。团队学习绩效样本数据的 KMO 检验及 Bartlett's 球体检验结果如表 6-9 所示。

表 6-9　团队学习绩效的 KMO 检验和 Bartlett's 球体检验结果

KMO 值	0.719	
Bartlett's 球体检验	卡方值	437.513
	自由度	393
	显著性概率	0.000

根据表 6-10 的检验结果，团队学习绩效样本数据 1 的 KMO 检验值为 0.719，大于 0.7。同时，Bartlett's 球体检验的显著性概率为 0.000，小于 0.001，这说明量表中各数据具有一定的相关性，适合做因子分析。表 6-10 给出了团队学习绩效的因子分析结果。

表 6-10　团队学习绩效因子分析

变量	测量项目	因子负荷		累积方差贡献率
		1	2	
团队成员个人学习绩效	W_1	0.693	0.359	49.671%
	W_2	0.834	0.281	
	W_3	0.853	0.318	
团队层面学习绩效	W_4	0.215	0.738	75.232%
	W_5	0.324	0.881	
	W_6	0.257	0.736	

根据表 6-10 的分析结果，通过 SPSS 17.0 软件，用主成分分析法抽取特征根大于等于 1 的因子并进行最大正交法旋转共得到 2 个因子，且其累积方差贡献率为 75.232%，同时，因子分析结果与文中设计的量表一致，这说明团队绩效量表中各题项设置良好。

4）模型 2 中团队间学习模式各维度检验结果

由于模型 2 中涉及团队间的学习绩效，因此，这部分数据使用样本数据 2 中的数据。

利用 SPSS 17.0 软件对样本数据 2 中团队间学习模式的量表的信度和效度进行检验。经过软件分析计算得出团队间学习模式各维度的 Cronbach's α 系数，如表 6-11 所示。

表 6-11　团队间学习模式各维度的信度测试表

变量	测量项目	Cronbach's α 系数
合作型学习模式*	知识、资源共享（X_4）	0.76
	团队对知识转移能力强（X_5）	
	团队对知识转移吸收能力强（X_6）	

续表

变量	测量项目	Cronbach's α 系数
竞争型学习模式*	团队双方最终产出相似或相同（X_7）	0.72
	团队双方所需主要资源相同（X_8）	
	核心知识私有（X_9）	
	希望本团队优先使用组织资源（X_{10}）	
	团队成员学习积极性高（X_{11}）	
	团队独立完成目标（X_{12}）	

注：合作型学习模式*和竞争型学习模式*仅是为了与表 6-5 进行区分

表 6-11 中团队间学习模式两个变量的 Cronbach's α 系数分别为 0.76 和 0.72，均大于 0.7，说明量表中各变量的测量均具有良好的一致性，量表信度较好，能够进行进一步的分析。信度检验结束后，下一步是使用 SPSS 17.0 对团队间学习模式量表进行效度检验，检验结果如表 6-12 所示。

表 6-12　团队间学习模式的 KMO 检验和 Bartlett's 球体检验结果

KMO 值	0.728	
Bartlett's 球体检验	卡方值	389.237
	自由度	144
	显著性概率	0.000

根据表 6-12 可知，KMO 值为 0.728，大于 0.7，同时，Bartlett's 球体检验的显著性概率为 0.000，小于 0.001，这说明量表中各数据具有一定的相关性，适合做因子分析。在 SPSS 17.0 中，用主成分分析法抽取特征根大于等于 1 的因子，用最大正交法进行旋转，旋转后因子负荷矩阵和累积方差贡献率等指标见表 6-13。

表 6-13　团队间学习模式因子分析

变量	测量项目	因子负荷		累积方差贡献率
		1	2	
合作型学习模式*	X_1	0.818	0.316	52.291%
	X_2	0.807	0.209	
	X_3	0.904	0.418	
	X_4	0.713	0.291	
	X_5	0.815	0.316	
	X_6	0.696	0.209	

续表

变量	测量项目	因子负荷		累积方差贡献率
		1	2	
竞争型学习模式*	X_7	0.164	0.706	74.216%
	X_8	0.351	0.739	
	X_9	0.258	0.692	
	X_{10}	0.293	0.781	
	X_{11}	0.169	0.861	
	X_{12}	0.329	0.766	

注：合作型学习模式*和竞争型学习模式*仅是为了与表 6-7 进行区分

从表 6-13 可以看出，经过因子分析抽取的两个因子的累积方差贡献率为 74.216%，且两个变量因子分析结果与预先基于文献研究所得的情况一致，这说明团队间学习模式量表的各个题项设置较为妥当。

5）模型 2 中团队间学习绩效各维度检验结果

由于该部分内容是对团队间学习绩效量表的信度和效度检验，因此，这部分数据使用样本数据 2 中的数据。表 6-14 给出了 SPSS 17.0 对团队间学习绩效样本数的 Cronbach's α 系数检验结果。

表 6-14　团队间学习绩效各维度的信度测试表

变量	测量项目	Cronbach's α 系数
团队间成员个人学习绩效	彼此团队成员都能有效地工作（Y_1）	0.74
	彼此团队成员业务水平都明显提高（Y_2）	
	彼此团队成员都能认真履行职责，并按时完成其工作内容（Y_3）	
团队间团队层面学习绩效	彼此团队的工作都达到（或超过）了内外客户的期望（Y_4）	0.81
	彼此团队的工作成绩都很出色（Y_5）	
	彼此团队都达到了预期目标（Y_6）	

表 6-14 中团队间学习模式两个变量的 Cronbach's α 系数分别为 0.74 和 0.81，均大于 0.7，说明量表中各变量的测量一致性良好，量表信度较好，能够进行进一步的分析。

表 6-15 是团队间学习绩效样本数据的 KMO 检验及 Bartlett's 球体检验结果，从表中可以得出团队间学习绩效样本数据的 KMO 检验值为 0.816，大于 0.7，同时，Bartlett's 球体检验的显著性概率为 0.000，小于 0.001，这说明量表中各数据具有一定的相关性，适合做因子分析。

表 6-15　团队间学习绩效的 KMO 检验和 Bartlett's 球体检验结果

KMO 值	0.816	
Bartlett's 球体检验	卡方值	376.568
	自由度	129
	显著性概率	0.000

在 SPSS 17.0 中，用主成分分析法抽取特征根大于等于 1 的因子，用最大正交法进行旋转，旋转后因子负荷矩阵和累积方差贡献率等指标见表 6-16。

表 6-16　团队间学习绩效因子分析

变量	测量项目	因子负荷		累积方差贡献率
		1	2	
团队间成员个人学习绩效	Y_1	0.693	0.359	43.816%
	Y_2	0.834	0.281	
	Y_3	0.853	0.318	
团队间团队层面学习绩效	Y_4	0.215	0.738	78.297%
	Y_5	0.324	0.881	
	Y_6	0.257	0.736	

从表 6-16 可以看出，经过因子分析后共抽取了 2 个因子，其方差贡献率为 78.297%，同时，因子分析的结果与上文所设计的量表一致，这说明团队间学习绩效测量表中各个测量项目设计良好。

根据上文对样本数据 1 和样本数据 2 中数据的信度和效度检验结果可以得知，两个样本数据中的数据均具有较高的可靠性和有效性，可以用于进一步研究。

6.3.2　结构方程模型的设定、识别及估计

应用结构方程模型的分析方法来对本书所提出的理论模型进行分析，并对研究中提出的假设进行检验。之所以使用结构方程模型，是因为结构方程模型能同时对多个因变量进行处理、允许自变量和因变量测量误差的存在，以及它能对整个模型的拟合程度进行估计。

1. 模型设定

根据6.1节的理论模型及6.2节样本数据的分析结果，构建了结构方程模型Ⅰ和模型Ⅱ，如图 6-7 和图 6-8 所示。

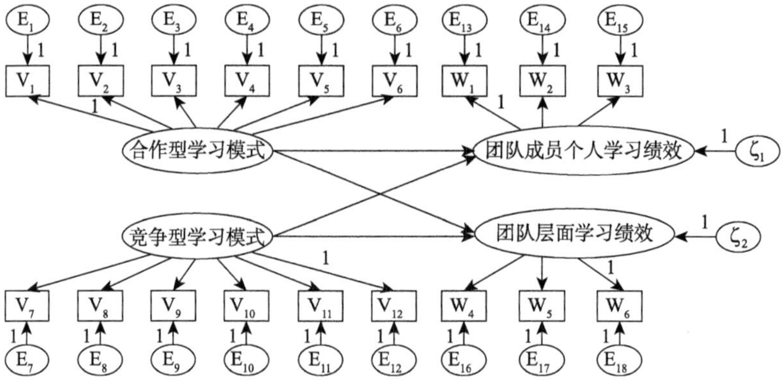

图6-7　结构方程模型Ⅰ

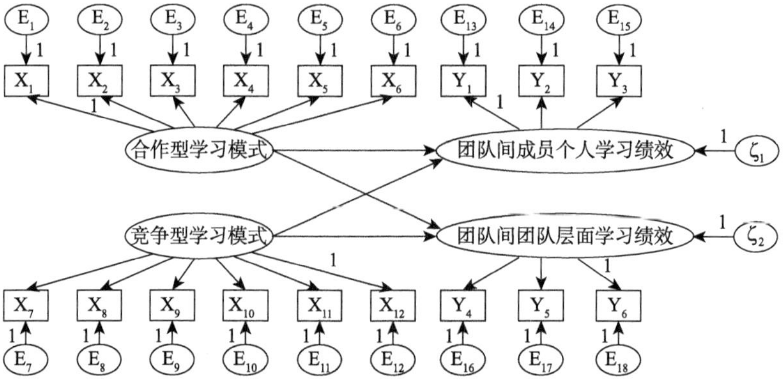

图6-8　结构方程模型Ⅱ

从图 6-7 中可以看出，模型Ⅰ中共有 4 个潜在变量，每个潜在变量分别对应 3 个或 6 个测量指标，共 18 个观测变量和 44 个待估参数。根据一些学者们的研究，每一个参数至少需要 5 个样本才能较准确地被估计，因此该模型参数的估计至少需要 220 个样本数据。由前文可知，模型Ⅰ应使用样本数据 1 中的数据，其样本数据的数量为 526个，满足参数估计的要求。

与模型Ⅰ一致，结构方程模型Ⅱ中也包含 4 个潜在变量，并分别含有

3 个或 6 个观测变量。模型Ⅱ中共 18 个观测变量和 44 个待估参数，根据学者们的研究，模型Ⅱ中参数的估计至少需要 220 个样本数据，而由前文可知，样本数据 2 中共包含 263 个样本数据，因此，可以满足参数估计的要求。

2. 模型识别

本书采用待估参数个数与样本协方差个数比较的结果来判断结构方程模型是否可识别。当待估参数个数不多于样本协方差个数时，则认为结构方程模型是可识别的；反之，则结构方程模型不可识别。

这种方法的实质是比较模型中已知量与未知量的个数。已知量的个数就是样本协方差矩阵中元素的个数，但由于样本协方差矩阵式是对称矩阵，因此这里已知量的个数只能是矩阵中对角线元素和上（下）三角矩阵中元素的个数之和。通常用 p 表示外生观测变量个数，q 表示内生观测变量个数，那么模型中的已知变量个数即为 $(p+q)\times(p+q+1)/2$。待估参数个数指的是模型中待定的因子负载、路径系数、误差变量和干扰变量的总数，通常用 t 表示。对于结构方程模型Ⅰ来说，根据前文和图 6-8 可以得出 p=12，q=6，t=44，可得如下不等式：$t=44<171=(12+6)\times(12+6+1)/2$，因此，模型Ⅰ是可识别的；同理可知，结构方程模型Ⅱ也是可识别的。

3. 模型估计

模型估计是使用最小二乘法或极大似然值法根据观测变量样本数据的方差或协方差对模型中的参数进行估计。这两种方法都要求所用的样本数据呈正态分布，因此若样本数据不符合正态分布或者数据具有很高的峰和偏度值，那么这些数据就不能用来对结构方程模型进行检验，即不能进行下一步的建模分析。本书使用 K-S 检验来检验样本数据 1 和样本数据 2 是否符合正态分布，并且在做 K-S 检验之前，假定这组数据符合正态分布，然后根据检验所得的显著性与给定的显著性水平的比较结果判断是否拒绝原假设，若实际显著性水平低于给定的显著性水平，应拒绝原假设，相反则应接受原假设。表 6-17 和表 6-18 分别给出了样本数据 1 和样本数据 2 的 K-S 检验结果。

表 6-17　样本数据 1 的 K-S 检验结果

测量项目	样本量	均值	标准差	显著性
	N	Mean	Std.Deviation	Asymp.sig
V_1	526	2.65	0.96	0.45
V_2	526	2.98	1.55	0.15
V_3	526	3.14	1.26	0.23
V_4	526	3.61	0.86	0.31
V_5	526	3.80	1.66	0.11
V_6	526	4.11	1.23	0.19
V_7	526	3.87	1.11	0.34
V_8	526	3.19	1.93	0.28
V_9	526	4.01	1.09	0.16
V_{10}	526	3.95	1.62	0.21
V_{11}	526	4.07	1.01	0.44
V_{12}	526	3.51	1.00	0.35
W_1	526	3.59	1.52	0.13
W_2	526	3.81	1.55	0.18
W_3	526	3.64	1.48	0.38
W_4	526	3.70	1.26	0.24
W_5	526	2.99	0.59	0.40
W_6	526	3.95	1.56	0.43

表 6-18　样本数据 2 的 K-S 检验结果

测量项目	样本量	均值	标准差	显著性
	N	Mean	Std.Deviation	Asymp.sig
X_1	263	2.65	0.31	0.13
X_2	263	2.98	0.49	0.21
X_3	263	3.14	1.37	0.26
X_4	263	3.61	0.51	0.17
X_5	263	3.80	1.83	0.19
X_6	263	4.11	1.91	0.11
X_7	263	3.87	1.62	0.27
X_8	263	3.19	1.19	0.23
X_9	263	4.01	0.98	0.09
X_{10}	263	3.95	1.71	0.10
X_{11}	263	4.07	1.24	0.22
X_{12}	263	3.51	1.09	0.24

续表

测量项目	样本量	均值	标准差	显著性
	N	Mean	Std.Deviation	Asymp.sig
Y_1	263	3.59	1.25	0.14
Y_2	263	3.81	1.21	0.20
Y_3	263	3.64	1.46	0.41
Y_4	263	3.70	0.29	0.30
Y_5	263	2.99	0.75	0.27
Y_6	263	3.95	1.69	0.08

本书给定的显著性水平是 0.05，由表 6-17 可知，样本数据 1 的 K-S 检验的显著性水平最小值为 0.11，大于 0.05，因此，应接受原假设，即本书所使用的样本数据 1 中的数据符合正态分布，能够用于结构方程模型的检验。

根据表 6-18，表中 K-S 检验的显著性水平值均大于 0.05，因此，应接受原假设，即本书所使用的样本数据 2 中的数据符合正态分布，可以对结构方程模型进行检验。

6.3.3　结构方程模型的评价、修正及确定

经过结构方程模型的设定、识别和估计之后，下面需要对模型进行评价、修正并确定出最终的结构方程模型。模型的评价是对模型的可接受程度的探讨，也就是判断理论模型能否经受得住实证的检验，即理论模型与样本数据之间一致性的程度，结构方程模型的可接受程度可以用模型拟合优度指标来表示。同时模型适配度越高，说明理论模型与样本数据之间一致性程度越高。当模型适配度在可接受程度之外时，就要重新对理论进行分析、重新设定理论假设等，即对模型进行适当的修正。理论模型通过实证检验后即可得到一个正确的结构方程模型，并且可以对结构方程统计结果做出说明。

1. 模型 Ⅰ 的评价、修正及确定

使用 AMOS 17.0 对模型 Ⅰ 进行全模型检验，所得模型 Ⅰ 的参数及路径估计结果如图 6-9 所示。

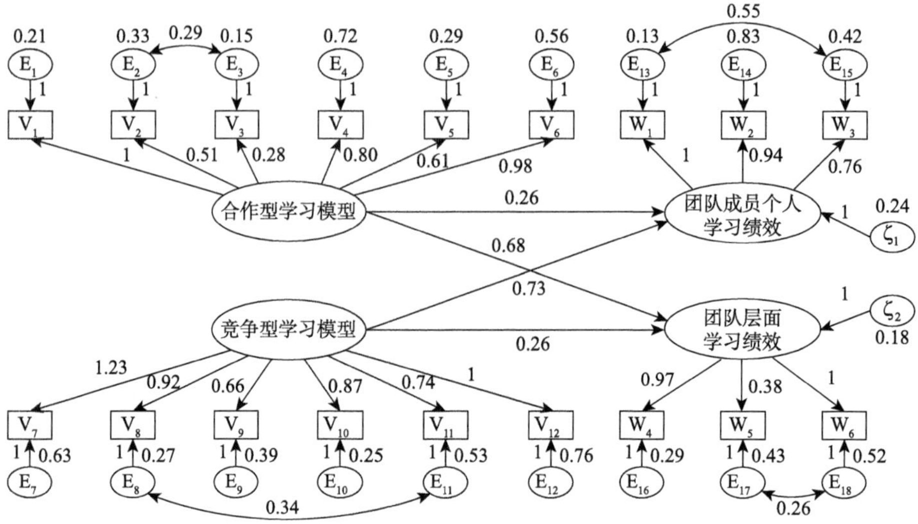

图6-9　模型 I 参数及路径估计图

数据来源于样本数据1

模型拟合指数可以反映模型拟合程度的优劣。本书参考王铁男等（2009）关于结构方程模型整体拟合度检验指标对结构方程模拟合情况进行检验。由于作为结构方程模型拟合指标的 χ^2 检验要求样本数在100~200，样本量过大或者是过小都会导致 χ^2 检验的不准确，但可以用卡方与自由度的比值 $\left(\chi^2/\mathrm{df}\right)$ 来弥补样本量过大导致的 χ^2 检验不准确的不足。样本数据 1 中共有 526 份样本数据，因此结构方程拟合度指标中用 χ^2/df 代替 χ^2 检验。模型 I 拟合指标如表 6-19 所示。

表 6-19　模型 I 拟合度指标

衡量指标	指标值	判断准则
绝对适配度指数		
卡方自由度比（ χ^2/df ）	3.07	小于 3 拟合较好
拟合优度指数（GFI）	0.886	取值 0~1，通常大于 0.9
均方根残值（RMR）	0.061	取值 0~1，值越小越好
近似误差均方根（RMSEA）	0.021	取值 0~1，值越小越好
增值适配度指数		
调整后拟合优度指数（AGFI）	0.873	取值 0~1，越接近 1 越好
规范拟合指数（NFI）	0.887	取值 0~1，通常要大于 0.9
比较拟合指数（CFI）	0.908	取值 0~1，通常也要大于 0.9

续表

衡量指标	指标值	判断准则
简约适配度指数		
简效拟合优度指数（PGFI）	0.507	取值 0~1，一般应大于 0.5
简效规范拟合指数（PNFI）	0.613	取值 0~1，一般应大于 0.5

（1）χ^2/df 指标。χ^2/df 表示卡方检验值与自由度的比值，通常其值小于 3 时表示结构方程模型拟合良好。从表 6-19 中可知，模型 I 的 χ^2/df 为 3.07，大于 3，说明结构方程模型拟合不是很好，需要进一步修正。

（2）拟合优度指数（GFI）。拟合优度指数是观测数据的方差与协方差能够被模型方差和协方差解释的程度，通常 GFI 值应大于 0.9。表 6-19 显示，GFI 值为 0.886，小于 0.9，说明模型的适配度欠佳，模型需要进一步调整。

（3）均方根残值（RMR）。均方根残值是适配残差与协方差平均值的平方根，其值越小越好。研究结果表明 RMR 值为 0.061，说明该模型较好。

（4）近似误差均方根（RMSEA）。近似误差均方根是通过考查自由度的差异情况来说明模型适配的程度，其值越小越好。表 6-19 中近似误差均方根值为 0.021，说明模型适配程度较好，但模型还需要进一步调整。

（5）调整后拟合优度指数（AGFI）。调整后拟合优度指数是根据自由度和变量个数的比率来调整拟合优度指数（GFI），其值介于 0~1，越接近 1（最好能大于 0.80），模型适配度越高。研究结果表明 AGFI 值为 0.873，说明模型适配程度较高。

（6）规范拟合指数（NFI）。规范拟合指数应大于 0.9，并且越接近 1 越好。表 6-19 中 NFI 值 0.887，小于 0.9，说明模型有必要进一步调整。

（7）比较拟合指数（CFI）。比较拟合指数能够克服 NFI 产生的缺失，能够促进在竞争模型中选择最好的适配度，其值大小最好也要大于 0.9，且越接近 1 越好。表 6-19 给出了研究的 CFI 值为 0.908，符合标准。

（8）简效拟合优度指数（PGFI）。简效拟合优度指数值是 GFI 乘以简效比值所得的结果，其值大小介于 0~1，一般情况下 PGFI 值要大于 0.5，且越大越好。表中 PGFI 值为 0.507，略大于 0.5，表明模型还是可以接受的，但需要进一步调整。

（9）简效规范拟合指数（PNFI）。简效规范拟合指数是对 NFI 指标的修正，其值越大越好，一般情况下，其值要大于 0.5。表 6-19 中 PNFI 值为 0.613，明显大于 0.5，说明模型可以接受。

根据表6-19的结构方程模型拟合度指标可以得出，构建的模型 I 总体拟合情况良好，同时，上述指标指数也表明结构方程模型还需要进一步调整。表 6-20 给出了模型 I 路径系数的检验结果。

表 6-20　模型 I 路径系数检验结果

假设路径	未标准化路径系数	标准化路径系数	临界比值	显著性概率	显著性
团队成员个人学习绩效←合作型学习模型	0.258	0.276	1.957	0.052	待观察
团队层面学习绩效←合作型学习模型	0.733	0.684	1.979	***	显著
团队成员个人学习绩效←竞争型学习模型	0.677	0.632	2.374	0.006	显著
团队层面学习绩效←竞争型学习模型	0.264	0.273	0.628	0.061	不显著

***表示在 0.01 水平上显著

根据表 6-20 模型 I 路径系数的检验结果，我们可以对模型进行修正。侯泰杰（2004）认为当模型路径系数检验结果临界比值小于 1.96 时，该路径系数在显著性概率小于 0.05 的水平上不具有统计的显著性，需要删除该路径。表 6-20 中路径“团队层面学习绩效←竞争型学习模型”的临界比值远小于 1.96，显著性概率值远大于 0.05，所以该路径应予以删除。路径“团队成员个人学习绩效←合作型学习模型”的临界比值及显著性概率值虽然都不在本次研究规定的范围内，但与规定的阈值相差不大，所以此处为这四条路径规定的状态为“待观察”。路径“团队层面学习绩效←竞争型学习模型”修正后的模型 I 拟合指数与原模型 I 拟合指数对比表如表 6-21 所示。

表 6-21　模型 I 与修正后模型拟合度对比表

衡量指标	修正后模型 I	模型 I
χ^2/df	2.98	3.07
GFI	0.890	0.886
RMR	0.053	0.061
RMSEA	0.018	0.021
AGFI	0.887	0.873
NFI	0.901	0.887
CFI	0.913	0.908
PGFI	0.522	0.507
PNFI	0.627	0.613

从表 6-21 中可以看出，修正后模型Ⅰ各拟合指标均有所改善，与模型Ⅰ相比具有更好的拟合优度。此外，删除路径“团队层面学习绩效←竞争型学习模型”之后，“团队成员个人学习绩效←合作型学习模型”这条路径也表现为显著。修正后模型Ⅰ的路径系数检验结果如表 6-22 所示。

表 6-22　修正后模型Ⅰ路径系数检验结果

假设路径	未标准化路径系数	标准化路径系数	临界比值	显著性概率	显著性
团队成员个人学习绩效←合作型学习模型	0.251	0.273	1.960	0.049	显著
团队层面学习绩效←合作型学习模型	0.713	0.687	1.973	***	显著
团队成员个人学习绩效←竞争型学习模型	0.674	0.633	2.334	0.006	显著

***表示在 0.01 水平上显著

通过模型拟合指数及模型路径系数检验结果可以看出，修正后的模型Ⅰ拟合优度良好，路径表现显著，因此，将修正后的模型Ⅰ确定为模型Ⅰ的最终模型，如图 6-10 所示。

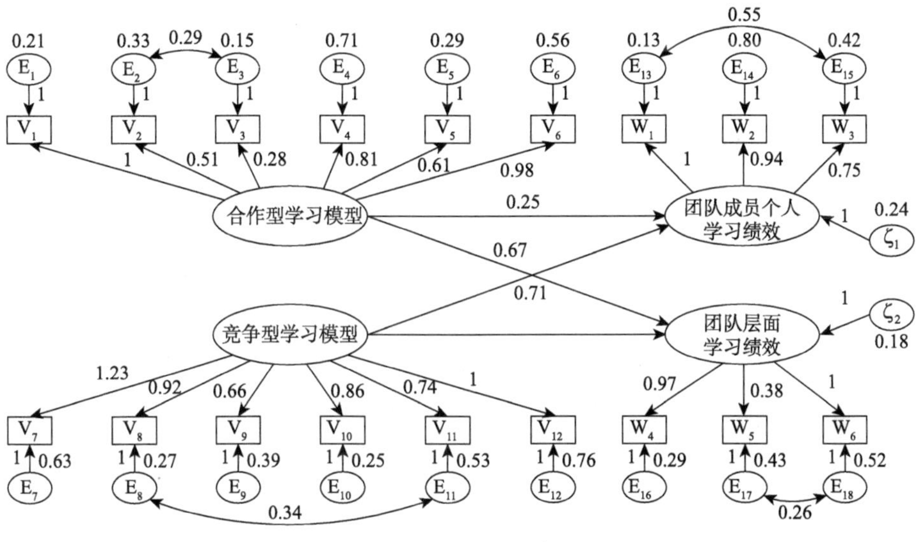

图6-10　模型Ⅰ最终模型

2. 模型Ⅱ的评价、修正及确定

本部分同样使用 AMOS 17.0 对模型Ⅱ进行全模型检验，所得模型Ⅱ的参数及路径估计结果如图 6-11 所示。

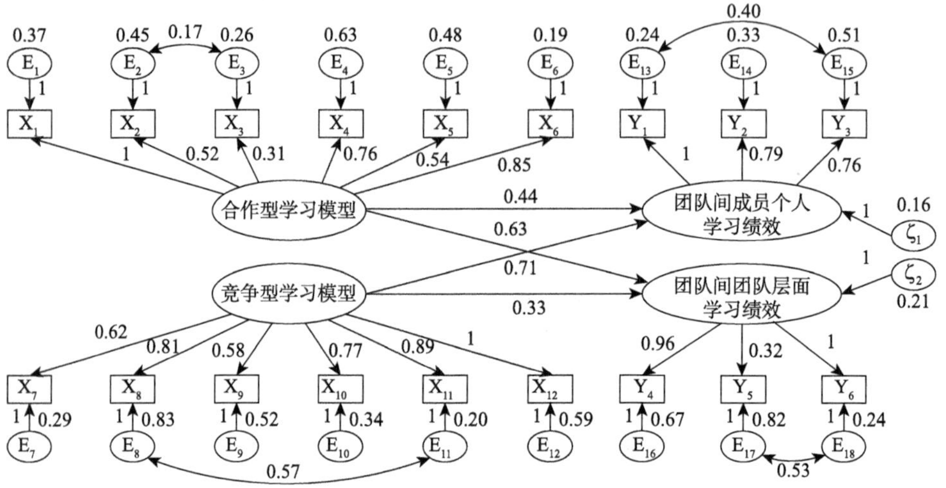

图6-11　模型Ⅱ参数及路径估计图

数据来源于样本数据2

模型Ⅱ拟合指标如表 6-23 所示。

表 6-23　模型Ⅱ拟合度指标

衡量指标	χ^2/df	GFI	RMR	RMSEA	AGFI	NFI	CFI	PGFI	PNFI
指标值	3.13	0.852	0.058	0.031	0.892	0.884	0.897	0.511	0.586

根据表 6-23 的结构方程模型拟合度指标可以看出，构建的模型Ⅱ总体拟合情况良好，同时，上述指标指数也表明结构方程模型还需要进一步调整。表 6-24 给出了模型Ⅱ路径系数的检验结果，并给出了模型中各变量之间的路径显著情况。

表 6-24　模型Ⅱ路径系数检验结果

假设路径	未标准化路径系数	标准化路径系数	临界比值	显著性概率	显著性
团队间成员个人学习绩效←合作型学习模型	0.443	0.451	1.951	0.055	待观察
团队间团队层面学习绩效←合作型学习模型	0.709	0.691	1.972	***	显著
团队间成员个人学习绩效←竞争型学习模型	0.627	0.619	1.943	0.058	待观察
团队间团队层面学习绩效←竞争型学习模型	0.331	0.349	0.793	0.077	不显著

***表示在 0.01 水平上显著

根据表 6-24 模型路径系数的检验结果，可以对模型进行修正。同样根据侯泰杰（2004）的观点删除了路径“团队间成员个人学习绩效←竞争型学习模型”，而路径“团队间成员个人学习绩效←合作型学习模型”和路径“团队间成员个人学习绩效←竞争型学习模型”以待观察路径放在模型中。路径“团队间团队层面学习绩效←竞争型学习模型”删除，修正后的模型Ⅱ拟合指数与模型Ⅱ拟合指数对比表如表 6-25 所示。

表 6-25　模型Ⅱ与修正后模型拟合度对比表

衡量指标	χ^2/df	GFI	RMR	RMSEA	AGFI	NFI	CFI	PGFI	PNFI
模型Ⅱ指标值	3.13	0.852	0.058	0.031	0.892	0.884	0.897	0.511	0.586
修正后模型Ⅱ指标值	3.01	0.860	0.053	0.031	0.903	0.889	0.899	0.511	0.586

从表 6-25 可以看出，删除了路径“团队间团队层面学习绩效←竞争型学习模型”后模型Ⅱ各拟合指标均有所改善，与原模型Ⅱ相比具有更好的拟合优度。而修正后的模型Ⅱ路径系数检验结果如表 6-26 所示。

表 6-26　修正后模型Ⅱ路径系数检验结果

假设路径	未标准化路径系数	标准化路径系数	临界比值	显著性概率	显著性
团队间成员个人学习绩效←合作型学习模型	0.442	0.453	1.959	0.043	显著
团队间团队层面学习绩效←合作型学习模型	0.706	0.687	1.975	***	显著
团队间成员个人学习绩效←竞争型学习模型	0.631	0.622	1.956	0.045	显著

***表示在 0.01 水平上显著

通过模型拟合指数及模型路径系数检验结果可以看出，修正后的模型Ⅱ拟合优度良好，路径表现显著，因此，将修正后的模型Ⅱ确定为模型Ⅱ的最终模型，如图 6-12 所示。

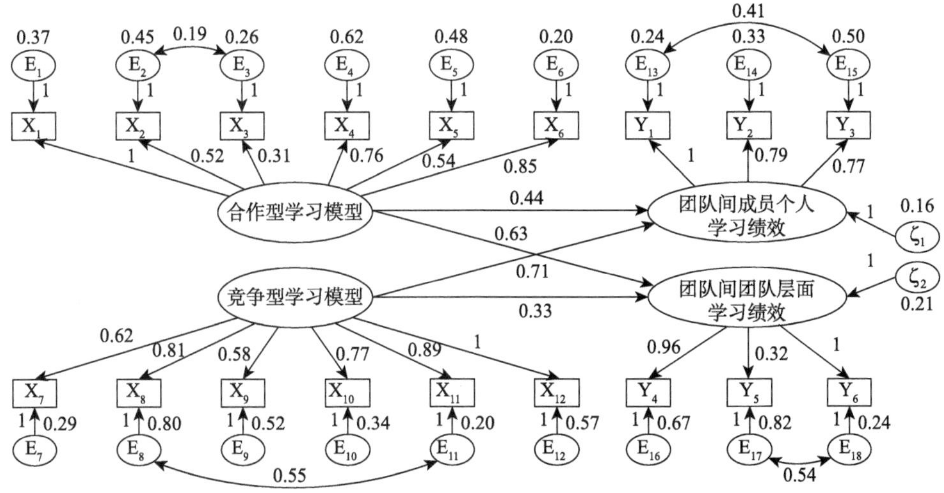

图6-12　模型Ⅱ最终模型

6.4　本章小结

本章主要使用 SPSS 17.0 和 AMOS 17.0 软件对本书所收集到的数据及所建的结构方程模型进行检验和分析。

（1）样本数据的收集与分析。主要采用问卷调查的方法来获取样本数据，并为数据的甄选设定了标准，同时为了保证数据收集的真实性，还选取了 10 家企业作为访谈对象；收集完成后通过 SPSS 17.0 软件对样本数据的信度和效度进行了检验。

（2）结构方程模型的构建。首先构建组织中跨边界学习模式的结构方程模型；然后借助 AMOS 17.0 软件对结构方程模型进行评价和修正，最终确定出组织中跨边界学习模式与学习绩效的最终关系模型。

（3）实证分析结论。根据最终确定的结构方程模型得出了本书的假设检验结果：除假设 $H_{6\text{-}2}$ 中的第二条和假设 $H_{6\text{-}4}$ 中的第二条不成立外，其他所有假设均成立，即竞争型学习模式与团队间团队层面的学习绩效和单一团队层面的学习绩效不相关，而对团队间个人层面学习绩效和单一团队成员层面学习绩效有着重要作用；合作型学习模式不论是对团队间个人层面、团队层面，还是对单一团队个人层面、团队层面的学习绩效都有促进作用。

第 7 章　组织中跨边界学习的路径研究

组织中跨边界学习的路径主要是描述一个组织中两个团队之间的学习渠道、学习途径。组织中团队间的学习即团队之间的知识交流、扩散和共享，原欣伟等（2009）将组织中知识的共享模式划分为两种基本模式，即正式知识共享和非正式知识共享，其中正式知识共享依托于组织的规章制度，有着固定的内容和形式；非正式知识共享则是依赖于组织中个人之间的私人关系，没有固定的内容和形式。基于此，我们将组织中的跨边界学习的路径分为正式路径（formal paths）和非正式路径（informal paths）。

7.1　跨边界学习的正式路径

组织中跨边界学习的正式路径是指一个组织中团队间的学习渠道在组织中有着明确的规划，具有相应的制度指导和约束，并且具有固定的方式和形式，或者会呈现一定的周期性，这可以认为是组织有意识的学习。Marks 经过对一个大型组织的知识管理系统的调查后认为组织中员工知识共享的频度、意愿和努力在组织正式的监管控制下都会有很大提升。而在组织正式监管控制下的员工知识共享就是让员工在知识共享过程中能够按照一定的规范、标准和形式进行，即在组织的正式途径下完成知识共享。因此，组织中跨边界学习的正式路径也会极大地促进团队间的学习。本书认为组织中跨边界学习的正式路径包括知识文档传递、经验交流会、派遣团队成员指导（或学习）、难题研讨、企业信息化平台及标杆学习等六种。

1. 知识文档传递

知识是团队间学习的主要对象，团队间相互学习的目的就是获取对彼此有利的知识。知识文档是指团队在日常的工作中对团队中知识（包括新知识）的记录所形成的文本，它是团队大部分知识的总结，如团队技术手册、团队成员就某一问题提出的意见和建议、任务规划和进度总结等。可以说知识文档是团队的知识库，它是团队最宝贵的资源，是团队的私有资产，它是团队完成工作目标、提升团队生存能力的根本，所以，一般情况下，团队不会轻易将知识文档与人共享。因此，通过制定明确的团队知识文档交互规定，可以保证团队间的知识得到顺利传递。

要保证知识文档的顺利传递，除了遵守组织制定的相应的规定之外，还需要注意以下两个问题：①团队隐性知识的显性化。众所周知，不论是显性知识还是隐性知识，都是知识的一部分，因此，团队知识中既包含显性知识又包含隐性知识。同时，团队间知识的传递不仅仅是显性知识的扩散，更多是隐性知识的扩散。团队知识文档包含了团队绝大部分的知识，这些知识中有一部分是显性知识，还有一部分是属于隐性知识经过显性化后的知识，有学者将这一显性化过程称为知识的“编码”。②知识的吸收。由于知识文档传递知识并不能直接为己所用，其需要通过自己理解，并将这些知识转为自身知识的一部分，然后才能被用于自己日常的工作当中，这就需要团队对新的知识有较强的吸收能力，能够将文档中的知识转化为自己能够理解的特定“语言”，也有人称之为知识的“解码”。

2. 经验交流会

经验交流会是以组织会议的形式将团队成员组织在一起进行经验分享。经验是团队在日常工作中对事务处理流程、处理方式等的概括和总结，即从已发生的事情中获取的知识。在团队间学习的过程中，经验交流会这一学习途径不同于知识文档的传递，在经验交流会中，与会人员直接接触的不是书面知识，而是经验分享者通过其口语、肢体语言和表情语言等所展现的知识，这些知识由于其展示方式的生动性，其他学习者容易接受和理解，并且经过知识分享者的当面解读，学习者会对知识有更深层次的理解。经验交流会可以是公司每年的年度会议，也可以是两个团队在公司统一的安排、约束条件下开展的交流活动等。

经验交流会的开展是要求团队中成员将自己的经验与其他人员进行分享，并且由于经验中所包含的知识以隐性知识为主，经验的交流就是要能够将隐性知识显性化，因此，团队间在采用经验交流会的途径开展彼此间学习时，他们首先要了解经验交流会的重心，即主要是交流哪一方面的经验；其次，团队中的成员要对自己的经验进行总结，提炼出精华部分；最后，对自己的经验要能够准确地表达。

3. 派遣团队成员指导（或学习）

派遣团队成员指导（或学习）是指两个团队之间相互挑选各自团队成员进入对方团队中，通过具体的工作实践将知识传递给对方团队，或者学习对方团队中的知识，并进行总结，实质上就是进行“干中学”。知识尤其是隐性知识具有一定的环境依赖性，需要在特定的环境中才能被表达清楚或者发挥作用，而采用“干中学”的方式有利于知识学习者对知识的理解，提高其对知识的吸收和转化的效率。

在派遣团队成员指导（或学习）时最主要的问题就是人员挑选。被派遣的指导人员进入另一方团队时，需要在实践过程中将知识传递给该方团队成员，因此，指导人员要有一定的知识存量，同时还有要有一定的知识转移能力；同理，被派遣到另一方团队学习的成员，要能够在实际工作中学习到该团队的知识，因此，学习者的知识吸收能力要比较强，同时也要保证其有足够的知识存量以防止知识位差过大导致不能很好地学习。所以，在进行派遣团队成员指导（或学习）时要以成员的知识存量和知识转移能力（或知识吸收能力）为标准。

4. 难题研讨

难题研讨是指团队在完成任务的过程中，出现某些本身团队难以解决的难题并阻碍团队的进度时，团队与其他团队就这一问题的解决方案进行商讨。团队任务完成过程中不可能一帆风顺，必然会出现阻碍团队目标实现的一些问题，这些问题的解决实际上也是团队成员知识学习的过程，当解决这些问题所需要的能力超出团队能力时，那么团队间通过研讨的方式探索问题解决的方案将很有可能帮助团队获得打破阻碍的方法。团队双方将这些问题以研讨会的形式交予双方成员，让他们各抒己见，相互启发，最终也会获取一定量的创新知识，从而提高团队知识存量，获得问题的解决方案，达到团队知识学习的目的。

采取难题研讨这种团队间学习路径时，两个团队所面临的难题必须是相似的，否则两个团队是不会就各自难题进行研讨的，这就要求两个团队的任务相似或者是二者面临的难题所在的团队阶段性任务是相似的。

5. 企业信息化平台

企业信息化平台是加强组织中团队间沟通学习的有效载体。各个团队所开展的各种活动都呈现在信息化平台上，组织或团队需要解决的问题往往也发布在公共平台上，各个团队成员可以以信息化平台为依托，打破部门界限，相互学习、相互启发，一起为解决问题献计献策。同时，企业、团队成功的经验与失败的教训，团队各项制度、流程与方法等都通过信息化平台得以保存与分享，企业信息化平台有力地促进了组织中跨边界学习的开展与学习效率的提升。

6. 标杆学习

标杆学习是指组织或组织中的团队以其他优秀组织或团队为标杆、为赶超对象，通过对比找差距，通过学习找方法，通过实干加巧干，争取在较短的时间内赶上乃至超过学习的标杆。标杆学习已经成为当今多种组织或团队采用的学习方法。标杆学习可以发生在组织与外部组织之间，也可以发生在组织内部团队与团队之间，当组织中团队之间实施标杆学习时，标杆学习就演变成为组织中跨边界学习的一种正式路径。通过标杆学习，后进的团队有意识地向组织中先进的团队学习，相对先进的团队向更先进的团队学习，最先进的团队往往向外部先进标杆看齐。标杆学习能够较好地实现团队间的知识共享与有效传递，日益成为组织中跨边界学习的一种普及性的正式学习路径。

7.2　跨边界学习的非正式路径

组织中跨边界学习的非正式路径与正式路径的含义在一定程度上是具有相反意义的，团队间的非正式学习渠道在组织中没有相应的制度规定，因此，组织中两个团队通过非正式渠道进行相互学习时没有一个相对应的制度对其进行约束和指导，它们的学习途径可能是随机的，没有一个固定的形式，也不会呈现一定的规律性，这是一种团队间无意识的学习。对于非正式学习路径，本书认为其包括非正式会议、兴趣小组、网络群体、工间茶歇、“东走西瞧”等，同时，由于非正式学习路径是团队双方商定的、临时性的、随机的活动，在采用非正式路径实施团队间学习时没有特定的规则和要求。

1. 非正式会议

组织中的跨边界学习的正式会议是组织中两个团队所有成员之间的会议，在会议之前向组织提供会议主要研讨内容的摘要，会议结束后向组织提交会议的书面文件，如上文中的经验交流会。而组织中跨边界学习的非正式会议可以是团队所有成员，也可以是与讨论内容相关的团队中的某些成员参与的会议，其事前不用向组织提交会议内容摘要，也不需要提交会议总结的书面文件，它是两个团队由于某些问题的出现而临时组织的会议。例如，在组织中，某两个团队有一些技术难题需要解决，那么可以迅速将两个团队中相关的成员组织在一起，对问题进行研讨，并寻找出解决方案。从正式会议和非正式会议的描述中可以看出，非正式会议流程较为简单，能够在较短时间内、较少人员参与下组织会议并完成相应的工作。

2. 兴趣小组

兴趣小组是指组织中不同成员之间基于相同或者相似的业余爱好而组成的一个群体，如企业中篮球爱好者组成的篮球队等。兴趣小组中的成员有着相似的兴趣，因此，他们之间有着更多的共同语言，他们在交流过程中更容易让对方理解自己。另外，兴趣小组中的成员之间谈论的内容并非全是二者共同的兴趣，假如二者来自不同的团队，那么他们很有可能把团队工作中的问题、经验等作为交谈的内容，在这种情况下，实际上他们也完成了团队间知识的传递与获取，同样有利于团队间的学习。

3. 网络群体

网络群体是基于当前先进的信息技术，将不同地域、不同组织以及不同团队的成员以网络的形式连接起来组成的群体，如QQ群、网络社区等。

组织中不同团队成员之间可以组建他们共同的网络群体，在这一群体中，团队成员不同于非正式会议及兴趣小组中的成员，他们可以各自以匿名的形式在群体中毫无顾虑地发表自己的见解，从而更加容易促进团队间知识的流动以及对团队其他成员的启发。

4. 工间茶歇

现在不少组织在上午或下午中间时间段，在制度上安排 20 分钟时间，员工们在这期间可以做做运动，放松心情，缓释工作的疲劳，呼吸新鲜空气，以更加饱满的精力投入下一阶段的工作。员工在这一时间段还可以喝喝茶，喝点咖啡，吃点点心。志趣相投者或需要解决问题的员工可以利用这段时间聚集在一起，探讨工作中遇到的问题，寻求他人的智慧。我们不能小看这短短 20 分钟的茶歇时间，往往通过思想碰撞，就能产生智慧的火花，创新型组织应该重视并努力推行这个工间茶歇，使之成为常态化的非正式学习路径。

5. “东走西瞧”

“东走西瞧”活动是指组织在工作时间内允许乃至鼓励员工相互走动，从一个部门走到另一个部门，看看他人的工作方式，向他人寻求问题的解决方案。微软公司的总裁比尔·盖茨就要求员工工作时间到各产品开发组之间多走一走看一看，这“东走西瞧”活动能起到沟通、交流、相互学习的作用。传统的组织往往限制员工在工作时间“东走西瞧”，认为这是员工串岗、脱岗，是逃避工作，然而，这种认识显然不适合现代知识创造型组织。因为，知识创造型组织需要员工的创造力，而频繁的交流能够产生新的思想、新的智慧，现代组织应该允许并倡导员工开展“东走西瞧”活动。

7.3　正式路径与非正式路径之间的关系

1. 正式路径与非正式路径之间的区别

组织中跨边界学习的正式路径和非正式路径是组织中两个团队之间学习的两种不同的途径，二者之间的区别是十分明显的：①在组织的制度规范上。组织中跨边界学习的正式路径在组织中是需要相对应的制度约束的，而且组织对每种路径的形式和内容都有相应的要求；而非正式路径的实施则没有相应的约束，其是由团队双方商定的一个临时性的团队学习渠道，采用这种渠道进行学习时，双方可以在一种轻松自在的环境下完成团队间的学习。②在实施过程的简便性上。由于组织中跨边界学习的正式路径有组织的制度规定，在采用正式路径进行团队间学习时，其学习的过程和步骤在组织中都是有具体规定的，所以在实施过程中就有一定的复杂性；而非正式路径是一种随机的、临时的、没有组织监督的学习途径，在实施过程中会较为随意，实施过程也就较为简便。

2. 正式路径与非正式路径之间的联系

组织中跨边界学习的正式路径和非正式路径之间的区别并不能说明二者是相互独立的、没有关联的。正式路径与非正式路径之间的关联体现在以下几个方面：①在二者关系整合上。原欣伟等（2009）认为组织中知识共享的正式路径和非正式路径之间是互补的；徐碧琳（2005）的实证研究表明组织中的正式组织和非正式组织的互动对组织有正向效应。所以，本书认为团队间的正式学习路径和非正式学习路径之间也是相互补充，而不是对立的。②在学习模式上。团队间不论是选择合作型学习模式还是竞争型学习模式，都可以采取正式学习路径和非正式学习路径中的一个或者同时采用两种路径。例如，在采用合作型学习模式的两个团队之间，他们既可以采取派遣成员指导的方式进行团队间的学习，也可以组建他们的网络群体完成团队间的知识交流。③在学习效果上。不论是采取正式路径还是非正式路径进行学习，最终都能促进团队间知识的交流，达到团队间学习的目的。正式路径与非正式路径的关系如表 7-1 所示。

表 7-1　正式路径与非正式路径的关系

<table>
<tr><th colspan="2">路径</th><th>正式路径</th><th>非正式路径</th></tr>
<tr><td rowspan="2">区别</td><td>在组织的制度规范上</td><td>有制度规范，有固定形式、内容</td><td>无制度规范，去固定形式、内容</td></tr>
<tr><td>在实施过程的简便性上</td><td>实施过程复杂</td><td>实施过程简便</td></tr>
<tr><td rowspan="3">联系</td><td>在二者关系整合上</td><td colspan="2">二者是互补的，不是相互对立的</td></tr>
<tr><td>在学习模式上</td><td colspan="2">团队间不论是选择合作型学习模式还是竞争型学习模式，都可以采取正式学习路径和非正式学习路径中的一个或者同时采用两种路径</td></tr>
<tr><td>在学习效果上</td><td colspan="2">二者能促进团队间知识的交流，达到团队间学习的目的</td></tr>
</table>

7.4　跨边界学习路径的两个案例

7.4.1　康缘现代中药研究院的跨边界学习路径

本部分以康缘现代中药研究院连云港分部为案例，归纳总结了其在药品研发过程中不同团队、部门之间跨边界的学习路径，从实证角度论证本书在跨边界学习路径方面的相关研究。

1. 康缘现代中药研究院连云港分部简介

康缘现代中药研究院连云港分部组织架构如图 7-1 所示。

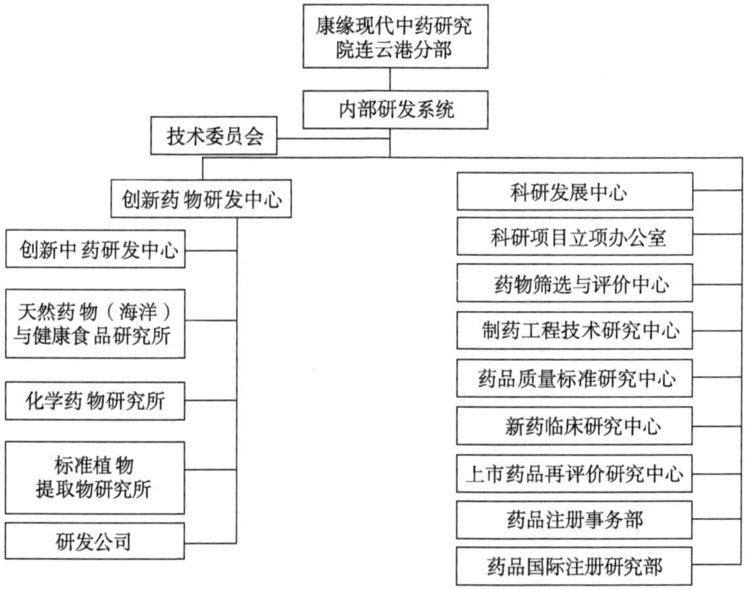

图7-1　康缘现代中药研究院连云港分部组织架构

江苏康缘药业股份有限公司根据企业战略发展规划，于 2010 年初在其创新药物研发中心基础上组建了康缘现代中药研究院，分别在北京、南京和连云港三座城市建立分部，并与北京大学、中国医学科学院药物研究所、中国科学院上海药物研究所等高校和科研单位开展深入的产学研合作，建立了 10 余个共建实验室和包括院士在内的核心专家网络，形成了其外部的合作体系。

康缘现代中药研究院连云港分部下设创新药物研发中心及科研发展中心、科研项目立项办公室等 9 个职能部门，其中创新药物研发中心包括创新中药研发中心、天然药物（海洋）与健康食品研究所等 5 个研发中心。

康缘现代中药研究院连云港分部占地面积 30 亩（1 亩≈666.67 平方米），实验面积 30 000 平方米，设备原值 16 000 万元，现有科研人员 300 余人，博硕士占比 60%以上，其中海外归国专家 5 人，享受国务院政府特殊津贴者 5 人，省突出贡献中青年专家 2 人，省“333 高层次人才培养工程”2 人，国家“千人计划”1 人，省双创人才 2 人，博士生导师 1 人。

2. 康缘现代中药研究院连云港分部组织中跨边界学习路径

康缘现代中药研究院连云港分部的组织学习过程分为四个层次——个人学习、团队学习、跨边界（团队间）学习和组织学习，其中跨边界（团队间）学习层次的学习途径也可以归纳为正式路径和非正式路径。

1）正式路径

（1）成立项目团队。研究院以项目竞标的方式确定担任某项项目的负责人，该负责人可以从研究院其他部门抽调人员来组成项目团队。由于项目团队成员来自不同的部门，在项目完成过程中，团队成员通过相互的知识交流完成团队间的知识分享。为了提高研究院成员参加项目团队的积极性，研究院在项目完成后会给项目团队成员相应的奖励，如奖金、晋升机会等。

（2）项目团队经验交流。研究院要求每个项目完成后，项目团队要将自己的工作经验以经验交流会的形式与研究院其他成员分享。在这一过程中，为了保证项目团队成员能够将自己的经验尽可能多地与其他成员分享，研究院将团队成员在经验交流过程中所展示出的技术能力作为其今后晋升考核的一部分。

（3）制定标准化操作规程。研究院将不同部门和不同项目团队的经验和知识进行了汇总，构建了一个公共知识库，即标准化操作规程。不同部门和不同项目团队将自身知识和经验的总结存入标准化操作规程中，以保证公共知识库知识的更新。

（4）瓶颈问题研讨。对于不同部门或者项目团队在任务完成过程中遇到的瓶颈问题，部门或者团队领导可以向研究院综合管理部门提出瓶颈问题研讨申请，综合管理部门通过集中部分研究院人员与该部门或者团队进行共同讨论的方式探寻瓶颈问题的解决方式。瓶颈问题研讨的过程实际上也是不同部门、团队知识交流的过程。当这一问题不能够通过研究院自身解决时，综合管理部门便会通过聘请外部专家的方式解决这一问题。

（5）内部培训。研究院不定期地挑选一些技能优秀、经验丰富的员工对研究院其他成员进行培训，将自身的知识和经验与他们分享。研究院同样也会给予分享知识和经验的员工以相应的奖励（如奖金、晋升机会等）以提高这些员工对自身知识和经验分享的积极性。

2）非正式路径

（1）建立读书室。为了让员工在工作之余能够获取与自身研究相关的知识或者其他方面的知识，研究院在研究大楼的每个楼层都设有一个员工读书室。无论是哪个部门或者项目团队的成员都可以进入该读书室阅读书籍，这为不同部门或者团队成员之间的交流创造了机会，从而使得部门间或者团队间知识的交流成为可能。

（2）规定茶歇时间。研究院在员工上班期间规定了茶歇时间，在这个时间段内所有成员都可以放下手中的工作，进行一个短暂的休息，也可以与其他成员自由交谈。在这一时间段内，有些员工之间会进行知识的交流或者经验的分享。

本案例是由笔者对康缘现代中药研究院连云港分部黄所长的访谈记录整理而成，反映了康缘现代中药研究院连云港分部团队间学习的相关路径，并且佐证了本书对组织中跨边界学习路径的研究。

7.4.2　丰田公司的跨边界学习路径及其启示

1. 丰田公司的跨边界学习路径

作为世界上最优秀的汽车制造商之一，丰田公司无疑具有卓越的技术能力、高超的管理水平和强大的竞争能力，但从供应链管理的角度看，丰田公司的成功也在很大程度上归因于其在丰田供应链中建立了一种卓有成效的知识共享机制与组织间学习模式。换言之，这种知识共享机制与组织间学习模式是丰田公司核心能力的重要组成部分。

丰田供应链中的组织间知识共享是通过其成员企业间的双重学习（过程）来实现的。第一种学习是指丰田供应商联盟中的“问题解决学习”小组和“自愿学习”小组所开展的学习活动，这两种学习小组特别适合于供应商之间的信息和知识共享。第二种学习是指通过召开公司首脑会议、向供应商的雇员提供大量培训课程和实习机会以及为不同企业之间的人员交往和流动（特别是面对面的接触）创造便利条件等方式，来实现最佳实践和小组学习在水平和垂直两个方向上的快速传播。通过这种双重学习，丰田供应链的成员企业不仅共享了“编码”和信息，而且共享了技能和知识，了解了相关的技术、管理和“游戏规则”。这里的知识既包含“过程知识”——它是关于过程来龙去脉的隐性知识（如设计高业绩组织的技能），也包含“结果知识”——它是关于特定问题解决方案的显性知识。具体而言，所有成员企业共享了以下知识：丰田生产体系、汽车配件实时供货制、丰田质量检验标准、形象管理、问题源头解决等。这种知识共享机制不仅为合理配置和有效使用丰田供应链中的知识资源提供了基础，而且为组织间的相互学习和共同进化创造了条件。

不仅如此，上述双重学习除了能够使“编码”、信息、技能和知识在供应链成员企业之间得到转移和共享之外，还增进了这些企业之间的相互了解和信任，培育了它们强烈的共同命运意识。反过来，相互了解、彼此信任和共同命运意识的建立又进一步促进了组织间知识转移和共享的开展。于是，一个知识转移与共享的良性循环便在丰田供应链中形成了。

丰田供应链中的组织间知识转移是逐层进行的。所谓逐层转移，是指首先由丰田公司把其重要的“处方知识”（如丰田生产系统）转移给其第一层供应商，后者随后便通过由供应商联盟或“自愿学习”小组组织的工作现场会议，来吸收这些知识；其次，第一层供应商把自己接收到的信息和知识传播给第二层供应商；最后，第二层供应商把自己接收到的信息和知识传播给第三层供应商。如此不断进行下去，丰田公司的知识便通过多层供应商网络简单而有效地传播给每一个供应链成员企业。其结果是，“丰田主义”在整个供应链中得到实践，而 JIT（just in time，准时制生产方式）则成了所有供应链成员企业的共同“精神图式”。

所谓精神图式，通俗地讲就是价值观或是思考问题的方式。每一个企业都有其价值观，因而每一个企业都有其精神图式。但是，不同企业所具有的精神图式往往也不同。而组织间的精神图式不相容或差异过大显然会对组织间的知识共享和相互学习产生严重的负面影响。因为由明晰的和含蓄的价值观构成的组织精神图式，实际上就是组织的知识观和学习观，它对组织间的知识共享和相互学习具有重要的指导作用。从这个意义上讲，组织精神图式就是组织的“学习哲学”或学习文化。学习哲学决定学习方式。在学习哲学不相容或差异过大的组织间开展知识共享和相互学习无疑会面临诸多困难和问题，甚至会遇到难以逾越的障碍。因此，在相互信任的基础上协调成员企业间的精神图式或学习方式便成为供应链构建中最重要的工作。

换言之，成功协调成员企业间的精神图式或学习方式是有效实现组织间知识共享和相互学习的前提条件。而在协调成员企业间的精神图式或学习方式方面，丰田供应链为我们提供了一个非常有效而且极具普遍意义和学习价值的丰田模式——通过 JIT 来协调成员企业间的精神图式或学习方式的一种成功模式。

2. 丰田公司跨边界学习的案例启示

本书所介绍的丰田公司跨边界学习案例实际上是组织间的学习路径，然而，组织间的学习路径也可以成功地运用到一个组织内部，尤其是具有上下游供应链的大型组织内部。丰田公司组织间学习路径对组织中的跨边界学习路径建立也有重要的参考价值。

（1）正式路径与非正式路径相结合是跨边界学习的有效路径模式。丰田公司组织间的学习案例揭示了丰田公司采用的正式路径与非正式路径相结合的学习模式，其中，丰田供应商联盟中的“问题解决学习”小组是正式学习路径，而“自愿学习”小组则是非正式学习路径。由于正式路径与非正式路径在提升学习能力中各自可以发挥不同的作用，丰田公司兼收并蓄，双管齐下，将两种学习路径有机融合，产生组织学习的叠加效应。显然，丰田公司的经验也可以被其他公司运用到组织中的跨边界学习中去。

（2）组织中跨边界学习能够增强团队成员之间的信任感。本书第 5 章的实证研究结果表明，团队间的信任程度与学习动机之间是正相关关系，也就是说，两个学习主体之间信任度越高，学习的障碍与阻力越小，学习的动力与学习效果也越好。丰田公司的跨边界学习案例告诉我们，跨边界成员之间一起通过正式路径或非正式路径开展学习也能够有效增强成员之间的信任程度，显而易见，这种彼此日益增强的信任又会更多更好地促进跨边界学习活动的开展。因此，在一个学习型组织中，应该鼓励团队之间经常开展正式学习与非正式学习，让跨边界学习成为一种常态，这样既能够提升组织学习的整体水平，又能够增强团队之间的信任程度，呈现越学习越有活力、越学习越有凝聚力的状况。

（3）精神图式或者说企业价值观认同影响着学习路径的畅通性。丰田公司的案例表明，在学习哲学不相容或差异过大的组织间开展知识共享和相互学习无疑会面临诸多困难和问题，甚至会遇到难以逾越的障碍。精神图式或者说企业价值观属于组织文化的范畴，本书第 5 章的实证研究结果也证明了如果团队间的文化差异太大，不同的团队在沟通过程中会存在很大的障碍。因此，为了提高组织内部跨边界学习路径的畅通性，组织应该注重文化建设，让组织内部每个团队及其成员都能够认同组织塑造的核心价值观，尤其是与知识共享有关的价值观，树立组织鼓励、认同的行为方式，这样就可以最大限度地消除团队间跨边界学习潜在的精神障碍或消极心态，营造出团队间积极主动、相互支持、相互配合的学习状态。

7.5 本章小结

（1）本章对组织中跨边界学习的路径进行了探讨，并指出组织中团队间的学习存在两条路径，即正式路径和非正式路径。正式路径在组织中是有相关的制度约束的，并且具有固定的形式，如知识文档传递、经验交流会、派遣团队成员指导（或学习）、难题研讨、企业信息化平台、标杆学习等；而非正式路径则是在团队间学习过程中随机产生的途径，没有固定的形式和要求，如非正式会议、兴趣小组、网络群体、工间茶歇、“东走西瞧”等。这两种学习路径在组织制度规范上和实施过程简便性上存在着差异，但是二者并不对立，相反，这两种学习路径之间还存在着互补的作用，能够共同提高团队间的学习效率。同时，不论是合作型学习模式还是竞争型学习模式，都可以采用正式学习路径和非正式学习路径。

（2）康缘现代中药研究院连云港分部的跨边界学习案例表明，其组织学习过程分为四个层次——个人学习、团队学习、跨边界（团队间）学习和组织学习，其中跨边界学习途径有正式路径和非正式路径。正式路径具体包括成立项目团队、项目团队经验交流、制定标准化操作规程、瓶颈问题研讨、内部培训。非正式路径包括建立读书室、规定茶歇时间。

（3）丰田公司的跨边界学习路径的案例启示在于：正式路径与非正式路径相结合是跨边界学习的有效路径模式；组织中跨边界学习能够增强团队成员之间的信任感；精神图式或者说核心价值观认同影响着学习路径的畅通性。

第 8 章　组织中跨边界学习的案例研究

在前面的章节中，我们对组织中跨边界学习行为过程机理及影响因素进行了定性和定量研究，在这里，拟对两个具体的企业进行案例研究，来进一步验证组织中跨边界学习的理论观点。本章拟以太阳雨公司和沈阳万科为案例，来具体洞察、剖析企业开展跨边界学习的实践。其中，太阳雨公司的跨边界学习案例来源于本书课题研究小组对企业的考察，沈阳万科的跨边界学习案例来源于中国人力资源开发期刊2015年第4期刊发的公开文献“人力资源管理实践与企业知识共享的实现——基于沈阳万科的案例研究”（李明斐和贝文海，2015）（本章采用了该案例的核心内容）。

8.1　太阳雨公司的跨边界学习案例

8.1.1　太阳雨公司概况

太阳雨公司坐落在江苏省连云港市，是一家拥有“太阳雨”“四季沐歌”两大行业知名品牌的公司。它主要从事太阳能热水器、太阳能热水工程系统、太阳能制冷空调系统和太阳能采暖系统的研发、生产和销售，是目前中国最大的太阳能热水器生产和销售企业，是目前国内太阳能热水器行业的龙头企业，是全球最大的太阳能热水器及热水系统供应商之一。公司在全国建立了江苏、山东、河南三个生产基地。其中，连云港基地是最大的太阳能热水器出口基地，目前的出口额居全国同行业第一。产品销售至国内 30 多个省份及国外近 100 个国家和地区，在韩国更是成为当地市场占有率最高的产品。其具备多类型太阳能热水器及集热系统产品的制造能力和完善的工艺技术，形成了真空管式、平板式、热管式太阳能热水器和工程热水系统等完整的产品线。2012 年 5 月，其母公司日出东方太阳能股份有限公司（603366）作为中国太阳能光热第一股在上海挂牌上市。

8.1.2　太阳雨公司的企业文化

太阳雨公司是一个学习型组织，也是一个创新型组织，其学习与创新的源泉还在于公司的学习与创新行为深深地扎根于其独具特色的优秀的企业文化之中。2011 年，太阳雨公司获得了“全国优秀企业文化建设基地”的殊荣，这在全国企业中也是屈指可数的。

（1）公司的核心价值观。企业文化是企业经营之魂，其核心价值观是企业永续经营之根。太阳雨公司的核心价值观是“诚信、责任、感恩”，即恪守诚信、勇担责任、心存感恩。具体来说，太阳雨公司要求企业的每一位员工都要创信誉、传信誉、守信誉；要将自己经营的事业当作一种责任，不仅要对公司负责，还要肩负公益慈善的社会责任；更将感恩作为一种态度，一种使命，一种力量。太阳雨公司坚信：诚信创造机会，诚信将引导更大、更长远的成功。为了更好地贯彻太阳雨公司的企业文化，该公司在 2009 年将每年的母亲节定为企业的法定节日——企业感恩节：放假一天，每人发 100 元，每个员工在母亲节买一束鲜花，给父母一个拥抱。这一独具特色的企业文化体系是太阳雨公司持续健康发展的原动力。

（2）公司的行为理念。太阳雨公司已建立起一套行之有效的文化体系，包括物质文化、制度文化与精神文化。其中，精神文化包括公司的核心价值观、公司使命与公司愿景、公司员工共同持有的各种行为理念。例如，太阳雨公司提出了“让阳光改变生活，用绿色还原世界”的企业使命；提出了“创世界名牌、做百年企业”的愿景；其工作作风是“注重细节、追求完美”；企业发展观是“健康可持续发展”；企业经营观是“创造性地为客户提供有价值的服务”；企业责任观是“关爱自然、关爱生命、以人为本、止于至善”；企业行为观是“细节决定成败、思路决定出路”；企业人才观是“人人是人才，能者上、庸者下、平者让”；企业领导观是“沟通要有说服力、能力要有征服力、人格要有影响力”；企业质量观是“1%的质量缺陷是用户 100%的灾难”、企业研发观是“用户的难题就是我们开发的课题”。

（3）公司的制度文化。太阳雨公司的文化是一种学习型、创新型文化，也是一种执行型文化，其中制度文化是公司文化运行的基本保证。太阳雨公司建立了一套完整的治理制度、工作制度以及激励制度，其中令人印象特别深刻的是其激励制度。例如，公司每个季度、每个月份以及每周的“明星员工”评选制度，公司以个人姓名命名的“小发明家”制度等极大地激发了员工及团队的创新热情，形成了人人思创新、个个争优秀的积极向上的氛围。

8.1.3　太阳雨公司跨边界学习的过程机理分析

如本书第 4 章图 4-5 所示，组织中跨边界学习的过程机理表明，跨边界学习的发生需要组织通过文化机制、激励机制来推动组织开展团队间的学习，需要通过搭建知识转化平台在团队间进行知识的转化，还需要建立反馈与评价等管控机制等来改善提升团队间的学习成果，最终全面提升组织学习的成果。通过调研，我们发现太阳雨公司系统化地采取了一些措施来提高组织的跨边界学习效率与效果，其管理实践也验证了跨边界学习过程机理的正确性。

1. 管理机制

（1）文化机制。独特的企业文化是太阳雨保持持续健康发展的原动力，太阳雨公司领导高度重视团队间的学习，董事长徐新建先生与总经理万旭昶先生在公司重要会议上总是强调“知识分享”与“合作致胜”的理念。站在跨边界学习的视角，“知识分享”与“合作致胜”的本质就是组织中的跨边界学习，既包括部门内部、团队内部的合作与共享，也包括跨部门、跨团队之间的合作与分享。由于公司高层领导一以贯之的重视与倡导，公司内部各级管理者自然而然地培养起跨边界学习的意识与氛围，并养成相应的行为习惯。董事长徐新建为鼓励团队间进行学习，要求在各个车间安装音控系统，时时传达新的知识和新的消息，这使员工能在无形中感受到学习氛围。同时，太阳雨公司的每一个车间都挂着标有“知识是从学习中获得的”的横幅，鼓励各车间团队不断加强学习。

（2）激励机制。恰当的激励对促进团队间的学习起着重要的作用。太阳雨公司定期评出月度、季度、年度优秀团队、优秀集体，并给予表彰与奖励。同时，对于各团队间经验的互相学习也给予一定的奖励。公司特别重视部门之间、团队之间的合作，公司在部门及部门管理者的业绩考核指标体系中，加上了相互合作、知识共享的指标，并对该项考核指标给出正负分的评价，即对于有效开展合作共享的部门或团队给予加分，而对于那些单打独斗、“留一手”的部门或团队视情况的严重程度将给予负分评价。此外，公司在管理者选拔运用上也将团队合作意识、能力与成效作为需要考察的重要一环。

2. 知识转化平台

知识转化的有效进行，不仅需要一定的管理机制的推动，还需要一定团队学习平台的构建。在这方面，太阳雨公司建立起多元的有利于跨边界学习的知识转化平台，具体如下。

（1）课题招标，鼓励员工自主构建跨部门的项目攻关小组。公司内部每年都会形成若干广义的 QC 小组，即项目攻关小组，小组内部成员来自不同的部门，从而实现了知识共享、优劣势互补，并在知识交叉融合中产生新的知识，有效解决了诸多技术与管理难题。

（2）知识分享会。公司不定期召开多场知识分享会，邀请优秀知识员工分享他们的学习与研究心得，并让其他成员发表自己的感想。这种知识分享会，既让知识在团队间得到有效分享，又激发了成员学习成长的热情。

（3）成果展示媒介。《太阳雨人》是公司对内编辑发行的报纸，报纸每期都要推介团队研究新成果、团队创新经验、公司存在的问题及解决思路、员工智慧分享等；公司在食堂等员工活动的聚集区会设立成果展示区，展示员工的学习体会，让每个员工可以在用餐过程中分享到其他员工的知识观点。

（4）经销商大会与战略研讨会。太阳雨公司每年都要举办经销商大会与战略研讨会。经销商大会上，由优秀经销商介绍他们的成功经验，并有公司管理层进行点评。公司战略研讨会，除了由公司董事长作专题报告外，公司高管围绕公司战略任务执行发表自己的见解，会后，公司中层管理者须根据战略研讨会要求并结合本部门工作实际，写出本部门工作的新思路。

（5）电子社区与公司知识库。公司的电子社区有内部的 BBS 论坛以及各类微信群，公司部门、团队或员工在工作中遇到问题后，可以在这些电子社区发布自己的问题，求得同仁的指导与帮助。公司管理层每年会对热心提供解决方案者给予表彰。此外，公司还将各类会议文档、项目研究经验、部门工作计划与创新举措、员工学习体会等历史资料分类归档，放到公司的“知识库”中，供公司员工查阅。

（6）其他交流沟通平台。例如，公司经常开展“行动中学习之春”系列活动，提倡“行动中学”，将各生产基地的人员集中到一起，进行相互的沟通与交流。公司为每位员工办理旅游年卡，组织班车统一旅游，在轻松的过程中进行学习、交流、沟通。公司鼓励员工在上班时“东走西瞧”，相互学习与讨论。

3. 反馈与评价

（1）反馈会议。公司不定期召开座谈会，征求对公司学习型组织建设的看法、公司开展跨边界学习存在的问题等，公司高管及相关职能部门收集意见后即知已改，不断优化组织学习环境，不断强化“知识分享”与“合作致胜”的工作理念与价值观念。

（2）学习效果测度。公司会让相关职能部门开展对组织学习效果的测度与评价工作，包括定性分析与定量评估。通过对组织学习效果的测度与评价，公司上至高管下至普通员工都能切实感受到跨边界学习取得的效果，进一步提升了公司员工对跨边界学习的认可度。

8.1.4　太阳雨公司跨边界学习的影响因素分析

结合本书对组织中团队间学习的影响因素进行的分析，对于太阳雨公司的案例，我们主要从团队本身因素、知识属性因素和团队间情境因素这三个方面进行阐述。

1. 团队本身因素

从团队本身的因素来看，主要是对学习动机、学习能力和信任程度的研究。学习动机是团队间进行学习的前提和保障，如果团队间学习的意愿不强，团队间学习的积极性就会很弱，就不利于团队间进行学习。为了保证团队间学习的积极性与主动性，太阳雨公司设置了相应的文化与激励机制，使太阳雨公司各车间在学习的态度上表现得相对较积极。

学习能力是团队间学习的关键，如果学习能力不够，即使有再强的学习意愿，都是无效的。因而，为了培养各车间团队的学习能力，太阳雨公司会经常组织大规模的技术培训，甚至是岗位技能竞赛，在培训和竞赛的过程中不断提高各车间的学习能力。

信任程度是团队间进行学习的重要保障，只有各团队间互相信任，团队间的学习才能有效地进行。太阳雨集团所倡导的“诚信、责任、感恩”这一企业文化，对团队间信任程度的培养起着至关重要的作用。它要求各车间成员在工作的过程中恪守诚信、勇于承担责任、保持时刻感恩的心态。这在无形中提升了各团队自身的可信任度，同时，增加了各个成员之间的感情，使得各车间成员之间愿意互相信任。

2. 知识属性因素

从知识属性因素来看，主要是从知识的隐性和知识的模糊性来阐述。在太阳雨公司的调研过程中，我们发现，作为太阳能核心技术的真空管的制造技术，在对真空管进行人工接缝时，容易出现漏气的问题，而对于这一技术的操作，车间各小组之间都有各自的技巧，然而，这种技巧各小组又难以将它形成书面的东西进行交流，只能通过每次反复的学习和操作，使该项技术不断地完善，这就大大地降低了团队间学习的效率。同时，太阳雨公司的各销售团队在营销上也有自己的技巧，而这一技巧也属于一种隐性的知识，不容易进行模仿和传递。

3. 团队间情境因素

从团队间情境因素来看，主要是对团队间的文化差异和团队间的知识差异的研究。

首先，团队间的文化差异程度会严重影响团队间相互学习的效率，若团队间的文化差异较大，就会阻碍团队间的交流和沟通，会减缓团队间知识转化的速度。因此，为降低团队间的文化差异，太阳雨公司经常开展“请出去”的培训和文艺演出，将各个团队的人集中在一起进行培训，交流沟通，学习相同的企业文化。

其次，团队间的知识差异在一定程度上也会影响团队间的学习，团队间的知识差异过大，团队间进行学习时就会存在很大的困难，较强团队会觉得没有学习的必要，而较弱团队在学习上会表现得较为吃力。如果团队间的知识差异过小，从团队间学习的角度上看，各团队没有学习的必要；同时，换个角度，从整个组织的角度上看，各团队的能力得不到提升，就会影响组织的效率。因此，为缩小团队间的知识差异，太阳雨公司会设立专门的信箱，不定期地开展各项座谈会、交流会。太阳雨公司还会组织各生产基地的人员进行岗位技能竞赛，在这一竞赛的过程中，各团队间互相学习，提高学习能力，缩小知识差异。

8.1.5　太阳雨公司跨边界学习的案例讨论

通过对太阳雨公司的调研可以知道，太阳雨公司已经将组织中的跨边界学习视为一个重要的学习途径，因而这次调研结果在一定程度上了佐证了本书关于组织中跨边界学习的相关理论。具体分析如下。

首先，太阳雨公司内部各生产基地以及车间内班组之间的学习行为，在本质上完全符合组织中跨边界学习行为的概念，即这种行为本身就是组织内部单位与单位之间、团队与团队之间跨越边界开展的各种交流互动，通过知识的共享，最终促进组织整体效益的提高。

其次，太阳雨公司通过学习氛围的营造、学习平台的构建、学习活动的开展及学习效果的反馈，来实现组织中跨边界学习过程。

最后，太阳雨公司通过设置相关的管理机制、开展一系列学习培训及优化团队间的沟通渠道等措施，来强化团队本身因素对跨边界学习的促进作用，降低知识属性及团队间文化、知识差异对跨边界学习的阻碍作用。

8.2 沈阳万科公司的跨边界学习案例

8.2.1 沈阳万科公司概况

万科房地产开发有限公司 1993 年进驻沈阳，到目前为止，沈阳万科先后开发了“城市花园”“新榆公馆”等 20 多个中高档项目，为超过 3 万户家庭带来了高品质的万科生活，更凭借连续 10 年第一的市场占有率，成为沈阳地产业的领跑者。同时沈阳万科在知识管理、人力资源管理、周边城市业务拓展等方面也在集团中名列前茅。

沈阳万科现有 12 个职能部，13 个项目部，鞍山、抚顺两个异地事业部。组织架构是典型的矩阵式项目管理体制，采用异地事业部、片区项目等多种项目管理方式。截至 2012 年初，公司有员工 350 人，平均年龄 31 岁，本科及以上学历占 89.5%。员工分管理序列和专业序列，人才梯队分为管理层、一线经理层、二线主管层/接班人和三线潜力人员。

房地产行业不仅是资金密集型，更是知识密集型企业：首先，房地产需整合钢筋、水泥等十几个行业资源，产业链涉及施工、营销等多个专业技术，资源和业务整合复杂；其次，地产项目、城市分布和客户体验的要求差异巨大；第三，行业不成熟、管理粗放。这些都要求房地产企业不断专业化、系统化对项目经验和知识管理进行总结。尤其是近年来，在政府不断强化对房市的宏观调控和各地产公司竞争白热化的双重压力下，通过知识管理来获取竞争优势将直接影响沈阳万科的未来发展。

8.2.2 文化引领：沈阳万科开启跨边界学习的前提

1. 打造“可以共享”的文化氛围，为知识共享的实现创造积极条件

首先，万科制定的《企业文化手册》，明确提出了“人才是万科的资本”的核心理念，并把“尊重人，为优秀的人才创造一个和谐、富有激情的环境”视为万科成功的首要因素。这就从根本上保障了作为知识载体的

人在企业中的地位。需求层次论认为，尊重是人的五种需要之一，需要满足是行为产生的动力。所以，万科“用心尊重人”的理念，也就成了鼓励员工知识共享的根源。更重要的是，沈阳万科并未让总部的企业文化手册成为一纸空文，而是通过对企业文化的宣导，营造共同学习和持续进步的工作氛围，让员工在潜移默化中产生对知识交流、共享、创新的心理共鸣。例如，公司积极向员工灌输学习的重要性，在人才培养上建立了完善的培训体系，从管理人才、专业人才、新员工和全员学习的分层视角去对员工进行 360 度全覆盖的素质提升。同时为每一位员工创造持续学习、发展机会的均等条件，倡导员工将学习作为一种生活方式，不断超越，以适应不断变化的竞争环境。

其次，沈阳万科强调团队意识是公司力量的源泉，个人的聪明才智只有融入团队才会获得更好的发挥。为了提高员工的集体意识，公司建立了职员共济会，并通过各种员工帮助计划来增强员工凝聚力。为了拉近员工间距离，公司不仅成立了各种员工组织、实践社区来促进员工间的正式或非正式交流，还制定了门户开放等 12 条员工沟通政策，并通过“阳光早餐会”“和你面对面”等活动开展员工间的直接互动。理论研究表明，信任来自人际互动，互动的前提是关系的建立，尤其在中国“关系文化”背景下，员工与组织成员间的关系会对员工的知识共享意愿产生显著影响。沈阳万科的这些举措虽简单却有效，就像一种黏合剂，将员工与企业紧密联系起来。员工对员工有了亲切感，对企业有了归属感，也就更倾向于将自己视为“圈内人”进行知识共享。大家相互信任，共同协作，从内心深处自觉产生了知识共享的责任，并以这种互信、共享和协作关系为基础，促进已有知识价值的最大限度发挥和新知识的不断涌现。

2. 树立“值得关注”的文化引导，为跨边界学习的持续推进保驾护航

首先，沈阳万科还通过提高知识共享主体的效能感来激发共享意愿。对于知识共享的接受者，一旦学习并应用了错误的知识，不仅会对工作绩效产生负面影响，还会造成对知识共享意义的质疑，损害员工学习的积极性。相反，员工只有认识到正确知识的共享带给自己的实际效用，才会从内心深处去认同知识共享的行为意义。为此，公司会对知识共享平台的内容进行时时管控和定期审核，以保证共享知识的准确性、实用性。此外，对于知识共享的传授者来说，公司很巧妙地运用了国人的“面子”心理，

通过引导员工在知识学习中的互动和反馈，让知识分享者了解自己在整个知识传递中的价值。例如，某个员工发布了新知识，大家可以对该知识进行评分、讨论、推荐和感谢。公司也会跟踪每个知识的浏览和下载次数，并以此来评价员工的知识贡献。当员工共享的知识得到同事尤其是主管和高层领导的肯定和赞扬时，员工会觉得很有面子；如果共享的知识被组织广泛应用并为组织创造巨大价值时，员工更会感知到自己工作的意义，因此也更加乐意参与知识共享。

其次，沈阳万科通过与知识共享相挂钩的员工激励制度来保证知识共享的持续开展。公司的绩效管理和晋升制度都将知识的共享、学习和应用列入其中。例如，在绩效管理中，公司努力将知识共享“落地”，制定了“争取通过知识共享和学习做到新客服能与资深客服一样好”等考核要求。同时通过知识共享的客观标准（知识共享量、知识浏览量、被重新运用产生显著效益的知识量等）来量化管理。在激励保障方面，对于知识共享工作，金钱激励只占小部分，大部分是荣誉认可，如评分、推荐、英雄榜等精神激励。在物质激励方面，基于团队的奖励机制的实施，也在很大程度上将员工个体的价值内化为团队价值。此外，公司还将“不断学习和提升能力、获得同事信任”作为晋升条件。总之，在沈阳万科，知识共享已不是公司强加的义务，而是企业帮助员工发展的重要手段。

8.2.3 基于“SECI”的跨边界学习过程

1. 潜移默化（S）：隐性知识间的转化

隐性知识一般很难明确表述，获取途径也主要是观察、模仿和实践。因此“师传徒授”就成了隐性知识间传递与转化的主要方式。沈阳万科也不例外，每年从校园招聘中脱颖而出的“新动力”都将得到指定导师的专门帮助。由于新员工对环境和业务的熟悉程度不够，而工作开展中的一些技巧性内容又难以通过简单的培训来获得。因此，新员工在工作中常常听得明白，办起事来却很糊涂，干什么都似懂非懂，又或者自认圆满之后又不乏漏洞。此时，在新老员工之间建立一种“师徒”关系不仅缩短了“新动力”的适应时间，也顺利实现了隐性知识在新老员工间的传承。

这种导师制的应用范围不仅局限于对新动力的培养，对管理层的新经理人员（项目经理），公司也会采取矩阵式关注与“下沉式”辅导来帮助其成长。在沈阳万科，总经理一直把人才培养和梯队建设视为比销售业绩更为重要的战略目标，尽管被评价的新经理不直接受总经理管理，但他总会积极参与新经理在见习期的工作表现评议，及时与人力资源部经理、相关部门经理进行沟通对话，判断新经理的未来发展方向，这种管理方式就是总经理矩阵式关注。“下沉式”辅导则负责具体的实践操作，是指由管理层领导或资深经理亲自做导师，手把手地指导新经理的日常工作。人力资源部也会根据新经理以往的工作经历，梳理其长处和缺项，为每一位新经理制订辅导和关注计划，帮助新经理尽快熟悉和胜任新的工作岗位。新经理在工作过程遇到任何问题，可以随时向自己的导师请教。这样，经验丰富的老经理就可以在日常的指导中将自己的隐性管理技巧、问题处理方式等无形地渗透给新经理，真正起到“扶上马，送一程”的作用。在导师辅导的过程中，为防止老员工“留一手”，公司还把对新经理的培养质量纳入绩效评价体系，并通过确保分配公平来消除员工因知识共享而自身利益受损的顾虑，这样导师们也就更加愿意进行隐性知识的共享，从而真正推动潜移默化的实现。

2. 外部明示（E）：隐性向显性的转化

沈阳万科知识的外部明示主要通过内部导师和跨部门培训来实现。首先，公司的培训强调内容的实用性和落地性，培训必须贴近企业实际、与企业的日常工作密切相关。由于企业员工对公司的情况最为熟悉，所以公司鼓励内部员工成为讲师，把自己的所长和工作心得与其他员工分享学习，以营造一个良好的学习气氛。以公司曾举行的一次练兵学习行动为例，兰乔、惠斯勒项目部带来的“百家讲坛”，详细总结了兰乔项目的成熟经验，并融会了惠斯勒项目的创新手法，吸收先进、摈弃不足；鞍山事业部带来的“讲武堂”，八堂堂主按专业划分，全面介绍了各专业技术知识和经验。同时，沈阳万科还设定了“标杆员工”供员工学习。每个月公司都会要求标杆员工在网上公开亮相，与其他员工直接交流工作中常见的问题。

其次，沈阳万科在矩阵式的管理模式中，充分意识到了项目团队在知识创造与共享中的重要作用，积极推动知识的跨部门学习与共享。根据和其他相关部门在共同推进工作的过程中遇到的实际问题，以及认为相关部门应该知悉、了解及关注的有关本部门的信息，公司组织跨部门培训以便于部门之间更好地开展知识共享和工作配合。跨部门培训的内容往往包括：①需要本部门之外的业务相关部门知悉并执行的制度、规范、流程；②在工作推进的过程中，需要本部门之外的业务相关部门支持、配合和重点关注的内容；③从本专业角度对其他部门进行的风险提示等。由于不同职能和项目部门的员工通常拥有较多的与该部门相关的隐性知识，而这类知识往往对其他部门也是有益的，通过跨部门团队，不同领域工作人员所拥有的隐性知识得到共享，在跨部门团队完成任务解散后，员工又可将其学会的互补性隐性知识带回到各自部门。由此，不同职能和项目部门的员工所组成的跨部门团队就成为知识共享的基石。

3. 汇总组合（C）：显性知识间的组合

这一般要借助于一定的信息处理手段和 IT 系统平台。在知识的汇总组合阶段，沈阳万科主要是通过地产信息化平台和工作经验案例化来实现显性知识的汇总与共享。首先，沈阳万科凭借公司强大的地产信息化平台系统，实现了知识的高效整合。这个系统平台的知识管理从专业知识、行业知识、经验案例以及公共知识来划分知识类型，支持多维的知识管理以及专家在线解答，并提供授权的共享机制，为员工提供了方便快捷的智能检索和查询功能。同时 OA、PLM、ERP、HER、合同管理、物业管理、现场施工管理和物资采购管理等各项系统间彼此联系，将知识管理与万科的各项具体工作事务紧密关联，形成一张规范、便捷的系统网，实现了不同部门、不同知识的交换、存储、共享和应用。

工作经验案例化是指沈阳万科在每个部门都委派了一名员工作为 HR 大使，负责协助人力资源部在公司各个部门进行个体工作经验的案例收集并将其上传到知识共享平台。该平台汇集了大到国内外知名公司的商业运作案例，小到公司本身的某一项实践的细微操作。员工如果想要了解某一方面的实践经验，就可以直接到这个平台上去查找，然后通过阅读案例来迅速识别出问题的关键点，提升解决问题的能力。这样，一个人的经验总结被大家学习后，就能在很大程度上提高集体的知识水平。

4. 内部升华（Ⅰ）：显性到隐性的转化

“干中学”是实现知识内化的一种重要形式。在沈阳万科，“干中学”的一个典型性途径就是岗位复合。岗位复合是打造复合型人才，促进知识内化的岗位轮换过程。沈阳万科根据企业结构的特点和隐性知识的特征做活了工作设计，使以能力发展为导向的“岗位复合”成为知识共享与转化的重要环节：第一，万科的矩阵式组织管理形式把按职能划分的部门和按项目划分的项目部结合起来，形成一个棋盘，职能式结构强调纵向的信息沟通，而项目部式结构强调横向的信息流动，矩阵式结构将这两种信息的流动在企业内部同时实现。因此，无论是职能部还是项目部的某个节点的职位变动，都可以成为激活岗位轮换链条的原动力。第二，隐性知识经常同拥有者的心智模式结合在一起，共享隐性知识的有效途径之一便是知识拥有者的流动，而基于岗位的轮换就成了把承载在不同员工身上的知识进行有效流动的最好方式。

企业具体的复合方式包括职能到职能、职能到项目、项目到职能、单项目到多项目、小项目到大项目等。这种丰富的在职体验，对于个体来说，不仅有助于实现已有的显性知识向隐性知识转化，进而内化为自身的活性知识，还有助于在实践中进一步挖掘潜在的隐性知识，推动下一环节的知识共享过程。对于企业来说，大量的、有经验的员工在不同部门间的轮换，也可以促使员工的隐性知识在企业不同部门间扩散，最终扩充企业的知识资本，形成“牵一发而动全身”的网络化效果。以助理总经理 Gordon 为例，在经历了职能到项目、项目到职能、职能之间的轮岗与复合后，沈阳万科又依据房地产企业自身的特点，为其量身设计了一个项目到项目间的复合机会——从四季花城项目轮岗到万科城项目。在外人看来，两个项目之间的调动差别不大，但万科城项目在传统住宅小区管理的基础上，加入了商业区和写字楼的开发，这是个工作丰富化的过程，它对锻炼员工的管理能力，提高业务素质绝对是个不小的挑战。

8.2.4　沈阳万科跨边界学习案例启示

通过对沈阳万科的案例进行分析，不难发现在沈阳万科跨边界学习中，广泛使用了企业文化建设（文化制度、团队建设、员工关系和员工帮助计划等）、知识共享导向的企业特色培训（新动力和新经理辅导、内部导师制、标杆学习、跨部门培训和岗位复合等）、企业信息化平台建设（包括工作经验案例化、学习内容质量管控等软件建设和系统平台开发的硬件支持两方面）和与知识共享相关联的员工激励等人力资源管理措施，激发了员工的知识共享意愿，推动了知识转化的进程，从而实现了企业中团队内部以及团队之间跨边界的知识共享。

8.3　本章小结

本章对太阳雨公司和沈阳万科两个跨边界学习的案例进行了解剖，通过案例解剖，可以得出以下几点主要结论。

（1）组织要想有效地开展跨边界学习，必须建立起有利于知识共享的文化，充分发挥文化在跨边界学习中的引领作用、导向作用。太阳雨公司与沈阳万科都十分注重组织文化建设，建立起学习型文化与知识分享的文化，这是组织的“学习哲学”与“精神图式”，是成功、有效开展跨边界学习的最基础的保障，也是前提条件。两个企业在实施跨边界学习中贯彻文化先行，证明了本书关于跨边界学习的影响因素分析以及跨边界学习过程机理分析的正确性。

（2）团队本身因素、知识属性因素和团队间情境因素是影响组织跨边界学习的主要因素。这是本书第 5 章所分析的结论，在太阳雨公司的跨边界学习中，这三大主要因素对跨边界学习产生了重要的影响。

（3）促使组织中跨边界学习发生，必须建立起有效的管理机制，还必须建立起科学的知识转化平台，这个平台的运行就是 SECI 的转化过程。无论是太阳雨公司还是沈阳万科，其跨边界学习的开展都有赖于科学有效的人力资源管理机制来驱动，包括文化机制和激励机制。离开了这个有效的管理机制驱动，组织中跨边界学习难以有组织地得到推进。同时，组织要开展好跨边界学习，必须建立起知识转化平台，即 SECI 平台，两个公司的案例都得到了同样的结论。

（4）组织中跨边界学习都需要借助学习路径，包括正式路径与非正式路径。太阳雨公司的学习路径有经常组织大规模的技术培训、岗位技能竞赛、难题攻关的正式路径及职工旅游交流的非正式路径等；沈阳万科则更多地采用知识共享导向的企业特色培训、标杆学习、跨部门培训和岗位复合、企业信息化平台建设（包括工作经验案例化）等正式学习路径。

第 9 章　组织中跨边界学习的管理策略

组织中的跨边界学习需要打破组织中的边界壁垒，因此，在探讨组织中跨边界学习的模式及学习路径之后，还应该思考如何促进组织中跨边界学习顺利进行的问题，也就是对组织中跨边界学习的管理策略这一问题的研究。本章认为可以从以下几个方面来促进组织中跨边界学习的开展。

9.1　提高组织中领导者的重视程度

领导重视是提高组织工作效率与效果的前提。组织中的领导是否对跨边界学习给予重视，其重视程度如何，直接影响到组织中各阶层成员对跨边界学习的重视程度及其效果。因此，在中国包括企业在内的各类组织中，要促进组织中跨边界学习的开展，首要的前提是提高组织中领导者对跨边界学习的重视程度。

组织中的领导者是组织中被合法认定的具有特殊领导职能、拥有一定领导权力、肩负某种责任的个人或者是群体，一般分为高层领导者（如总经理、CEO 等）、中层领导者（如部门经理、团队领导等）和基层领导者（如车间班长、组长等）。本书所讲的组织中的领导者主要指组织的高层管理者和团队领导者。组织的高层管理者能够在一定程度上决定和指挥组织中各个团队的活动，当其对组织中团队间的学习足够重视时，那么他将会通过营造团队间学习的氛围、制定鼓励团队间学习的机制或者直接命令组织中团队相互学习等方式激发团队之间学习的欲望；而团队领导者能够将团队间学习的欲望转化为团队间学习的行为，并且能为团队间的学习制定相应的措施，选择相应的方式和途径。Aoshima（2002）的研究表明当一个团队的知识向另一个团队传播时，团队的领导者在这一过程中发挥了相当重要的作用。

提高组织中领导者的重视程度，不仅是一种理念、一种要求，也是一种承诺。这需要组织中各级领导者尤其是组织的最高领导者提高认识水平，切实认识到跨边界学习是加强成员知识共享、提高组织学习水平、提升组织创新能力、提高组织战略柔性与核心竞争力的内在要求。首先要求组织的最高领导者对跨边界学习与知识共享做出承诺，然后要求各级组织的领导者要对跨边界学习做出承诺。同时，提高组织中领导的重视程度也不能仅停留在口号上，而是要落实到领导的意识中、态度上、行为上，并且要转化为组织强制性或引导性的行为规范、制度文件，并经常性地需要对照检查与反思，这样的“领导重视”才是真正的重视，才是可持续、有保障、有力度的“领导重视”。例如，组织的领导者通过多种渠道，如讲话、企业内部文件、处理具体事情时的方法和态度等隐性方式，将以上态度充分传达给企业员工，将大大有利于跨边界学习与创新的氛围形成。

9.2　营造组织中跨边界学习的组织文化

组织文化是全体组织成员所认可的一种行为准则和价值观念，它根植于组织内部并指导组织及组织成员的一切活动。组织文化是组织的信仰，是组织的一种群体意识、一种传统与风气、一种氛围，也是组织成员思考问题的方式与做事方式，对组织成员起到导向作用、凝聚作用、激励作用。有人形象地将组织文化比喻为组织的“泡菜坛子”，如果这个坛子里的水是咸的，则泡出来的菜就是咸的，如果水是甜的，则泡出的菜也是甜的。换句话说，优秀的基于团队间合作共赢的跨边界学习文化则能够支撑组织中跨边界学习活动，反之，个人利益至上或小集团利益至上的组织文化则不利于组织开展跨边界学习。

组织要有力开展跨边界学习，将组织转变成学习型组织，提升组织学习的深度与组织的整体智商，管理者除了要以发展个人及工作团队的学习能力为重点外，还应该将营造组织学习氛围作为重点。陈明和周健明

（2009）选取我国环渤海地区 155 家高新科技企业作为实证研究对象，利用结构方程模型对企业文化、知识整合机制与企业间知识转移绩效的关系进行了研究分析。研究结果表明：①企业创新型文化对企业间知识转移绩效有积极的正向直接影响，并且能通过人员交流以及团队交流两个知识整合机制分别间接影响企业间知识转移绩效；②支持型企业文化通过程序交流也会对企业间知识转移的绩效产生显著的正向影响。朱兵等（2010）在已有研究的基础上，通过 182 家企业层面的数据分析了企业文化、组织学习和创新绩效之间的关系。分析结果指出：支持型企业文化不仅对企业创新绩效有直接作用，还通过利用式学习和探索式学习分别对企业创新绩效产生正向的间接影响；创新型文化也对企业创新绩效有直接影响，同时通过利用式和探索式学习间接影响企业创新绩效。

综上所述，根据学者们的研究可知组织文化对组织学习有着重要的影响，那么组织中的跨边界学习也会受到组织文化影响，因此，组织中需要营造有利于团队间学习的组织文化。

1. 构建团队间的信任文化

组织开展跨边界学习，建立团队之间的信任文化是前提。信任的力量是巨大的，信任的力量大于金钱的力量，大于权力的力量。组织中团队间的学习必须要建立在相互信任的基础之上，彼此不信任会导致团队间学习过程中彼此安全感较低，最终将导致团队间沟通、知识共享等方面的障碍，而诚信又是团队间建立的前提。因此，要加强组织内部诚信的教育，促进团队间信任的建立，必要时可以将团队诚信作为团队考核的指标以增强团队诚信度。

组织中团队间信任文化的建立不是一件容易的事情，往往是需要在多次合作交往中通过成员之间多次进行心理评估与确认，才能建立起彼此之间的信任关系。然而，毁灭团队之间的信任非常容易，可能因为一件小事就会令合作方不愉快，就会引起合作方对彼此信任关系的怀疑、防守乃至反制。而且，一旦团队间互信关系没有了，则开展跨边界学习就失去了可靠的心理基础。高建丽（2007）关于组织中团队之间信任文化建立的观点值得汲取。

第一，要明确团队合作的总体目标和成员之间的分工。团队之间合作目标越明确，彼此之间的合作就越容易，而模糊的目标则不利于合作，也不利于建立信任关系。同时，各团队的职责分工是否明确也影响信任关系，模糊的责任边界只会导致彼此的推诿，从而破坏彼此的信任。因此，必须明确团队的总体目标和成员的任务分工，做到权责分明，杜绝应付的现象。

第二，要树立“欲取先予”的思想。要想得到信任，必先给予信任。建立信任环境的最好办法就是以信任别人开始，这也是每个团队成员的道德义务。特别是每个团队的领导者，更应首先树立榜样，一开始就假设他们的合作团队是值得信任的。这样，当其他团队及其成员感到来自合作团队的信任时，他们才会比较容易彼此建立良好的信任。

第三，要经常性地沟通与互动。这是团队之间建立和发展信任的基础。信任的前提是彼此了解、彼此理解，经常性地沟通与互动显然能够增进团队间从认识到了解再到理解，能够增进团队间的友谊与合作情感，从而有助于减少误会、减少设防，增强合作的心理倾向与合作动力。信任感的建立不是一时的事情，而是一个长期的过程，信任感来源于长期前后保持一致。因此，不论是团队领导者还是团队成员，如果不能保持前后言行的一致，就很难形成彼此之间的信任。

第四，要建立良好的道德规范。道德是人们对于是非、美丑的价值准则，决定着人们的行为取向。不同的人有不同的道德观，这深深地影响着组织成员的行为取向，并引起其他人员对该成员的接受、赞许或否定、厌恶、唾弃的心理情绪。有句话“道不同不相为谋”，虽然这里的“道”不是道德观的意思，但包含着道德观。在很大程度上，不同道德观的人是很难愉快地开展合作，也很难建立起信任关系。由于每个人的成长环境不同，这就决定了每个人的道德观有差别，这就要求组织建立起统一的被广泛认同的道德观与道德规范，从而在道德规范层面为团队间信任关系的建立奠定道德基础。

2. 营造浓厚的创新文化

创新是组织发展的第一动力，党的十八大以来，我国确立了五大发展理念，其第一大发展理念就是创新驱动发展理念。从国家层面看，创新发展是我国高质量发展、跨越发展中国家陷阱、经济提档升级、迈向现代化强国的第一驱动力；从企业层面看，组织中跨边界学习的最终目的就在于提升组织的创新能力，进而提升企业的市场竞争力与可持续竞争优势。组织中的跨边界学习从来都是与创新活动紧密相连，在很大程度上，组织学习与组织创新相伴而生，它们是一个问题的两个侧面。如果说，组织学习是手段、是过程，那么，组织创新就是目标、是成果，两者在推进提升组织核心竞争力的过程中并肩而行，缺一不可。因此，要想营造组织中跨边界学习的组织文化，就必须营造并建立起以创新为导向的组织文化，这是开展跨边界学习的核心文化。

杜涛（2017）关于培育创新文化的一些观点值得借鉴，其以企业为例，探讨了如何有效培育企业创新文化的问题。一是对“犯错误”给予宽容的态度。亚马逊的 CEO 贝佐斯说：“不应该循规蹈矩。在该打破惯例的时候循规蹈矩就错了。”企业对新方案首先应给予积极的接受态度，这更有利于企业中富于创新的人提出并实施他们的新想法。二是对创新人才“人以群分”。要在不同的职位层次和关键部门，让创新者之间建立团队关系，这让他们“形成气候”，这将会增加创新团队的内聚力，会增加其留职意愿，并且在相互切磋与交流碰撞中产生有利于公司发展新产品、新业务的新想法。三是将领导者的创新特质融入企业文化。例如，苹果公司的乔布斯乐于问“为什么不”和“为什么”，苹果公司的员工也是如此，这些文化特点能够帮助这些公司取得非凡业绩。四是注重企业内外交流。不论是企业内部各个部门员工之间的交流，还是企业员工与其他企业员工之间的交流，都有可能触发创新点。五是建立享有充分授权的项目小组文化。由于激进的创新往往需要更多的自主权，是否充分授权往往成为制约因素，因此要建立享有充分授权的项目小组文化，以利于不断发掘新产品、新服务。六是要有富于创新精神的或能够激活员工的领导者。领导者对企业文化有重要影响，特别是组织在初创期。选定富于创新精神的领导者，或者让善于创新的人担任领导并享有足够的权力，能够有效地促成团队和组织形成创新型文化。另外，能向组织成员提供参与决策的机会的领导者，向员工表明对他们能够实现高绩效标准和绩效结果抱有信心，会对组织的创造力产生积极影响。七是采用有机式的组织结构。有机式的组织结构比较松散，成员沟通是多向的，有利于信息交流。八是通过多种方式传达一种开放的态度。创新文化的特点是鼓励试验，接受模糊性，容忍奇思妙想，容忍风险，容忍冲突，奖励成功和失败，并且赞赏失败。

9.3　制定组织跨边界学习的激励机制

组织中跨边界学习的激励机制是指组织从物质、精神等方面鼓励团队间相互学习的相关机制。在经济学中有这样一个假设：人是“经济人”，都会为了个人利益最大化而采取行动。而激励机制正是将团队及其成员利益与组织利益相结合，激发他们相互学习的欲望并付之于行动。有效管理的中心是管人，而管人最基本也最重要的手段就是建立起有效的激励机制。日常工作中，所谓有效的制度设计就是能够充分调动大多数人工作积极性的制度；所谓不好的制度，也是让大多数人每天混日子、不思进取的制度。核心是其中的激励机制。我国的华为公司之所以能够成为民族工业强大、杰出的代表，最关键的原因就在于华为公司建立了一套行之有效的科学的激励机制，让外部的众多优秀人才想进入华为，而进入华为公司后，这些人才都能够积极地投入工作、投入创新，充分发掘自己的潜能。我国的海尔集团也是如此，人人成为创业者、个个成为千万富翁的激励机制使海尔集团产生了裂变式发展。那么，有利于组织中各团队之间开展跨边界学习的激励机制有哪些呢？本书总结了以下几点。

（1）建立公平的团队考核机制。团队的考核是对团队工作的一种认可，同时也是团队获得相应奖励的必要条件。例如，对于采用合作型学习模式的两个团队来说，在合作学习过程中需要将各自的核心知识共享，并且相互帮助，也就是说每个团队工作的完成都包含了另一团队努力的成果，因此，组织要建立公平的团队绩效考核机制，不能单一地将团队任务的完成情况作为绩效考核的标准，还要将团队间合作过程中每个团队的行为表现（如交流的积极程度、人员等的投入情况等）以及彼此团队能力的提升作为团队最终考核的一部分，从而促进团队间合作学习。

（2）建立基于协作团队的利益分配机制。利益分配导向是调节人们行为的最重要的杠杆，不同的利益分配方式会导致团队成员不同的行为取向。如果组织只注重对完成项目任务核心团队的奖励而忽视了对项目协作团队的奖励，势必导致在接下来的项目协作中，协作团队对核心团队不予支持或表面应付的现象，这显然不利于组织跨边界学习的持续开展，不利于组织提升整体的创新能力。解决这个问题的钥匙在哪里呢？钥匙就在于建立基于协作团队的利益分配机制。这种新型利益分配机制的要求是：组织根据合作团队共同取得的成果给予总目标奖励，然后，根据各个团队在项目协作中努力的程度、贡献的大小，将奖励总额度在每个团队之间进行合理分配，使得每个合作团队都能按照各自的贡献获取属于自己的奖励。这种公平合理的奖励机制能够调动合作团队各方的积极性，使每个合作团队愿意继续开展项目协作，而且愿意彼此分享知识创新成果，以共同将最终的蛋糕做大。在这种基于协作团队的利益分配机制下，组织中跨边界学习行为就会产生，并持续不断地得到强化。

（3）提高基于知识分享的团队成员的收益。组织中团队间的学习主要是通过团队中的成员将知识转移给其他团队或者是从其他团队吸收相关的知识。如果这些成员为团队间的学习付出了很大的努力而没有得到相应的回报，那么他们今后的知识共享和吸收的积极性都会降低，也会对团队中其他成员产生负面影响，进而抑制组织中团队间学习的开展。因此，要提高在团队间学习过程中付出努力的团队成员的收益，如给予物质奖励、提供更多的培训学习机会和晋升机会等，从而提升团队成员在团队间学习过程中的积极性，激发更多成员进行知识的分享和吸收的积极性，提高团队间学习的效率。

（4）发挥非经济激励手段在促进跨边界学习中的重要作用。以上三种激励机制都是基于利益导向的激励，是一种经济激励，是以“经济人”假设为前提的。然而，人际关系学派的研究成果表明，组织中的人不是“经济人”，而是“社会人”。从现实出发，组织中的绝大多数个体不只是“经济人”，同时也是“社会人”。他们有各种需要，需要受人尊重、表扬、肯定，需要获得成就感与自我价值实现等。这对组织激励机制的设计是有启发意义的。组织的激励机制不能只是盯住经济手段，总是假设人本质上就是“经济人”，而是要从“社会人”的视角对员工进行假设并开发多种非经济手段。例如，对组织中主动分享知识、愿意分享知识的人或团队给予赞赏；每月评出最佳合作型员工、友好合作型团队；对保守型、自私型员工或团队进行谈话，或在公开场合不点名批评等；召开跨团队的知识分享会议，鼓励员工开展知识分享，展示自我价值，并且组织的领导者对这种分享行为给予赞赏。这些非经济手段所发挥的激励效应是巨大的，它能够促进组织形成跨边界学习与知识共享的文化，促进组织中的跨边界学习蔚然成风。

9.4　建立组织中跨边界的学习平台

组织中跨边界的学习平台是组织中存在的服务于团队间学习的一些资源或者环境条件的总和。例如，企业网络为组织间学习提供了相应的平台，它使得网络中的企业能够获取各自的知识，包括在彼此传递知识过程中产生新知识和新技能。学习平台能够发挥团队间学习的优势、提升知识传递和吸收的速度、提高团队间的学习效率。

（1）构建团队间良好的沟通平台。良好的沟通是团队间学习的必要前提，因此要加大组织中团队间沟通渠道的建设，如面对面交流、内网络建设、文档知识传递等途径，尤其是组织中基于现代信息技术的网络沟通平台的建设。网络沟通平台不仅能够降低组织中不同部门团队、团队间的沟通难度，也使得它们之间的交流能够得到及时的反馈，从而保证了团队之间交流的快速性和及时性，并且交流简化了团队间知识传递的流程。基于微信交流平台的快捷性、直观性及互动性，团队之间建立以项目为纽带的多部门成员组成的微信沟通平台很有必要。在这个微信交流平台中，有提问者、回答者、补充者、点赞者、奖励者，这使得虚拟化的微信沟通平台充满着生机与活力，不知不觉中，团队成员间开展了问题探讨、知识共享、情感交流，有力地提高了组织的整体学习能力与创新能力。

（2）建立团队间的公共知识库。公共知识库是团队间知识的汇总，并且在团队任务完成过程中产生的新知识也会被团队间的知识库所吸收、存储，即进行知识库中知识的更新。在公共知识库中，任何一方团队不仅能够了解本团队的所有知识，同时也可以学习其他团队的知识，从而保证了团队间知识的转移。公共知识库不是自发产生的，需要在组织层面进行制度化设计，要求每个团队将自己从事知识学习与技术创新的实践经验与教训进行条理化、档案化，以便今后本团队成员查阅或其他团队成员查阅学习。基于移动互联网、大数据的快速发展，现在的组织不仅需要建立纸质介质的公共知识仓库，更需要高度重视并开发基于网络传递与存储利用的网络公共知识仓库，以实现组织各部门员工全天候、无障碍地彼此开展在线学习，这将显著提升组织的知识共享程度与知识创新速度。

（3）建立组织茶歇制度或设立茶歇场所。现在有很多大型现代组织都设立了茶歇制度，设立了茶歇场所，分布在公司指定的地方。每天上午或下午，在组织约定的时间内（如上午 10：00~10：20，下午 15：40~16：00），组织的成员可以离开办公室，自愿到指定的茶歇场所，吃点零食，喝点咖啡或其他饮料，一边放松一边与同事们聊聊工作。表面上，这种茶歇方式仅是一种放松，一种员工福利，其实不然，员工在放松状态下往往也是创造力最强的时候，而且不同部门员工之间的不经意的交流最容易激发员工的创新火花。因此，这种茶歇制度设计在一定程度上也是组织中跨边界学习的一种促进机制，应该提倡普及这种机制设计。进一步地，在茶歇场所，可以设立问题探讨专栏，让提出问题者将所需要解决的问题用便利条的方式贴在茶歇场所，留下自己的联系方式，以征求组织内部其他部门成员对该问题的解决方法。前来进行茶歇的员工看到这个问题后，可能很感兴趣，于是不自觉地进行了思考，然后按照联系方式与问题提出者进行探讨。可以预见，这种改进型的茶歇方式基本上就演化为跨团队之间进行知识交流、知识创新的平台。

（4）丰富员工的业余活动。在组织中，不同的员工由于工作、岗位等的要求而分属于不同的部门、团队，这在一定程度上限制了他们之间的交流，而丰富员工的业余活动，能够将分属于不同部门、团队中的成员按照他们的兴趣爱好进行重新组合，使得他们在享受业余活动的同时，增强彼此之间的交流，进行知识的共享。例如，企业定期组织员工旅游、组织企业运动会、成立读书俱乐部等。丰富员工的业余活动，会促进多个非正式组织的产生。这些非正式组织作为组织的非正式侧面，在组织信息沟通中扮演着重要的角色。员工们在非正式组织中的沟通往往限制更少、顾虑更少、途径更加多元，所以这种非正式沟通常常能刺激新想法的产生。因此，充分调动非正式组织成员之间的情感交流往往能促成他们更深层次的信息交流，促使员工在更深层次产生创新思维。

9.5　促进员工在组织内部的流动

组织中跨边界学习的实质就是完成知识在组织中不同团队之间的共享、传递和使用，而组织中的员工作为组织知识的重要载体，其在组织内部不同团队间的流动必将在一定程度上促进不同团队间知识的交流。

（1）制定组织内部的轮岗制度。组织内部轮岗制度要求组织中的员工（不论是基层人员还是组织中的领导）经过一定时期后进入其他部门或者岗位任职。轮岗制度的制定可以鼓励员工跨部门、跨团队的横向流动，将某一部门、团队中的知识转移到其他的部门、团队之中，这样可以打破组织中不同团队、部门之间由于组织中边界存在而产生的阻碍知识交流的壁垒，促进组织中不同团队、部门之间的知识共享和使用，即实现组织中的跨边界学习。

（2）设置组织内部招聘体系。组织内部招聘是指组织在针对某一岗位选择人才时可以从组织内部成员中挑选较为匹配者任职。首先，组织内部招聘候选人不能仅仅局限于某一部门内部，如组织中 A 部门中需要增加一个部门副总，那么该副总的候选人不能局限于 A 部门内部，而是要面向组织中的多个部门或者是整个组织；其次，根据岗位要求明确任职资格或者构建相关岗位的胜任力模型。这一措施使得员工在不同的部门、团队间流动成为可能，实现了组织中跨边界的知识流动。

（3）成立组织中的跨部门项目团队。项目团队是为了实现某个项目目标而成立的，其成员来自组织中不同的相关部门或者团队。项目团队将不同部门、团队的人员聚集在一起，实际上也是将不同部门、团队中的知识集中在一起，在项目团队任务完成的过程中通过内部成员日常的工作完成知识的交流，这样在项目团队解散后，团队成员可以将其他部门、团队中的知识转移至本部门、团队中，实现组织中跨边界的学习。

（4）允许员工在工作中“东走西瞧”。传统的公司制度往往规定员工在上班时不能串岗，这是基于工作效率与时间利用的考虑，也是一种人性恶的假设（即假设人人都好逸恶劳、偷懒卖滑，所以每个人必须老老实实地待在自己的岗位上并接受监督），面对知识创造型公司以及知识员工主导的公司，显然这种传统的员工管理方式已大大落后，它极大地阻碍了知识的流动、创新火花的激发。因此，对于创新导向的学习型组织建设而言，组织应该允许乃至鼓励员工在工作中“东走西瞧”，部门之间、岗位之间相互走访，共同探讨问题且及时探讨问题，这种鼓励员工串岗流动的方式，实际上是一种良好的跨边界学习的促进机制。当然，我们也要防止出现投机分子，每天借“东走西瞧”之名进行工作偷懒休闲。这种投机现象可以通过目标管理、员工道德规范、善意提醒等机制来规避。

9.6　本章小结

本章对组织中跨边界学习的相关策略进行了研究，有效促进组织开展跨边界学习的管理策略主要有五个方面。

（1）提高组织中领导者的重视程度。领导者重视跨边界学习对于营造团队间学习氛围、制定鼓励团队间的学习机制、激发团队之间学习欲望等具有重要的引领作用。提高领导者的重视程度，要求组织的最高领导者及各级领导对跨边界学习做出承诺，并将其落实到领导的意识中、态度上、行为上，转化为组织强制性或引导性的行为规范、制度文件，还需要经常性地对照检查与反思。

（2）营造组织中跨边界学习的组织文化。主要营造信任文化与创新文化。构建团队间的信任文化是开展跨边界学习的前提，一是要明确团队合作的总体目标和成员之间的分工；二是要树立“欲取先予”的思想；三是要经常性地开展沟通与互动；四是要建立良好的道德规范。营造跨边界学习的组织文化，核心是要营造浓厚的创新文化，一是要对“犯错误”给予宽容的态度；二是对创新人才“人以群分”；三是将领导者的创新特质融入企业文化；四是注重企业内外交流；五是建立享有充分授权的项目小组文化；六是要有富于创新精神的或能够激活员工的领导者；七是采用有机式的组织结构；八是通过多种方式传达一种开放的态度。

（3）制定组织跨边界学习的激励机制。激励机制包括经济手段与非经济手段，两者都是必要的。一是要建立公平的团队考核机制；二是要建立基于协作团队的利益分配机制；三是要提高基于知识分享的团队成员的收益；四是要发挥非经济激励手段在促进跨边界学习中的重要作用。

（4）建立组织中跨边界的学习平台。构建组织中跨边界学习平台的举措有四点：一是构建团队间良好的沟通平台；二是建立团队间的公共知识库；三是建立组织茶歇制度或设立茶歇场所；四是丰富员工业余活动。

（5）加强员工在组织内部的流动。员工流动有利于知识交流与跨边界合作，为此组织需要制定组织内部的轮岗制度；设置组织内部招聘体系；成立组织中的跨部门项目团队；允许员工在工作中“东走西瞧”。

第 10 章　结论与展望

10.1　研 究 结 论

组织学习理论是当前乃至以后研究的重点，然而组织中跨边界学习理论在现有的研究中较少涉及，本书主要从组织中跨边界学习的内涵与跨边界学习模式、跨边界学习过程机理、跨边界学习影响因素、跨边界学习模式对学习绩效的影响、跨边界学习路径、跨边界学习案例以及跨边界学习的管理策略等来探讨组织中的跨边界学习问题，得出的主要研究结论如下。

（1）关于组织中跨边界学习的内涵与跨边界学习模式。组织中的跨边界学习是指在一个组织中，各相关部门、单位、团队之间通过采取有效的学习方式，打破知识壁垒，促进知识在团队间跨边界流动，有效实现团队间知识共享的学习行为，其目的在于有效提高各团队的学习能力与创新能力，进而提高组织整体的学习能力、创新能力与应变能力。有两种基本的跨边界学习模式，即合作型学习模式和竞争型学习模式，两种学习模式具有不同的特点与适用条件。

（2）关于跨边界学习的过程机理。首先，组织中学习存在两种跨边界学习行为，一是横向跨边界学习行为，二是纵向跨边界学习行为。前者主要是团队与团队之间的学习，后者主要是从个人学习向团队系学习再向组织层面上的学习。无论是横向跨边界学习还是纵向跨边界学习，其学习的本质都是一样的，都是知识转化的过程，遵循野中和竹内的“SECI 模型”。其次，组织中横向跨边界学习的过程机理可以描述为组织内部各团队之间在文化机制与激励机制等组织管理机制的作用下，各团队之间知识生产、知识传递、知识共享的过程。其中组织的管理机制是跨边界学习的动力源泉；团队间的知识转化是跨边界学习的核心环节；组织的管理控制是跨边界学习效果提升的保证。再次，组织中纵向跨边界学习过程机理可以类比为物理学中的电磁场效应，用知识场效应模型来进行解释。组织中个人与个人之间相互作用产生的影响力，类似于磁场，会产生叠加效应，同时也会产生抵消效应。将团队内部个人影响力各向量进行综合，从而形成团队对团队外部的影响力。

（3）关于跨边界学习的影响因素。影响组织中跨边界学习的三大因素包括团队本身因素、知识属性因素和团队间情境因素。团队本身因素具体包括学习动机、学习能力、信任程度；知识属性因素包括知识的隐性、知识的模糊性；团队间情境因素包括团队间的文化差异与团队间的知识差异。

就团队本身因素而言，团队的学习动机、学习能力以及信任程度与团队间的学习效率都是正相关的。具体表现在三个方面。第一，团队的学习动机是团队间学习的前提条件。是否具有较强的学习动机，直接决定了团队对于团队间学习的态度。第二，团队的学习能力是团队间学习的关键因素。在团队间学习的过程中，缺乏学习能力会使得团队间传递的知识无法得到有效吸收，更不用说创造新的知识。第三，信任程度是团队间学习的重要保障。只有团队本身拥有可信度，才能保证团队间学习活动的顺利开展。

就知识属性因素而言，知识的隐性与知识的模糊性都会对团队间学习产生负影响。也就是说，知识的隐性和模糊性程度越高，团队间学习的障碍就会越大，团队间的知识就难以有效地进行传递。并且知识的隐性和模糊性都是客观存在的，也是不可避免的。因此，如何减弱知识的隐性与模糊性对团队间学习的阻碍是团队间学习的重要内容。

就团队间情境因素而言，团队间文化差异与跨边界学习是负相关的。团队间的文化差异越小，在团队间学习的过程中，团队间才能够进行有效的交流、沟通，对所传递的知识的吸收效果会越好。而团队间的知识差异与跨边界学习行为呈倒“U”形的关系，即团队学习的双方知识差异过小或过大，都不利于团队间学习的有效进行；只有中等程度的团队间知识差异才会促进团队间学习。

（4）关于跨边界学习模式对学习绩效的影响。研究结果表明，合作型学习模式和竞争型学习模式这两种模式对学习绩效具有不同的影响。首先，无论是对于单个团队中成员的学习绩效还是对于团队间成员个人的学习绩效来说，合作型学习模式和竞争型学习模式都能促进团队中成员的学习绩效。团队学习是以个人学习为基础的，不论是合作型学习模式还是竞争型学习模式，团队成员都是团队间学习的最终主体，因此，采取这两种模式中的任何一个都会使得团队成员知识增加，提高团队成员的工作效率，尤其是竞争型学习模式，这种模式更是能够激发团队成员的学习兴趣以提高团队绩效。其次，不论是对于单个团队中团队层面的学习绩效还是对于团队间团队层面的学习绩效而言，合作型学习模式都与之呈正向相关关系。即在合作型学习模式下，团队成员能够将个人知识与其他成员共享，不论在团队内部还是团队之间都能够互帮互助，为团队整体利益而不断努力。最后，竞争型学习模式既不利于单个团队层面的学习绩效，也阻碍团队间团队层面的学习绩效。团队层面学习绩效的提高需要团队成员共同的努力，能够将个人知识在团队内部共享，但是在竞争型学习模式下，团队成员崇尚竞争，这会导致团队成员一味努力完成自己的工作，而对团队整体的任务考虑不够，最终导致团队层面的绩效下降。

（5）关于组织中跨边界学习的路径。研究表明组织中跨边界学习有两条基本路径，即正式路径与非正式路径。其中正式路径在组织中是有相关的制度约束的，并且具有固定的形式，如知识文档传递、经验交流会、派遣团队成员指导（或学习）、难题研讨、企业信息化平台、标杆学习等；而非正式路径则是在团队间学习过程中随机产生的途径，没有固定的形式和要求，如非正式会议、兴趣小组、网络群体、工间茶歇、“东走西瞧”等，这两种学习路径在组织制度规范上和实施过程简便性上存在着差异，但是二者并不对立，相反，这两种学习路径之间还存在着互补的作用，能够共同促进团队间的学习效率。同时，不论是合作型学习模式还是竞争型学习模式，都可以采用正式学习路径和非正式学习路径。

（6）关于跨边界学习案例的研究。通过对太阳雨公司及沈阳万科两个公司开展跨边界学习的案例研究，得出的结论是：第一，组织要想有效地开展跨边界学习，首先必须建立起有利于知识共享的文化，充分发挥文化在跨边界学习中的引领作用、导向作用。第二，团队本身、知识属性和团队间情境等三大因素是影响组织跨边界学习的主要因素。第三，要促使组织中跨边界学习发生，必须建立起有效的管理机制，还必须建立起科学的知识转化平台，这个平台的运行就是 SECI 的转化过程。第四，组织中跨边界学习都需要借助正式路径与非正式路径。案例研究结论支持并呼应了本书的理论观点。

（7）关于跨边界学习的管理策略。组织中跨边界学习的策略是针对如何保证组织中团队间学习顺利所提出的若干管理机制。研究认为可以从提高组织中领导者的重视、营造跨边界学习组织文化、制定跨边界学习激励机制、建立跨边界学习平台和提升组织员工内部流动等五个方面来保证组织中团队间学习的有效开展。

10.2 研究展望

本书的研究尽管有不少创新之处，基本上揭示了组织内部跨边界学习的过程规律，探讨了组织如何依据这些规律更好地开展跨边界学习，但是，我们的研究也还存在一些不足之处。第一，样本数据的处理不完善。例如，本书中团队间的学习绩效使用的是两个团队学习绩效的算术平均值，这在一定程度上能够说明团队间的学习效果，但不能完全代表。又如，有两种情况：第一种是一个团队的学习绩效得分是“1”，另一个团队学习绩效是“5”，二者团队间学习绩效得分是“3”；第二种情况是两个团队的学习绩效得分都是“3”，那么二者学习绩效的算术平均值也是“3”。此时，在本书中这两种情况所代表的团队间学习效果是相同的，但是，在实际当中，第二种学习效果相对更优一些。第二，问卷调查存在不足。由于本次研究人力、成本和时间的限制，问卷发放的地域范围和行业范围相对较小，因此一些指标的数据不具有一般代表性。同时还有学者认为在结构方程参数估计时，当参数个数和个案的比例达到 1∶15 时，结构方程模型才能更好地反映实际。

进一步研究的方向如下。

（1）在跨边界学习模式的研究方面，本书提出了两种基本模式，即合作型学习模式与竞争型学习模式，是否还应有第三种学习模式？如合作竞争型模式。按照客观存在的现实看，应该有第三种模式，那么接下来，就应该研究合作竞争型学习模式的学习特点及其对学习绩效的影响。另外，三种模式从定性上比较容易被接受，但是往往边界也比较模糊，如何进行定量化的研究来界定哪种学习是属于合作型学习，哪种是属于竞争型学习，哪种是属于合作竞争型学习，可能是未来的一项研究工作。

（2）在跨边界学习的影响因素研究中，本书没有涉及领导与外部环境对组织跨边界学习的影响，这显然有点不妥。领导风格与外部环境的变化对组织中的跨边界学习效率等的影响往往也比较大，下一步可以研究领导、环境对组织中跨边界学习的影响。另外，在内部影响因素的分析中，也仅仅分析了三大因素，忽视了组织的历史、组织结构、组织成员的构成与性格、团队工作性质等具体因素，这些具体因素有时对跨边界学习也会产生一定的影响，显而易见，这些影响也将成为未来的一个研究方向。

（3）既有的研究主要阐述了跨边界学习的过程机理，但主要是从宏观层面来展开研究的，并未对每个具体环节开展研究。例如，激励机制是如何对跨边界学习发生作用的？管理控制机制又如何反作用于跨边界学习？进一步地，对于合作型学习需要什么样的管理机制，竞争型学习又需要怎样的管理机制，本书没有深入探讨，这也将是下一步纵深研究需要开展的工作。

（4）本书主要聚焦于横向边界学习机理的研究，对纵向跨边界学习机理的研究主要运用类比的方式来阐述其过程机理，没有从跨层次层面选择更加合适的研究方法，这有待于研究的进一步聚焦与深化。此外，纵向跨边界学习的案例也没有涉及，主要就团队之间的学习案例展开了研究，今后也要补充完善这方面的研究工作。

（5）跨边界学习在不同的组织中应该具有一定的差异性，如横向一体化组织与纵向一体化组织，其跨边界学习的要求应该有差别。由于不同的行业所处的行业背景不同，它们在实际过程中采用的学习模式、学习路径也会存在较大的差异。因此，建议今后的学者在进行组织中跨边界学习研究过程中能够从不同的行业展开，探讨不同行业背景下的组织中跨边界学习的模式及路径。

（6）知识管理、组织学习、学习型组织、组织创新在人力资源管理层面上将走向融合研究的趋势。知识管理、组织学习、学习型组织、组织创新具有内在的多方面联系，其本质就是提升组织与员工的学习能力与技术创新水平。虽然每个领域都有其特定的研究目标，但是由于彼此研究对象具有很大的一致性，因而，其研究内容与方法应该具有彼此相互吸收、相互借鉴的趋势，在人力资源管理层面上，这四个方面将会更加融合与统一，这也将是未来跨边界管理的一个趋势。

（7）组织中的跨边界学习将与组织间的跨边界学习相互交叉，组织的跨边界学习将是一个重要的研究领域。本书聚焦组织内部的跨边界学习，然而，组织学习目的是获取知识谋划竞争优势，不应该也不可能将组织内部跨边界学习与组织从外部其他组织间开展的跨边界学习区分开来。而且，如今的组织更加注重从外部学习，从而更快地提升内部的学习能力，如供应链学习、学习联盟、产学研协同创新等都是从外部学习的先进学习平台与网络载体。客观存在的就是合理的，也是我们必须正视的。因此，我们不应只关注组织内部的跨边界学习，还应该关注组织外部的跨边界学习，更要关注如何将内部跨边界学习与外部跨边界学习进行有效整合。这就需要研究工作者着力开展组织跨边界学习研究，而不仅是组织中的跨边界学习研究。

参 考 文 献

卜金超，刘志奇，陈振勇. 2012. 在学习型组织建设中推进团队学习的思考. 河北大学学报（哲学社会科学版），37（5）：118-121.

曹仰锋. 2011. 高层管理团队领导行为对团队绩效的影响机制：案例研究. 管理学报，8（4）：504-516.

常联伟，金乐. 2014. 团队学习的四因素动力系统模型. 知识经济，（8）：148.

陈国权. 2002. 学习型组织的过程模型、本质特征和设计原则. 中国管理科学，10（4）：87-95.

陈国权. 2004. 学习型组织的组织结构特征与案例分析. 管理科学学报，7（4）：56-67.

陈国权. 2007. 团队学习和学习型团队：概念、能力模型、测量及对团队绩效的影响. 管理学报，4（5）：602-609.

陈国权. 2009. 组织学习和学习型组织：概念、能力模型、测量及对绩效的影响. 管理评论，21（1）：107-116.

陈国权. 2016. 组织学习的时空理论. 技术经济，35（8）：15-23.

陈国权，刘薇. 2017.企业环境对探索式学习、利用式学习及其平衡影响的实证研究. 中国软科学，（3）：99-109.

陈国权，马萌. 2000. 组织学习的过程模型研究. 管理科学学报，3（3）：15-23.

陈国权，宁南. 2010. 团队建设性争论、从经验中学习与绩效关系的研究. 管理科学学报，13（8）：65-77.

陈国权，王晓辉. 2012. 组织学习与组织绩效：环境动态性的调节作用. 研究与发展管理，24（1）：52-59.

陈国权，张中鑫，郑晓明. 2014. 企业部门间关系对组织学习能力和绩效影响的实证研究. 科研管理，35（4）：90-102.

陈国权，赵慧群，蒋璐. 2008. 团队心理安全、团队学习能力与团队绩效关系的实证研究. 科学学研究，26（12）：1283-1292.

陈国权，赵慧群. 2009. 中国企业管理者个人、团队和组织三层面学习能力间关系的实证研究. 管理学报，6（7）：898-905.

陈国权，郑红平. 2005. 组织学习影响因素、学习能力与绩效关系的实证研究. 管理科学学报，8（1）：48-61.

陈国权，周琦玮. 2016. 基于时间维度的组织学习理论——组织从过去经历中学习的模型. 技术经济，35（9）：9-20.

陈建国. 2003. 论基于资源的能量催化循环与社会嵌入性的组织竞争能力. 湖南社会科学，（5）：108-110.

陈静，刘宁. 2014. 组织学习视野内的学习型图书馆发展探赜. 图书馆杂志，33（7）：24-27，71.

陈满林，曹卫秋. 2003. 关于提升学习力的几点思考. 唯实，（11）：61-63.

陈明，周健明. 2009. 企业文化、知识整合机制对企业间知识转移绩效的影响研究. 软科学，27（4）：580-587.

陈雅玲. 2005. 教师团队：构建学习型学校的有效途径. 现代教育论丛，（6）：20-25.

陈彦亮，高闯. 2014. 基于组织双元能力的惯例复制机制研究. 中国工业经济，（10）：147-159.

陈祖胜，任浩. 2014. 知识基础、网络地位对企业联盟学习方式选择影响——基于中国电子信息行业实证分析. 社会科学家，（9）：64-68.

戴建平，骆温平. 2017. 组织间学习与供应链价值创造研究——基于物流企业与供应链上下游客户多边合作视角. 技术经济与管理研究，（8）：48-52.

戴万稳，邱丽玲，陈晓燕. 2014. 组织学习动态过程障碍的整合研究. 管理学报，11（12）：1790-1797.

戴万稳，赵曙明，蒋建武，等. 2006. 复杂系统、知识管理与组织学习过程动态模型研究. 中国软科学，（6）：120-128.

德鲁克 P F. 2009. 后资本主义社会. 傅振焜译. 北京：东方出版社.

邓雪，高寒. 2013. 产学研联盟内组织间学习影响因素研究. 国际商务（对外经济贸易大学学报），（3）：110-118.

杜涛. 2017. 论如何建立利于创新的企业文化. 化工管理，（8）：31-32.

杜晓静. 2014. 基于组织学习视角的动态能力模型构建. 开发研究，（1）：157-160.

冯子朔. 2013. 技术创新、战略联盟与企业经营绩效关系研究. 吉林大学博士学位论文.

高建丽. 2007. 基于知识共享的企业文化建设. 企业经济，（7）：20-22.

高群，郑家霖. 2016. 基于演化博弈的产业联盟组织间学习机制分析研究——以 3D 打印技术产业为例. 科技管理研究，36（4）：145-151.

高洋，葛宝山，蒋大可. 2017. 组织学习、惯例更新与竞争优势之间的关系——基于不同环境不确定水平的研究. 科学学研究，35（9）：1386-1395.

龚晶晶，文先明. 2008. 基于比较优势原理的团队学习. 现代管理科学，（7）：28-29.

郭静静，林钰阳. 2014. 文化差异对团队学习的影响研究. 现代营销（学苑版），（2）：12.

郭云贵. 2016. 中国组织情境下的员工建言行为：研究述评与未来展望. 中国人力资源开发，（5）：27-33.

韩赟. 2012. 高技术虚拟企业的组织间学习模型分析. 社会科学家，（7）：85-87.

何亚琼，葛中锋，苏竣. 2006. 区域创新网络中组织间学习机制研究. 学术交流，（2）：63-68.

何月霓. 2016. 组织间学习绩效的动态综合评价体系构建：基于国际合资企业. 财会月刊，（35）：37-40.

侯泰杰. 2004. 结构方程模型及其应用. 北京：教育科学出版社.

胡伊苹. 2007. 全球制造网络中基于治理模式的组织学习影响机制研究. 浙江大学硕士学位论文.

黄依，邹艳，叶金福. 2012. 基于知识螺旋的组织学习能力提升研究. 情报理论与实践，35（10）：15-19.

纪军. 2003. 论成人学习的障碍及其调控. 继续教育研究，（6）：103-105.

贾建锋，赵希男，范芙蓉. 2010. 组织间学习的标杆选择方法研究. 运筹与管理，19（4）：154-159.

蒋莹. 2007. 组织学习影响因素的结构化分析. 广西社会科学，（8）：170-173.

雷林 J A. 2002. 实践性学习. 贺广勋，等译. 北京：电子工业出版社.

雷妮. 2016. 企业内组织信任关系对组织学习过程影响实证研究. 湖南社会科学，（4）：115-119.

李柏洲，赵健宇，苏屹. 2013. 基于能级跃迁的组织学习——知识创造过程动态模型研究. 科学学研究，31（6）：13-22

李丹，郭迟．2009．组织学习与知识转化的关系及 IT 对二者影响的探讨．管理学报，6（5）：678-683．

李丹，刘怡．2006．国内中小企业组织学习的障碍分析．科技管理研究，26（4）：111-113．

李海舰，原磊．2005．论无边界企业．中国工业经济，（4）：94-102．

李健，薛辉蓉，潘镇．2016．制造业企业产品市场竞争、组织冗余与技术创新．中国经济问题，（2）：112-125．

李明斐，贝文海．2015．人力资源管理实践与企业知识共享的实现——基于沈阳万科的案例研究．中国人力资源开发，（4）：75-83．

李明斐，卢小君，李明星．2010．组织文化对团队学习行为的影响研究．科技与管理，12（3）：99-102．

李楠．2014．压力、组织学习导向对工作绩效的影响——基于银行业的实证分析．西南财经大学硕士学位论文．

李栓久，陈维政．2007．个人学习、团队学习和组织学习的机理研究．西南民族大学学报（人文社会科学版），（9）：214-218．

李霞．2012．高校创新型科研团队知识共享行为、学习行为及团队绩效研究．软科学，26（6）：83-87，91．

李晓翔．2016．无边界企业的构成要素与成长路径研究．中国工业经济，（6）：144-160．

李燚，任胜钢，魏峰．2006．组织学习方式对管理创新成效的影响．中国软科学，（7）：121-130．

李志远，王雪方．2015．组织学习与客户知识管理能力的关系研究——关系嵌入的调节．科学学与科学技术管理，36（3）：152-162．

梁阜，李树文，孙锐．2017．SOR 视角下组织学习对组织创新绩效的影响．管理科学，30（3）：63-74．

林春培，张振刚．2017．基于吸收能力的组织学习过程对渐进性创新与突破性创新的影响研究．科研管理，38（4）：38-45．

林绚晖，卞冉，朱睿，等．2008．团队人格组成、团队过程对团队有效性的作用．心理学报，（4）：437-447．

蔺海沣，赵敏．2016．众创时代高校科研团队创新中的失败学习研究．教育发展研究，36（7）：1-8．

刘善仕，彭娟，邝颂文．2010．人力资源管理系统、组织文化与组织绩效的关系研究．

管理学报，7（9）：1282-1289.
刘霞，陈建军. 2011. 网络联结、组织间学习与产业集群能力增进——基于浙江的实证研究. 科学学研究，29（11）：1676-1684.
刘霞，陈建军. 2012. 产业集群成长的组织间学习效应研究. 科研管理，33（4）：28-35.
刘晓琳，张立国. 2011. 基于共享心智模型的团队学习过程模型构建. 中国电化教育，（2）：53-57，72.
刘彦芬，刘明. 2012. 国外学习型组织理论与实践分析. 四川行政学院学报，（6）：34-38.
卢亚娟，刘骅. 2016. 江苏省科技金融发展成效、障碍因素与创新机制研究. 江苏社会科学，（1）：255-260.
鲁梅尔特 C. 2012. 好战略，坏战略. 蒋宗强译. 北京：中信出版社.
陆昌勤，方俐洛，凌文辁. 1999. “组织学习障碍”研究. 应用心理学，（2）：59-64.
路变玲，黄国青，闫博华. 2008. 基于结构方程模型的研发团队绩效评价. 科技管理研究，（7）：315-317，312.
栾琨. 2016. 团队共享认同和团队创造力关系. 浙江大学博士学位论文.
骆均其. 2008. 浙江民营企业团队氛围、团队学习与团队绩效的关系研究. 浙江工商大学硕士学位论文.
马力，韩静轩. 2001. 中国企业建立学习型组织的思考. 西安电子科技大学学报（社会科学版），（1）：27-30.
毛良斌. 2012. 组织学习背景下团队学习内涵及发生机制探讨. 经济论坛，（4）：162-164.
毛良斌，郑全全. 2007. 团队学习研究综述. 人类工效学，（12）：70-71，77.
孟炎，田也壮. 2014. 基于网络的组织学习过程模型研究. 哈尔滨工业大学学报（社会科学版），16（3）：117-121.
米捷，林润辉，谢宗晓. 2016. 考虑组织学习的组织惯例变化研究. 管理科学，29（2）：2-17.
倪渊，林健. 2010. 基于结构方程模型研发团队绩效评价体系研究. 北京理工大学学报（社会科学版），12（5）：59-63.
牛继舜. 2004. 论团队学习的影响因素. 现代管理科学，（4）：43-44.
牛继舜. 2005. 论组织学习能力的构成要素. 现代管理科学，（8）：40-42.

欧阳帅，黄培伦. 2012. 组织文化与团队学习方式的关系研究. 科技管理研究，（3）：114-116.

潘松挺，姚春序. 2011. 基于复杂系统理论的企业网络组织演化分析. 企业经济，30（3）：13-15.

彭灿，李金蹊. 2011. 团队外部社会资本对团队学习能力的影响——以企业研发团队为样本的实证研究. 科学学研究，29（9）：1374-1381，1388.

彭灿，臧静静. 2012. 团队领导风格与团队学习能力关系实证研究. 科技进步与对策，29（15）：142-145.

彭杜宏，刘电芝. 2009. 认知互动：团队学习内部过程的透视. 教育学报，5（2）：40-46.

彭希林，周军铁，李苗. 2007. 论学习力. 黑龙江教育（高教研究与评估），（2）：97-99.

彭新敏，吴晓波，吴东. 2011. 基于二次创新动态过程的企业网络与组织学习平衡模式演化——海天 1971~2010 年纵向案例研究. 管理世界，（4）：138-149.

邵安. 2016. 组织间社会资本、组织间学习与公共应急组织弹复力的关联机理研究. 浙江大学博士学位论文.

邵真，冯玉强，王铁男. 2015. 变革型领导风格对企业信息系统学习的作用机制研究——组织学习型文化的中介作用. 管理评论，27（11）：140-150.

沈崴. 2016. 影响组织学习的文化障碍研究. 北京财贸职业学院学报，32（6）：45-51.

圣吉 P M. 2009. 第五项修炼——学习型组织的艺术与实践. 张成林译. 北京：中信出版社.

史丽萍，刘强，唐书林. 2013. 团队自省性对团队学习能力的作用机制研究——基于交互记忆系统的中介作用和内部控制机制的调节作用. 管理评论，25（5）：102-115.

宋艳双，刘人境. 2016. 知识阈值对组织学习绩效的影响研究. 管理科学，29（4）：94-103.

宋晔. 2013. 基于共享心智模型的虚拟学习团队学习过程模型研究. 华中师范大学硕士学位论文.

孙福兵. 2013. 成员个性多样化与团队学习：团队内冲突的中介作用. 科技管理研究，33（8）：133-138.

孙锐，赵晨. 2017. 高新技术企业组织情绪能力、组织学习与创新绩效. 科研管理，

38（2）：93-100.

孙卫忠，刘丽梅，孙梅. 2005. 组织学习和知识共享影响因素试析. 科学学与科学技术管理，（7）：135-138.

孙武军，顾久映. 2015. 环境污染责任保险制度的国际借鉴. 经济纵横，（6）：121-124.

孙晓强. 2007. 从组织学习过程模型看组织学习在知识管理过程中的角色. 技术经济与管理研究，（1）：89-91.

唐朝永，陈万明，彭灿. 2014. 社会资本、失败学习与科研团队创新绩效. 科学学研究，32（7）：1096-1105.

唐宁玉，王重鸣. 2007. 虚拟团队学习效能研究：社会认知因素的影响. 心理科学，（1）：227-231，215.

唐宁玉，庄琛，黄梦琪. 2014. 跨文化团队中的协调机制：一个质化研究. 中国人力资源开发，（19）：39-47.

王飞绒，池仁勇. 2011. 基于组织间学习的技术联盟与企业创新绩效关系的实证研究——以生物产业为例. 研究与发展管理，23（3）：1-8.

王飞绒，方艳军. 2013. 基于组织学习的组织文化与技术创新绩效关系的实证研究. 研究与发展管理，25（1）：36-43.

王海霞. 2008. 团队互动过程对团队效能的影响研究. 天津财经大学博士学位论文.

王辉. 2017. 正式与非正式组织氛围对反生产行为的协同效应. 吉林大学博士学位论文.

王丽平，狄凡莉. 2017. 创新开放度、组织学习、制度环境与新创企业绩效. 科研管理，38（7）：91-99.

王润良，李建清，刘琛. 2004. 团队学习的过程、条件与氛围. 河北建筑科技学院学报（社会科学版），（2）：1-3.

王铁男，贾榕霞，陈宁. 2009. 组织学习能力对战略柔性影响作用的实证研究. 中国软科学，（4）：164-174，184.

王新法，王飞，高宏卿. 2009. 网络环境下的团队学习初探. 现代远程教育研究，（5）：37-40，71.

王亚洲，林健. 2014. 人力资源管理实践、知识管理导向与企业绩效. 科研管理，35（2）：136-144.

王彦祥. 2011. 企业战略联盟中的组织间学习.企业改革与管理，（7）：23-24.

王彦祥. 2012. 组织学习的障碍及克服途径. 企业改革管理，（9）：10-12.

王雁飞，杨怡. 2012. 团队学习的理论与相关研究进展述评. 心理科学进展，20（7）：1052-1061.
王洋. 2012. 大学生团队学习的障碍研究. 北方经贸，（8）：201-203.
王永贵，王娜，赵宏文. 2014. 组织记忆、组织学习与供应商创新能力关系研究——基于外包情境的实证研究. 科研管理，35（10）：1-8.
王竹泉，杜媛. 2012. 利益相关者视角的企业形成逻辑与企业边界分析. 中国工业经济，（3）：108-120.
魏江，应瑛，刘洋. 2014. 研发网络分散化，组织学习顺序与创新绩效：比较案例研究. 管理世界，（2）：137-151.
魏明，高巍，程琳. 2005. 企业技术系统的知识构成和特征分析. 商业研究，（9）：4-7.
魏明，仲伟周，赵海峰. 2016. 组织学习中信息技术的功能. 科学学与科学技术管理，（1）：133-137.
吴白云，王影，雷星晖. 2014. 公司创业、组织间学习和产业集群升级的关系研究. 技术经济与管理研究，（4）：27-33.
吴价宝. 2003. 基于组织学习的企业核心能力形成机理. 中国软科学，（11）：65-70.
吴价宝. 2003. 组织学习能力测度. 中国管理科学，11（4）：74-79.
吴巾英，何军利. 2015. 组织学习的障碍及解决. 内江科技，29（1）：6，84.
吴楠，赵嵩正，张小娣. 2015. 关系嵌入性、组织间学习能力与技术创新绩效关系研究. 科技管理研究，35（9）：167-172.
吴晓波，高忠仕，胡伊苹. 2014. 组织学习与知识转移效用的实证研究. 科学学研究，27（1）：101-110.
奚雷，胡月英，郝世绵，等. 2016. 供应链组织间学习行为演化博弈. 哈尔滨学院学报，37（5）：31-34.
夏晓华. 2006. 团队学习智障问题研究. 中国科技信息，（2）：40-43.
肖力维. 2003. 组织学习模型的研究. 华东师范大学硕士学位论文.
谢洪明，任艳艳，陈盈，等. 2014. 网络互惠程度与企业管理创新关系研究——基于学习能力和成员集聚度的视角. 科研管理，35（1）：90-97.
谢洪明，吴隆增. 2006. 技术知识特性、知识整合能力和效果的关系——一个新的理论框架. 科学管理研究，（2）：55-59.
谢洪明，吴隆增，王成，等. 2006. 组织学习的前因后果：一个新的理论框架. 科学学与科学技术管理，（8）：161-168.

谢洪明，赵丽，程聪. 2011. 网络密度、学习能力与技术创新的关系研究. 科学学与科学技术管理，32（10）：57-63.

谢慧娟，王国顺. 2012. 社会资本、组织学习对物流服务企业动态能力的影响研究. 管理评论，24（10）：133-142.

邢丽微，李卓键. 2017. 组织忘记、组织柔性与原始性创新：组织学习和冗余资源的调节作用. 预测，36（4）：9-14.

熊燕. 2006. 团队学习中习惯性防卫研究. 华东师范大学硕士学位论文.

徐碧琳. 2005. 基于群体动力，正式组织与非正式组织互动效应实证研究. 南开经济研究，（4）：21-27.

徐亮，张宗益，龙勇. 2008. 合作竞争与技术创新：合作是中介变量吗？科学学研究，26（5）：1105-1113.

许晖，李文. 2013. 高科技企业组织学习与双元创新关系实证研究. 管理科学，26（4）：35-45.

许学国. 2005. 组织学习力提升策略研究. 当代经济管理，（2）：31-35，65.

闫瑞. 2011. 影响学习者参与团队学习的因素分析. 石油教育，（1）：59-62.

严志庆，王振江. 2000. 组织学习力研究. 吉林省经济管理干部学院学报，14（5）：10-11.

晏梦灵，董小英，余艳. 2016. 多层次组织学习与企业研发双元能力构建——以华为IPD系统实施为例. 研究与发展管理，28（4）：72-86.

杨建君，徐国军. 2016. 战略共识、知识共享与组织学习的实证研究. 科学学与科学技术管理，37（1）：46-57.

杨文升，史金婵. 2013. 个人学习能力生成组织学习能力的结构研究. 中国经贸导刊，（35）：75-77.

杨阳，单标安，汤淑琴. 2011. 战略联盟演化过程中的组织间学习特征研究. 现代情报，31（5）：173-176.

杨智，刘新燕，万后芬. 2004. 组织学习研究：回顾与展望. 经济管理，（24）：20-26.

姚静. 2004. 团队领导行为对团队学习的影响研究. 浙江大学硕士学位论文.

野中郁次郎. 2001. 组织学习与知识创新. 张新华译. 上海：上海人民出版社.

易凌峰，欧阳硕，梁明辉. 2015. 知识管理、组织学习、创新与企业核心竞争力的关系研究. 华东师范大学学报（哲学社会科学版），47（3）：119-124，171.

于海波，程龙，安然. 2017. 不同领导风格对组织学习的影响机制. 河南大学学报

（社会科学版），57（6）：123-130.
于海波，方俐洛，凌文辁. 2004. 组织中的学习战略演化及其案例研究. 科研管理，25（5）：60-64.
于海波，郑晓明，方俐洛，等. 2007a. 组织学习内部推动因素的结构及其与组织学习取向的关系. 科学学与科学技术管理，（12）：145-150.
于海波，郑晓明，方俐洛，等. 2007b. 我国企业组织学习的内部机制、类型和特点. 科学学与科学技术管理，（11）：144-152.
于海波，郑晓明，方俐洛，等. 2008. 中国企业开发式学习与利用式学习平衡的实证研究. 科研管理，29（6）：137-144.
于小涵. 2005. 组织学习过程模型的比较研究. 科技管理研究，（1）：84-85，101.
余长国. 1998. 团队如何学习——团队学习的修炼. 经济师.（12）：109-110.
员智凯，李林蔚. 2011. 企业间合作中的组织学习、创新产出与财务绩效. 情报杂志，30（6）：194-198.
原欣伟，王建仁，薛宏全，等. 2009. 组织内正式与非正式知识共享研究. 情报科学，27（8）：1144-1151.
原欣伟，伊景冰，邵江东. 2010. 组织内正式与非正式知识共享二元悖论、成因及对策. 图书情报工作，54（12）：119-123..
云绍辉. 2007. 学习型组织结构模型与评价体系的研究. 天津大学博士学位论文.
张成考，吴价宝，纪延光. 2006. 虚拟企业中知识流动与组织间学习的研究. 中国管理科学，14（2）：129-135.
张大力，葛玉辉. 2016. 高管团队跨界行为与企业创新绩效关系：基于团队学习的视角. 系统管理学报，25（2）：235-245.
张钢. 2000. 企业组织创新的内在逻辑过程研究——兼论组织创新的策略与管理. 科学管理研究，（5）：1-5.
张红兵. 2013. 技术联盟知识转移有效性的差异来源研究——组织间学习和战略柔性的视角. 科学学研究，31（11）：1687-1696，1707.
张徽燕，姚秦，吴继红，等. 2015. 高绩效工作系统、组织学习能力与企业绩效的关系研究. 中国管理科学，23（5）：134-142.
张瑾，陈丽珍，肖志勇. 2015. 顾客参与对 KIBS 创新绩效的影响——基于组织学习的视角. 软科学，29（9）：102-106.
张立国，刘晓琳. 2010. 团队学习的整合系统模型——基于复杂动态系统范式的国外研究成果整合性研究. 远程教育杂志，28（6）：3-11.

张伶，聂婷，高伯任. 2016. 组织学习环境下员工信息素养对创造力的影响——知识分享行为的调节作用. 科学学与科学技术管理，37（12）：101-110.
张平. 2006. 国外高层管理团队研究综述. 科技进步与对策，（7）：197-200.
张平，黄智文，高小平. 2014. 企业政治关联与创业企业创新能力的研究——高层管理团队特征的影响. 科学学与科学技术管理，35（3）：117-125.
张守红. 2013. 文化差异对团队学习的影响研究. 中外企业家，（9）：180-181.
张文勤，孙锐. 2016. 考虑时间因素的研发团队目标取向与团队绩效的关系研究. 中国人力资源开发，（1）：73-79.
张五常. 2014. 制度的选择. 北京：中信出版社.
张琰. 2013. 嵌入性与组织间学习：生产性服务企业创新绩效影响因素的实证研究. 当代财经，（1）：85-92.
张艳红. 2015. 基于学习方式的组织学习过程模型研究. 市场周刊（理论研究），（2）：16-17.
张毅，张子刚. 2006. 企业网络组织间学习过程的影响因素研究. 研究与发展管理，（3）：22-28，73.
张玉华. 2014. 影响组织学习有效性的关键因素分析. 中国石油大学胜利学院学报，28（1）：81-84.
张兆芹. 2006. 个体学习、组织学习与学习型组织之辨析. 比较教育研究，（8）：44-48.
赵晨，高中华，陈国权. 2015. 团队领导学习策略对组织学习影响的仿真研究. 系统工程理论与实践，35（8）：74-82.
赵风中. 2006. 组织学习障碍探析. 科学管理研究，24（1）：84-87.
赵慧群，陈国权. 2010. 团队两种多样性、互动行为与学习能力关系的研究. 中国管理科学，18（2）：181-192.
赵慧群，陈国权，付悦. 2008. 团队学习心理准备模型. 科学学与科学技术管理，（6）：182-187.
赵林捷. 2007. 企业创新网络中组织间学习研究. 中国科技大学博士学位论文.
赵林捷，汤书昆，李志刚，等. 2008. 组织间学习效果影响因素的实证研究——以汽车产业为例. 研究与发展管理，（1）：78-84.
赵爽，肖洪钧. 2016. 人力资本对企业绩效的影响——组织间学习的中介作用. 现代管理科学，（2）：99-101.
赵玉生. 2014. 合作学习研究述评. 现代教育科学，（10）：16-17，41.

钟竞，吴玥，罗瑾琏. 2016. 团队成员自发外部搜索的知识整合过程研究. 科技进步与对策，33（11）：129-135.

周劲波，黄胜，叶广宇. 2014. 组织学习、合法性与国际新创企业进入后速度. 科学学与科学技术管理，35（11）：129-141.

周俊，薛求知. 2014. 组织双元性的培育与效应：组织学习视角. 科研管理，35（2）：87-93.

周小兰. 2017. 认知视角下团队成就目标导向对团队学习的影响研究. 软科学，31（1）：90-94.

周小兰，张体勤. 2015. 基于知识分流模型的团队学习三维结构测量与影响因素. 科技进步与对策，32（24）：125-130.

周玉泉，李垣. 2006. 合作学习、组织柔性与创新方式选择的关系研究. 科研管理，27（2）：9-14.

周元成. 2007. 团队学习力研究. 商场现代化，（33）：310-311.

朱兵，王文平，王为东，等. 2010. 企业文化、组织学习对创新绩效的影响. 软科学，24（1）：65-74.

朱方伟，宋昊阳，蒋梦颖. 2015. 项目导向型企业个人知识组织化过程研究. 科技进步与对策，32（20）：141-148.

朱方伟，武春友，佟胜凯. 2004. 企业组织学习的障碍分析. 大连理工大学学报（社会科学版），（3）：28-31.

朱俊生. 2010. 保险公司经营模式的比较、选择与变动——基于企业边界理论的分析. 金融理论与实践，（6）：80-84.

Akgun A E，Byrne J C，Keskin H，et al. 2006. Transactive memory system in new product development teams. IEEE Transactions on Engineering Management，53（1）：95-111.

Aoshima Y. 2002. Transfer of system knowledge across generations in new product development empirical observations from Japanese automobile development. Industrial Relations，41（4）：605-628.

Argote L. 1995. Group versus individual training and group performance：the mediating role of transactive memory. Personality and Social Psychology Bulletin，21（4）：384-393.

Argote L，Gruenfeld D H，Naquin C. 2001. Group learning in organizations//Turner M. Groups at Work：Advances in Theory and Research. Hillsdale：Erlbaum：369-412.

Argyris C. 1990. Overcoming Organizational Defenses：Facilitating Organizational Learning. Boston：Allyn and Bacon.

Argyris C, Schon D A. 1978. Organizational Learning: A Theory of Action Perspective. Upper Saddle River: Addison Wesley.

Argyris C, Schon D A. 1996. Organisational Learning II: Theory, Methods, and Practice. New York: Addison-Wesley Publishing Company.

Argyris C, Schon D A. 1998. Managers, workers, and organizations. Society, (2): 343-346.

Baker W E, Sinkula J M. 1999. The synergistic effect of market orientation and learning orientation on organizational performance. Journal of the Academy of Marketing Science, 27(4): 411-427.

Barney J B. 1991. Strategic factor market: expectations, luck, and business strategy. Management Science, (42): 1231-1241.

Bateson G. 1972. Steps to an Ecology of Mind. New York: Ballantine.

Bathelt H, Malmberg A, Maskell P. 2004. Clusters and knowledge: local buzz, global pipelines and the process of knowledge creation. Progress in Human Geography, (28): 31-56.

Bengtsson M, Kock S. 2000. Coopetition in business networks-to cooperate and compete simultaneously. Industrial marketing management, 29(5): 411-426.

Bilello J. 1996. Learning from construction. Architecture, 85(8): 145-149.

Boisot M H. 1998. Knowledge assets-securing competitive advantage in the information economy. Information Technology & People, 31(4): 127-128.

Brandenburger A M, Nalebuff B J. 1995. The right game: use game theory to shape strategy. Harvard Business Review, 40(2): 58-71.

Brooks A K. 1994. Power and the production of knowledge: collective team learning in work organizations. Human Resources Development Quarterly, 5(3): 213-235.

Cangelosi Q E, Dill W R. 1965. Organizational learning: observations toward a theory. Administrative Science Quarterly, 10(2): 175-203.

Chen M J. 1996. Competitor analysis and interfirm rivalry: towards a theoretical integration. Academy of Management Review, 21(1): 100-134.

Coase R H. 1937. The nature of the firm. Economics, 4(16): 386-405.

Cohen W M, Levinthal D A. 1990. Absorptive capacity: a new perspective on learning and innovation. Administrative Science Quarterly, 35(1): 128-152.

Collison C, Parcell G. 2001. Learning to Fly: Practical Lessons from One of the

World'S Leading Knowledge Companies. Oxford: Capstone Publishing Limited.

Cope M. 1998. The corporate inventor: how to foster individual creativity and surface new ideas. Knowledge Management Review, 1（4）: 28.

Croon M A, van Veldhoven M J P M. 2007. Predicting group-level outcome variables from variables measured at the individual level: a latent variable multilevel model. Psychol Methods, 12（1）: 45-57.

Crossan M M. 1999. An organizational learning framework: from intuition to institution an organizational learning framework: from intuition to institution. The Academy of Management Review, 24（3）: 522-537.

Crossan M M, Zarembo J E, White E R. 1999. An organizational learning framework: from intuition to institution. Academy of Management Review, 24（3）: 522-537.

Cullen J B, Parboteeah K P, Victor B. 2003. The effects of ethical climates on organizational commitment: a two-study analysis. Journal of Business Ethics, 46（2）: 127-141.

Cummings J L, Teng B S. 2003. Transferring R&D knowledge: the key factors affecting knowledge transfer success. Journal of Engineering and Technology Management, 20: 39-68.

Cyert R M, March J G, 1963. A Behavioral Theory of the Firm. Prentice Hall: Englewood Cliffs.

Daft R L, Weick K E. 1984. Toward a model of organizations as interpretation systems. The Academy of Management Review, 9（2）: 284-295.

Dechant K, Marsic V J, Kasl E. 1993. Towards a model of team learning. Studies in Continuing Education, 15（1）: 1-14.

DiBella A J, Nevis E C, Gould J M. 1996. Understanding organizational learning capability. Journal of Management Studies, （33）: 361-379.

Dierkes D, Antal A B, Child J. 2001.Organizational Learning and Knowledge. Oxford: Oxford University Press.

Dixon A. 1995. A practical model for organizational learning. Leadership in Action, 15（2）: 1-4.

Dixon N M. 1994. The Organizational Learning Cycle: How We Can Learn Collectively. Maidenhead: McGraw-Hill.

Dodgson M. 1993. Organizational learning, a review of some literatures. Organization

Studies, 14（3）: 375-394.

Dyer J H, Nobeoka K. 2000. Creating and managing a high-performance knowledge-sharing network: the Toyota Case. Strategic Management Journal, 21（3）: 345-367.

Edmondson A C. 1999. Psychological safety and learning behavior in work teams. Administrative Science Quarterly, 44（2）: 350-383.

Edmondson A C. 2002. The local and variegated nature of learning in organizations: a group-level perspective. Organization Science, 13（2）: 128-146.

Edmondson A C, Moingeon B, James R, et al. 1997. Organizational learning and competitive advantage. Human Resource Management, 36（4）: 466.

Edmondson A C, Richard B, Gary P. 2003. Speeding up team learning. Harvard Business Review, 79（9）: 125-132.

Edmondson A C, Sole D. 2002. Situated knowledge and learning in dispersed teams. British Journal of Management, （9）: 17.

Edmonson L J, Lewis D L. 1999. Equilibrium principles: a game for students. Journal of Chemical Education, 76（4）: 502.

Elizabeth K, Marsick V J, Dechant K. 1997. Teams as learners: a research-based model of team learning. The Journal of Applied Behavioral Science, 33（2）: 227-246.

Ellis A P J, Hollenbeck J R, Ilgen D R, et al. 2003. Team learning: collectively connecting the dots. Journal of Applied Psychology, 88（5）: 821-834.

Engestrom Y, Sannino A. 2009. Studies of expansive learning: foundations, findings and future challenges. Educational Research Review, 12（2）: 45-52.

Fiol M, Lyles M. 1985. Organizational learning. Academy of Management Review, 10（4）: 803-813.

Foss N J. 1997. Austrian insights and the theory of the firm. Advances in Austrian Economics , （4）: 175-198.

Gibson C, Vermeulen F. 2003. A healthy divide: subgroups as a stimulus for team learning behavior. Administrative Science Quarterly, 48（2）: 202-239.

Goh S C. 1998. Toward a learning organization: the strategic building blocks. SAM Advanced Management Journal, 63（2）: 15-22.

Goh S, Richards G. 1997. Benchmarking the learning capability of organizations. European Management Journal, 15（5）: 575-583.

Gruenfeld D H, Keltner D J, Anderson C. 2003. The effects of power on those who possess it：how social structure can affect social cognition//Bodenhausen G V，Lambert A J. Foundations of Social Cognition. Mahwah：Erlbaum：237-262.

Hamel G. 1991. Competition for competence and interpreter learning with in international strategic alliances. Strategic Management Journal，12（S1）：83-103.

Hinsz V B，Tindale R S，Vollrath D A. 1997. The emerging conceptualization of groups as information processors. Psychological Bulletin，121（1）：43-64.

House R J. 1971. A path goal theory of leader effectiveness. Administrative Science Quarterly，16（3）：321-339.

Huber G P. 1991. Organizational learning：the contributing processes and the literatures. Organization Science，2（1）：88-115.

Inkpen A C. 1998. Learning，knowledge acquisition，and strategic alliances. European Management Journal，16（2）：223-229.

Johnson H H. 2010. Mental models and transformative learning：the key to leadership development? Human Resource Development Quarterly，19（1）：85-89.

Kale P，Singh H，Perlmutters H. 2000. Learning and protection of proprietary assets in strategic alliances：building relational capital. Strategic Management Journal，21（3）：217-237.

Kanter R M. 1994. Collaborative advantage. Harvard Business Review，72（4）：96-108.

Kayes A B B，Kayes D C C，Kolb D A A. 2005. Experiential learning in teams. Simulation & Gaming，36（36）：330-354.

Kim D H. 1993. The link between individual and organizational learning. Sloan Management Review，35（1）：37-50.

Kim L. 1998. Crisis construction and organizational learning：capability building in catching up at Hyundai Motor. Organization Science，9（4）：506-521.

Klein K，Kozlowsky S W J. 2000. Multilevel Theory，Research and Methods in Organization. San Francisco：Jossey-Bass.

Knight L. 2002. Network learning：exploring learning by interorganizational networks. Human Relations，55（4）：427-454.

Kogut B，Zander U. 1992. Knowledge of the firm，combinative capabilities，and the replication of technology. Organization Science：A Journal of the Institute of Management Sciences，3（3）：383.

Kolb B. 1985. Review of Human Developmental Neuropsychology. Oxford：Oxford University Press.

Levinson N S，Asahi M. 1995. Cross-national alliances and interorganizational learning. Organizational Dynamics，24（2）：50-63.

Levitt B，March J G. 1988. Organizational learning. Annual Review of Sociology，（14）：319-340.

Lick D W. 2006. A new perspective on organizational learning：creating learning teams. Evaluation and Program Planning，29（2）：88-96.

London M，Polzer J T，Omoregie H. 2005. Interpersonal congruence，transactive memory，and feedback processes：an integrative model of team learning. Human Resource Development Review，4（2）：114-135.

March J G. 1991. Exploration and exploitation in organizational learning. Organization Science，2（1）：71-87.

March J G，Olsen J P. 1975. The uncertainty of the past：organizational learning under ambiguity. European Journal of Political Research，3（2）：147-171.

March J G，Simon H A. 1958. Organizations. New York：Wiley.

Mcgill M E，Slocum J W，Lei D. 1992. Management practices in learning organizations. Organizational Dynamics，21（1）：5-17.

Mcgrath H J E，Hollingshead A B. 1994. Groups interacting with technology. Thousands Oaks：Sage Publications.

Michael A H. 2003. A model of strategic entrepreneurship：the construct and its dimensions. Journal of Management，29（6）：963-989.

Miller D. 1983. The correlates of entrepreneurship in three types of firms. Management Science，29（7）：75-87.

Nelson R，Winter S. 1982. An Evolutionary Theory of Economic Change. Cambridge：Harvard University Press.

Nevis E C，DiBella A J，Gould J M. 1995. Understanding organizations as learning systems. Sloan Management Review，36（2）：73-85.

Nevis E C，DiBella A J，Gould J M. 1996. Understanding organizational learning capability. Journal of Management Studies，33（3）：361-379.

Nonaka I，Takeuchi H. 1998. A Theory of the firm's knowledge-creation dynamics. Dynamic Firm，4：214-242.

Offenbeek V, Marjolein. 2001. Processes and outcomes of team learning. European Journal of Work and Organizational Psychology, 10 (3): 303-317.

Pedler M, Burgoyne J, Boydell T. 1991.The Learning Company: A Strategy for Sustainable Development. New York: McGraw-Hill.

Prahalad C K, Hamel G. 1990. The core competence of the corporation. Harvard Business Review, 68 (5/6): 79-93.

Redding J. 1997. Hard wiring the learning organization. Training & Development, 51 (8): 61-67.

Reed R, de Fillippi R J. 1990. Causal ambiguity, barriers to imitation, and sustainable competitive advantage. Academy of Management Review, 15 (1): 88-102.

Rosenberg N. 1982. Inside The Black Box. Cambridge: Cambridge University Press.

Sarin S, McDermott C. 2003. The effect of team leader characteristics on learning, knowledge application, and performance of cross-functional new product development teams. Decision Sciences, 34 (4): 707-739.

Senge P M. 1990. The fifth discipline: the art & practice of the learning organization. Journal of Marketing, 59 (3): 63-74.

Simonin B L. 1999. Ambiguity and the transfer of knowledge in strategic alliances. Strategic Management Journal, 20 (7): 595-623.

Slavin S F. 1996. Research on cooperative learning and achievement. Contemporary Educational Psychology, 21 (1): 70-79.

Slater S F, Narver J C. 1995. Market orientation and the learning organization. Journal of Marketing, 59 (3): 63-74.

Snyder W M, Cummings T G. 1998. Organization learning disorders: conceptual model and intervention hypotheses. Human Relations, 51 (7): 873-895.

Stata R. 1989. Organizational learning—the key to management innovation. Sloan Management Review, 30 (3): 63-74.

Szulanski G. 1996. Exploring internal stickiness: impediments to the transfer of best practice within the firm. Strategic Management Journal, 17 (S2): 27-43.

Tjosvold D, Fang S S. 2004. Cooperative conflict management as a basis for training students in China. Theory Into Practice, 43 (1): 80-86.

Tompkins T. 1994. How collective learning occurs: a study of diffusion of competency. PhD. Dissertation of Claremont Graduate School.

Tsang E W K. 1999. Internationalization as a learning process: singapore MNCs in China. Academy of Management Executive, 13（1）: 91-101.

Ulrich D, Jick T, von Glinow M A. 1993. High-impact learning: building and diffusing learning capability. Organizational Dynamics, 22（2）: 52-66.

Weick K E. 1979. The Social Psychology of Organizing （Topics in Social Psychology Series）. New York: McGraw-Hill.

West M, Sacramento C. 2004. Building successful teams: sparkling fountains of innovation. RCM Midwives the Official Journal of the Royal College of Midwives, 7（9）: 386-389.

Wilson J M, Goodman P S, Cronin M A. 2007. Group learning. Academy of Management Review, 32（4）: 1041-1059.

Wong S S. 2004. Distal and local group learning: performance trade-offs and tensions. Organization Science, 15（6）: 645-656.

Yazici H J. 2005. A study of collaborative learning style and team learning performance. Education and Training, 47（3）: 216-229.

Yeung A K, Ulrich D O, Nason S W, et al. 1999. Organizational Learning Capability. Oxford: Oxford University Press.

附　　录

附录 1　公开发表的相关研究成果

围绕组织中跨边界学习相关问题的研究，团队成员公开发表的研究成果如下。

[1] 吴价宝. 基于组织学习的企业核心能力形成机理研究[J]. 中国软科学，2003，（12）：65-70.

[2] 吴价宝. 组织学习能力测度[J]. 中国管理科学，2003，11（4）：73-78.

[3] 吴价宝，达庆利. 基于元学习的企业核心能力形成机理[J]. 东南大学学报，2003，5（6）：64-68.

[4] 张成考，吴价宝，纪延光. 虚拟企业中知识流动与组织间学习的研究[J]. 中国管理科学，2006，14（2）：129-135.

[5] 吴价宝，刘洪. 基于组织学习的企业自主创新能力形成机理研究[J]. 现代管理科学，2009，（4）：20-22.

[6] 吴价宝，刘洪，任真礼. 中国企业创建学习型组织的现状分析及对策研究——以江苏省连云港市企业为例[J]. 管理学报，2009，6（5）：622-627.

[7] 吴价宝，蒋娇，张帅兵. 团队间合作学习的博弈分析[M]. 南京：南京大学出版社，2012：71-75.

[8] 卢珂，吴价宝. 基于智猪博弈的中小型企业学习型组织构建[J]. 商场现代化，2012，（12）：128-129.

[9] 蒋娇，吴价宝，张帅兵. 一种基于“PERFORM”的团队绩效评价新体系[J]. 科技管理研究，2013，（6）：53-58.

[10] 卢珂，吴价宝. 基于组织承诺视角的知识员工隐性知识共享意愿研究[J]. 企业

经济，2013，（12）：42-46.

[11] 吴价宝，卢珂. 层级视角下的组织学习知识场效应模型研究[J]. 中国管理科学，2013，21：663-668.

[12] 吴价宝，张帅兵，蒋娇. 组织中团队间学习环境、学习模式与团队间学习绩效关系研究[J]. 科技管理研究，2013，（21）：206-210.

[13] 孙会，吴价宝. 中小企业人力资源管理人性化与规范化研究——基于员工心理契约动态分析的视角[J]. 财会通讯，2013，（7）：27-29.

[14] 卢珂，吴价宝. 基于动态视角的创新型城市创新绩效指数研究[J]. 科技管理研究，2014，（11）：21-25.

[15] 潘培培，吴价宝，贺永正. 基于协同机制的个人、团队与组织的跨纵向边界学习转化机制研究[J]. 中国管理科学，2015，23：310-315.

[16] 贺永正，吴价宝，潘培培，等. 江苏省国家创新型城市建设水平的两维视角研究——以连云港市为例[J]. 地域研究与开发，2015，34（6）：43-46.

[17] 贺永正，吴价宝，潘培培，等. 科技金融促进科技创新和经济发展的效率测度——以江苏省为例[J]. 金融教学与研究，2015，（5）：51-54.

[18] 张帅兵，吴价宝. 组织中团队间学习路径研究[J]. 淮海工学院学报（人文社科版），2016，14（6）：97-101.

[19] 余义，吴价宝，陈婷，等. 基于遗传——蚁群算法的虚拟单元调度问题研究[J]. 淮海工学院学报（自然科学版），2016，25（4）：48-53.

[20] 王侠，吴价宝. 人力资源管理、组织学习和组织绩效三者间关系的实证研究[J]. 中国管理科学，2016，24：832-836.

[21] 王侠，吴价宝. 欠发达地区科技人才成长机理——基于文献综述[J]. 科技与产业，2017，17（12）：103-111.

附录 2　组织中跨边界学习影响因素的调查问卷

单位名称：

企业性质： □1. 国有　□2. 民营　□3. 合资　□4. 外资　□5. 其他

行业类别： □1. 医药卫生　□2. 新材料　□3. 新能源　□4. 信息产业
□5. 轻工业　□6. 节能环保　□7. 石油化工　□8. 其他

问卷填写说明：

（1）本次调查的目的是了解组织中跨边界学习的影响因素，请贵单位如实认真填写。本次调查采用匿名方式，研究结果用于纯学术研究，我们庄重承诺对贵单位提供的信息保密，不作其他用途。

（2）为保证调查问卷的质量，请贵单位根据要求填报，尽量不要出现漏缺项。

（3）对于问卷中的“□”选择项，请用打“√”表示选择。

问卷内容：

题项的选择没有对错之分，敬请您根据实际情况表达真实的想法。请不要遗漏题项，谢谢！

第一部分：填写人员基本信息

（1）您的学历。

□1. 高中　□2. 大专　□3. 本科　□4. 研究生及以上

（2）您的职位。

□1. 一般员工　□2. 中层管理者　□3. 高层管理者

（3）您的工作性质。

□1. 生产　□2. 营销　□3. 技术　□4. 管理　□5. 其他

第二部分：团队间学习影响因素调查问卷

（学习动机）

（4）有强烈的愿望去学习其他团队的知识。

□1. 非常好　□2. 好　□3. 不确定　□4. 差　□5. 非常差

（5）将团队间的知识共享和转移视为一个重要的学习途径。

□1. 非常好　□2. 好　□3. 不确定　□4. 差　□5. 非常差

（6）很乐意将自己的知识与其他团队进行交换、学习。

□1. 非常好　□2. 好　□3. 不确定　□4. 差　□5. 非常差

（7）积极安排相关人员参加各种交流活动。

□1. 非常好　□2. 好　□3. 不确定　□4. 差　□5. 非常差

（学习能力）

（8）善于对过去的经验进行总结和学习。

□1. 非常好　□2. 好　□3. 不确定　□4. 差　□5. 非常差

（9）能及时发现自身差距，并努力学习新知识。

□1. 非常好　□2. 好　□3. 不确定　□4. 差　□5. 非常差

（10）能有效地吸收、传递和消化新知识。

□1. 非常好　□2. 好　□3. 不确定　□4. 差　□5. 非常差

（11）能将获得的新知识与原有的知识紧密结合和匹配。

□1. 非常好　□2. 好　□3. 不确定　□4. 差　□5. 非常差

（12）已具备一定知识积累，对所学新知识有一定程度的了解。

□1. 非常好　□2. 好　□3. 不确定　□4. 差　□5. 非常差

（13）能充分利用新知识解决团队发展过程中遇到的问题。

□1. 非常好　□2. 好　□3. 不确定　□4. 差　□5. 非常差

（信任程度）

（14）该团队在团队学习过程中被其他团队认可的程度。

□1. 非常好　□2. 好　□3. 不确定　□4. 差　□5. 非常差

（15）该团队在团队学习过程中愿意相信对方的程度。

□1. 非常好　□2. 好　□3. 不确定　□4. 差　□5. 非常差

（知识的隐性）

（16）知识难以用语言、文字等媒介清晰地表达。

□1. 非常好　□2. 好　□3. 不确定　□4. 差　□5. 非常差

（17）知识传递过程中多数知识为高度专业化、复杂的知识。

□1. 非常好　□2. 好　□3. 不确定　□4. 差　□5. 非常差

（18）知识在传递过程中难以吸收、内化。

□1. 非常好　□2. 好　□3. 不确定　□4. 差　□5. 非常差

（知识的模糊性）

（19）在团队学习过程中，其他团队的知识难以理解。

□1. 非常好　□2. 好　□3. 不确定　□4. 差　□5. 非常差

（20）与其他团队知识相关的原因与影响、投入与产出、行为与结果之间的关联是可以分辨的。

□1. 非常好　□2. 好　□3. 不确定　□4. 差　□5. 非常差

（团队间的文化差异）

（21）该团队所处团队文化的灵活性程度。

□1. 非常好　□2. 好　□3. 不确定　□4. 差　□5. 非常差

（22）该团队在与其他团队进行学习时团队领导的支持力度。

□1. 非常好　□2. 好　□3. 不确定　□4. 差　□5. 非常差

（团队间的知识差异）

（23）该团队与其他团队在技术水平和管理实力等方面有较大差异。

□1. 非常好　□2. 好　□3. 不确定　□4. 差　□5. 非常差

（24）团队学习中各方在技术发展历程或经营管理沿革方面有很大不同。

□1. 非常好　□2. 好　□3. 不确定　□4. 差　□5. 非常差

（团队间学习）

（25）学到了其他团队独特的技术知识，团队的技术能力有了显著的提高。

□1. 非常好　□2. 好　□3. 不确定　□4. 差　□5. 非常差

（26）学到了独特的产品制造过程，团队的制造能力有了明显的提高。

□1. 非常好　□2. 好　□3. 不确定　□4. 差　□5. 非常差

（27）学到了独特的销售技巧，团队的营销能力有了显著的提高。

□1. 非常好　□2. 好　□3. 不确定　□4. 差　□5. 非常差

（28）学到了独特的管理经验，团队的管理能力有了显著的提高。

□1. 非常好　□2. 好　□3. 不确定　□4. 差　□5. 非常差

衷心感谢您的支持配合！祝您工作顺利、心想事成！

附录 3　跨边界学习模式对学习绩效影响的调查问卷

单位名称：

企业性质： □1. 国有　□2. 民营　□3. 合资　□4. 外资　□5. 其他

行业类别： □1. 医药卫生　□2. 新材料　□3. 新能源　□4. 信息产业　□5. 轻工业　□6. 节能环保　□7. 石油化工　□8. 其他

问卷填写说明：

（1）本次调查的目的是了解企业内部团队之间学习模式、学习绩效以及影响团队间学习的因素，请贵单位如实认真填写。本次调查采用匿名方式，研究结果用于纯学术研究，我们庄重承诺对贵单位提供的信息保密，不作其他用途。

（2）为保证调查问卷的质量，请贵单位根据要求填报，尽量不要出现漏缺项。

（3）为了研究需要，我们将问卷分为内容相同的 A 卷和 B 卷。请将问卷发至企业高层和团队领导及成员。在相互学习的团队间发放问卷时，请在同一团队中发放同一种问卷，并且要保证两种问卷发放的数量相同。

（4）对于问卷中的“□”选择项，请用打“√”表示选择。

问卷内容：

对问卷中的问题，每个人都可以有不同的看法，因而您的选择没有对错之分，敬请您根据实际情况表达真实的想法。请不要遗漏题项，谢谢!

第一部分：填写人员基本信息

（1）您的性别。

□1. 男　□2. 女

（2）您的学历。

□1. 高中　□2. 大专　□3. 本科　□4. 研究生及以上

（3）您的职位。

□1. 一般员工　□2. 基层管理者　□3. 中层管理者　□4. 高层管理者

第二部分：团队间学习模式调查问卷

（4）在团队相互学习过程中，团队双方均有人员、技能等的投入。

□1. 完全同意　□2. 基本同意　□3. 中立，不确定　□4. 基本不同意　□5. 完全不同意

（5）团队双方有相互学习的意愿。

□1. 完全同意　□2. 基本同意　□3. 中立，不确定　□4. 基本不同意　□5. 完全不同意

（6）在团队任务完成过程中，双方就某一难题共同研讨。

□1. 总是　□2. 经常　□3. 偶尔　□4. 很少　□5. 几乎没有

（7）团队双方会进行知识、资源共享。

□1. 完全同意　□2. 基本同意　□3. 中立，不确定　□4. 基本不同意　□5. 完全不同意

（8）团队成员能够比较轻松地将知识传递给另一团队成员。

□1. 完全同意　□2. 基本同意　□3. 中立，不确定　□4. 基本不同意　□5. 完全不同意

（9）团队成员能够轻易地吸收外部知识。

□1. 完全同意　□2. 基本同意　□3. 中立，不确定　□4. 基本不同意　□5. 完全不同意

（10）团队双方有着相似或者相同的团队目标。

□1. 完全同意　□2. 基本同意　□3. 中立，不确定　□4. 基本不同意　□5. 完全不同意

（11）团队双方所需主要资源相同。

□1. 完全同意　□2. 基本同意　□3. 中立，不确定　□4. 基本不同意　□5. 完全不同意

（12）团队双方都保持核心知识私有。

□1. 完全同意　□2. 基本同意　□3. 中立，不确定　□4. 基本不同意　□5. 完全不同意

（13）总是希望本团队优先使用组织资源。

□1. 完全同意　□2. 基本同意　□3. 中立，不确定　□4. 基本不同意　□5. 完全不同意

（14）团队成员学习积极性高。

□1. 完全同意　□2. 基本同意　□3. 中立，不确定　□4. 基本不同意　□5. 完全不同意

（15）团队独立完成目标。

□1. 完全同意　□2. 基本同意　□3. 中立，不确定　□4. 基本不同意　□5. 完全不同意

第三部分：团队绩效调查问卷

（16）本团队成员能有效地工作。

□1. 完全同意　□2. 基本同意　□3. 中立，不确定　□4. 基本不同意　□5. 完全不同意

（17）本团队成员业务水平明显提高。

□1. 完全同意　□2. 基本同意　□3. 中立，不确定　□4. 基本不同意　□5. 完全不同意

（18）本团队成员能达到或超出工作要求。

□1. 完全同意　□2. 基本同意　□3. 中立，不确定　□4. 基本不同意　□5. 完全不同意

（19）本团队成员认真履行职责，以按时完成其负责的工作。

□1. 完全同意　□2. 基本同意　□3. 中立，不确定　□4. 基本不同意　□5. 完全不同意

（20）本团队的工作成绩出色。

□1. 完全同意　□2. 基本同意　□3. 中立，不确定　□4. 基本不同意　□5. 完全不同意

（21）团队达到预期目标。

□1. 完全同意　□2. 基本同意　□3. 中立，不确定　□4. 基本不同意　□5. 完全不同意

衷心感谢您的支持配合！祝您工作顺利、心想事成！